NVivo를 활용한
해양인문학 연구의
이 론 과   실 제

"이 저서는 2016년 정부(교육부) 재정지원사업인 대학 인문 역량 강화 사업(한국연구재단 주관)의 지원을 받아 제작되었음."

해 양 인 문 학 총 서

III

NVivo를 활용한 해양인문학 연구의 이론과 실제

박종원 지음

내용 개관

　본서는 세 개의 장으로 구성이 되어 있는데, 1장에서는 해양 인문학 관련 NVivo 11의 활용을 주된 주제로 정하고 견본으로 채택된 논문의 연구 주제, NVivo에서 주로 활용한 기법을 예시로 제시하고, 이러한 논문의 연구 결과는 무엇인지에 대해서 논한다.

　2장의 전반부에서는 질적 연구에서 핵심적으로 논하고 가야 할 부분, 예를 들면, 질적 연구 논리와 코딩 등에 심도 있게 다루고, 질적 연구 글쓰기 관련하여 질적 연구의 질을 향상 시킬 수 있는, 신용도, 투명도, 의존도, 전이성 등의 개념과 각 영역별로 널리 알려져 있는 대표 논문을 소개하고, 구체적으로 논문의 어떤 부분이 해당하는지를 살펴보기로 한다. 2장의 후반부에는 가장 최신 버전의 NVivo 11이 질적 연구자를 위하여 무엇을 해 줄 수 있는지에 대하여 구체적으로 기능을 제시하고 관련 논문을 인용하여 후행 연구의 실제에 도움이 되고자 한다.

　3장에서는 논문 작성을 하려는 초보 연구자나 연구자 모두, 양적 그리고 질적 연구 방법론과 관계없이 모두가 지나가야 할 관문인 논문 문헌조사와 관련하여 NVivo 를 활용하여 구체적으로 어떻게 접근해나가야 할 것인지에 대해 시연을 하도록 하겠다.

목 차

제3장 NVivo를 활용한 논문 문헌조사 정리 및 글쓰기

제 1 장

해양 인문학과
NVivo 관련 논문의 실제

여기서는 NVivo를 주요 도구로 활용하여 연구를 수행한 해양 인문 관련 논문을 연구 질문, NVivo로 사용한 기법, 결과 위주로 살펴보도록 하자.

1. 연구 질문

각 연구 질문 관련해서 가설 검증이 아니라 탐구형인 왜 그리고 어떻게로 진행이 되는 연구 질문을 주목하기 바란다.

Rodriguez (2013)

환경 접근법을 토대로 한 총체적 해양 관리가 지속 가능한 해양 개발에 어떻게 기여할 수 있는가?

Fan et al. (2014)

2012년 8월 24일 발생한 하얼빈 시 양밍톤 교각 붕괴는 세 명의 사상자와 다섯 명의 부상자가 있었고 대중과 언론 매체에서 많은 우려의 목소리가 있었으나 그 원인에 대해 정부 차원의 보고서가 없고 이에 대해 진행된 연구가 없다.

Ababio (2016)

지질학과에서 학생 고용 기술 훈련의 자원 유형을 탐구하고 기술함으로서 지질학에서 자원의 능력을 신중하게 사용하고자 하기 위하여 연구를 수행한다.

Smythe (2013)

허리케인 Sandy가 뉴욕 항과 뉴저지 해양 구조대원과 구조 기반에 어떤 영향을 주었는가?

Finch et al. (2017)

제품이나 물질을 금지하지 않고 변경관련 법률 조항을 만들면 환경규제를 어떻게 운영할 것인가?

Soomai et al. (2013)

동부 캐나다와 미국의 정부 기관이 발간한 환경 관련 논문에서 해양 정책 결정에 있어 투자자의 인식, 사용, 그리고 영향은 어떠한가?

Shan (2017)

중국의 작업장에서 부상과 사망에 따른 선원의 보상청구는 어떠한가?

Bagolong et al. (2014)

Sta. Ana Davao 항의 퇴화: 과거와 현재, 어떻게 다른가?

Lutzen 외 (2016)

선박의 에너지 효율성: 체제 예시

Brennan 외 (2013)

직접 선박 전략 프레임웍(MSFD)과 해양 공간 계획 (MSP)의 공통점과 차이점은 무엇인가?

Asyali 와 Bastug (2013)

내용 분석 기법을 사용한 ISM 규정의 과학적 관리의 효과는 어떠한가?

Carmichael (2016)

고고학 유적지에 영향을 줄 수 있는 기후 변화를 지역 토종인 들은 어떻게 관리를 할 것인가?

Harvey (2013)

선교 시 선장은 어떠한 의사 결정 과정을 거치는가?

Clark-Ginsberg (2017)

Sierra Leone, Freetown 빈민가에서 발생한 홍수를 사례 연구한 본 연구는 네트웍 분석 도구를 사용하여 참여 자료를 사용한 네트웍 지도를 어떻게 개발 하였는지를 시연하고, 위험 요소 감소 개입에 있어 디스플레이의 사용을 논한다.

Davidson (2011)

본 프로젝트는 여성, 중년 학술 연구자, 장기 재직권 획득 후기, 폐경기의 기로에선 어업에 종사하는 여성을 다룬 질적 연구이다.

Bagolong 외 (2017)

STA. and DAVAO 항 재고: 지방 정부의 문제점

John (2012)

선박 안전 문제를 규명하기 위하여 해양 석유 산업내의 실제에 관한 심층연구가 진행되었다. 선박의 기계 공간에서 발생하는 사고 유형으로 조사
범위를 좁혀나갔으며, 연구의 초점을 기계 공간에서 발생하는 화재로 범위를 세분화 하였다. 본 연구의 문헌조사 결과를 보고하는

부분에서 기름 유출과 화재 사건으로 다가갔고, 둘 중 어느 것이 화재를 발생시키는지 아니면

기여하는지를 평가하는 연구를 수행하였다.

Gerke 외 (2016)

본 연구는 사설, 공공, 그리고 비영리 단체의 밀집, 국부 군집을 조사하였다.

Wu He와 Yen (2012)

코스에서 학습자의 온라인 학습 행위와 수행 분석을 위하여 EDM 과 회귀 분석을 어떻게 수행하였는지 과정을 시연한다.

2. NVivo에서 각 논문의 저자가 사용한 테크닉

Rodriguez (2013)는 다섯 개의 사례에서 나오는 해양 정책, 계획, 그리고 법률 문서에서 해양 환경을 토대로 한 관리에 있어 본질적인 특성의 유무를 파악하기 위하여 NVivo11을 사용하여 코딩을 하였다.

질적 연구에서 강조하는 연구 개념 틀과 관련해서 연구자는 아래 두 개의 개념 틀을 제시하고 있긴 하나 NVivo 관련한 분석 결과 보고에서는 개념 틀을 바탕으로 코딩을 하였는데, 이것은 Saldana (2012)가 말한 전형적인 가설 코딩이라고 볼 수가 있겠다.

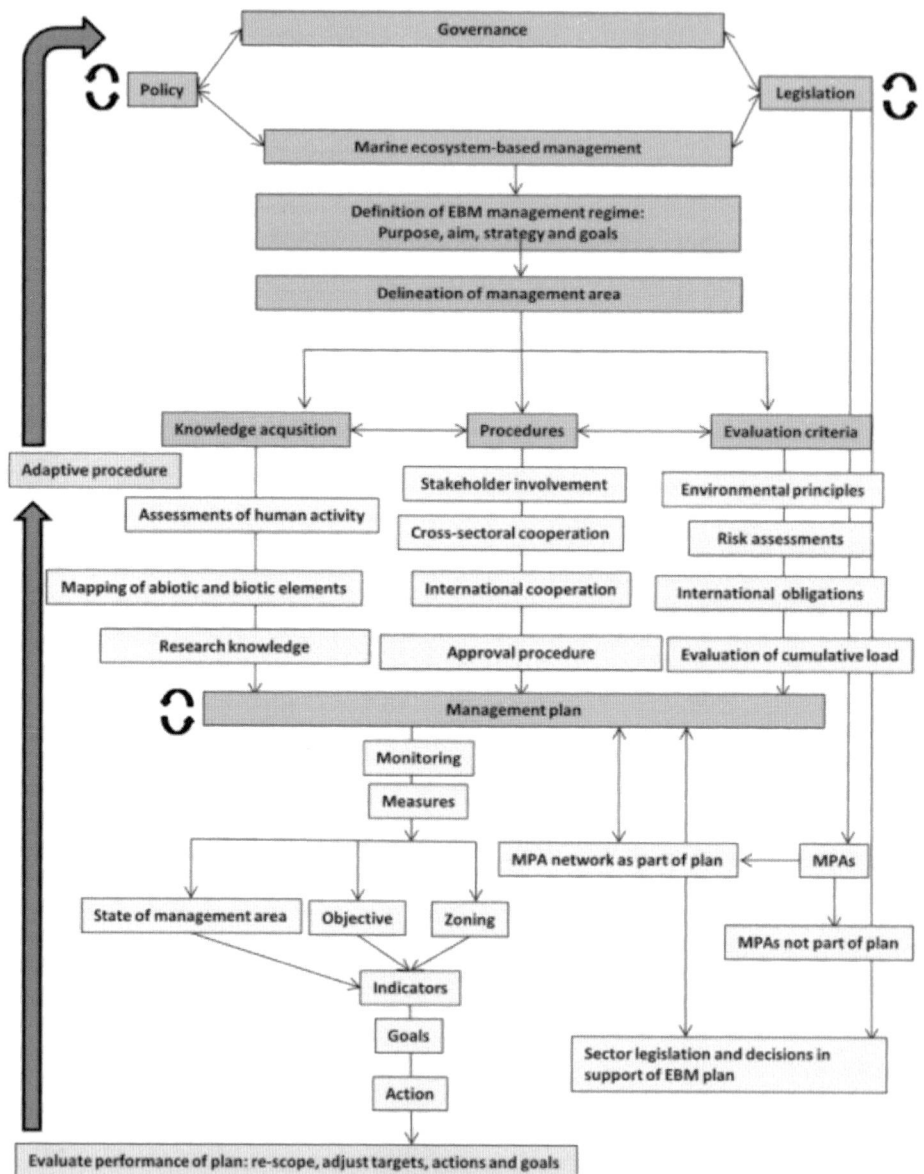

Fig. 1. Conceptual model.

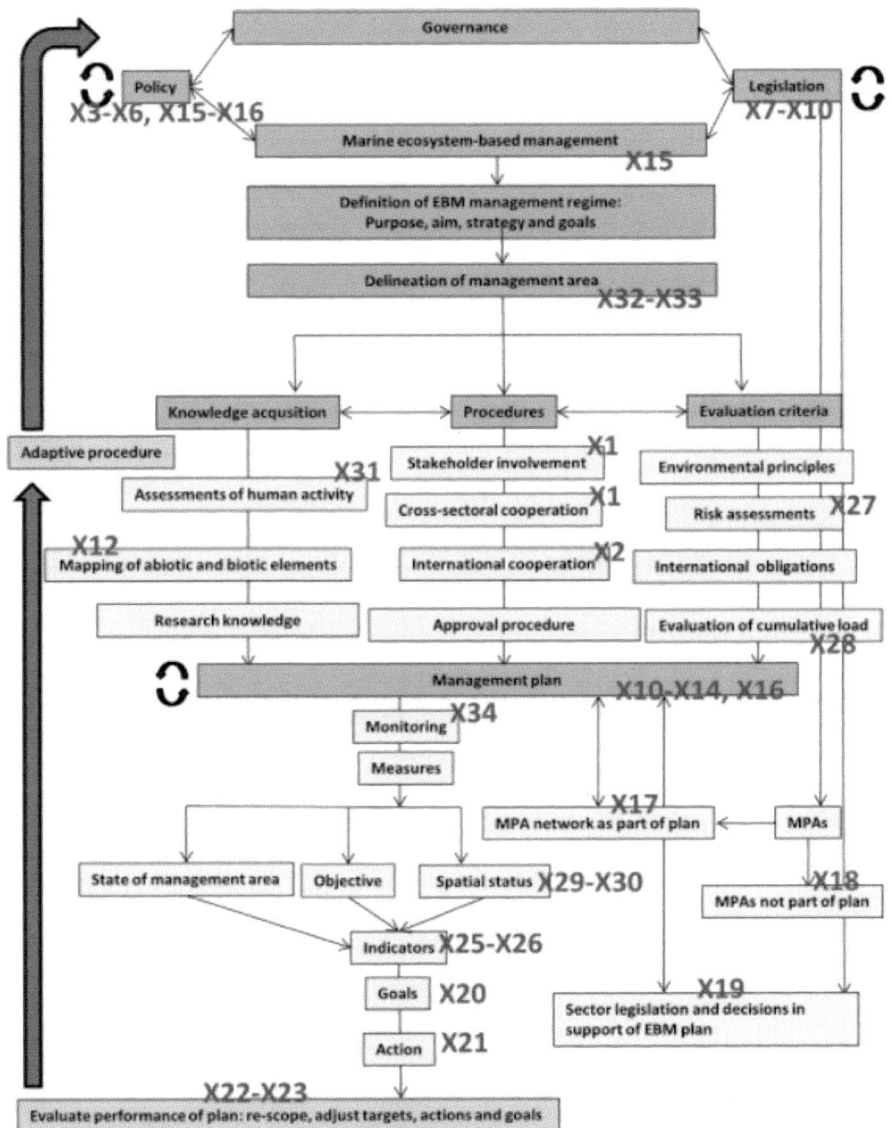

Fig. 2. Conceptual model and comparative indicators.

Fan et al. (2014)은 방법론 섹션에서 말하기를 중국에서 사건이 발생할 당시에 사건의 도화선이 된 것은 무엇이며, 어떻게 사건이 발달하였는지를 설명하는 사건 배경에 관한 정보가 많이 있었다. 이러한 정보의 출처는 지방 정부, 언론 매체, 희생자 가족, 그리고 여러 증인들로부터 나왔다. 엄청나게 많은 양의 정보가 있었고, 이러한 정보를 구조화 할 도구가 필요하였다. NVivo는 풍부한 텍스트와 또는 멀티미디어 정보를 기반으로 한 연구를 수행하는 질적 연구자들을 위한 도구로 소규모나 대규모의 자료를 깊이 있게 분석하는 도구로 사용 되어 왔다. NVivo는 비 구조화된 자료를 구조화하는데 도움이 된다. NVivo는 정보를 분류하고 정렬하는데 도움이 되고, 자료간의 관계를 검토하고, 연결, 모양 만들기, 검색, 그리고 모델 만들기와 같은 통합 작업이 가능하다. Fig. 1 NVivo 소프트웨어의 프레임워을 보여준다.

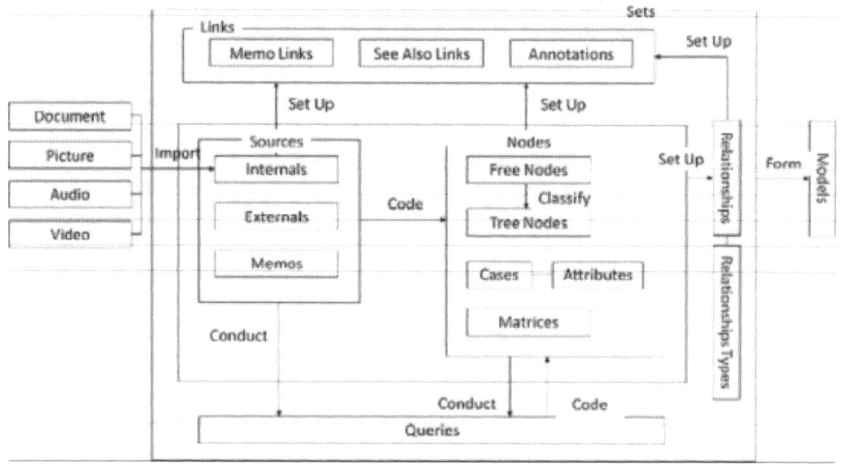

Fig. 1. The framework of NVivo software.

서로 다른 유형의 자료를 입력하지만, 소프트웨어로 코딩을 하고 자유 노드로 나타낸다. 자유 노드를 근거로, 특정한 분석 모델로 구조화 되고 분석이 된다. (본 연구에서는 적절한 사고 모델을 선택하기로 하자). 자유노드는 사건의 원인이 되는 프레임웍(트리)를 제공한다. 프레임웍의 키워드에 따라, 이러한 자료는 범주로 할당이 되며, 분류의 형태로 코딩을 할 수 있는 나무 노드가 된다. 연구자는 원 자료를 구조화하고 분석하기 위하여 NVivo 8.0을 사용하였다.

다음으로, 사건관련 멀티미디어 정보와 텍스트는 분석을 목적으로 NVivo 8.0으로 이동하였다. 중요 코딩은 원형 분석으로 정의를 하였다. NVivo는 자료를 구조화하는 도구이며, 정확하고 투명한 자료 처리 과정을 용이하게 하고, 또한 누가 무엇을 말하였고, 언제 말하였는지를 신속하고 간단한 방법으로 제공하고, 이것은 자료에 대해 의존도가 높은 전체적인 그림을 제공한다. 그럴듯한 결론에 도달하는데 있어 정보의 최소양은 존재하지 않는다. 따라서, 유의미하고 견고한 분석을 생성하는데 요구되는 자료의 양을 정당화는 것은 연구자의 책무이다. 자료 크기나 유형은 연구 목적과 방법론의 맥락 내에서 결정되어야 한다. 해양 석유 산업 내에서 선박의 안전 문제를 규명하기 위하여 15개의 기계 공간 사건에 대한 핵심 심층 보고서를 NVivo로 불러왔고, 체계적인 사건 분석의 자각, 적용, 그리고 사용에 장애요인이 되는 연구와 실제에서 나오는 문제를 탐구하기 위하여 10개국의 42명의 안전 전문가와 다양한 기업의 인터뷰를 NVivo를 사용하여 분석을 하였다.

본 연구는 Yangmingtan 교각 사건과 관련된 97개 항목의 텍스트와 멀티미디어 정보를 다루었고, NVivo 는 자료의 구조화에 일조를 하였으나, 연구자를 대신해서 사고를 해주지는 않는다. 사건 관련

의존도가 높은 결론은 연구자가 사건 모델 모형을 어떻게 생각하느냐에 달려 있다. 정보를 소프트웨어에 불러온 후에 최초 코딩을 재분석하고 Rasmussen 의 계층 사회 기술학적 프레임웍을 토대로 새로운 프레임 노드가 재분석 되었다.

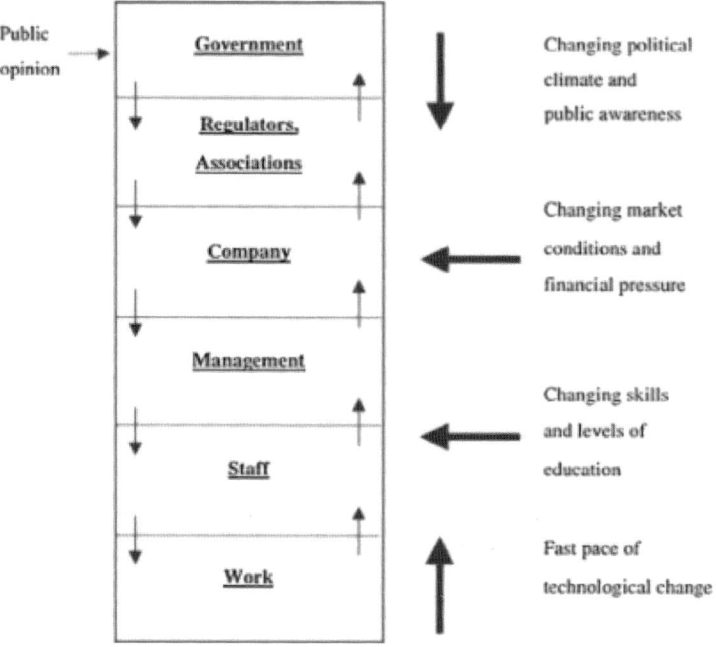

Fig. 2. The socio-technical system involved in risk management [27,28].

연구자는 아래의 그림에서 **NVivo**에 자료가 어떻게 입력이 되었는지를 설명해 주고 있다.

Fig. 3. An example of original information input to NVivo.

다음으로 아래와 같이 나무 노드의 인터페이스를 제시한다.

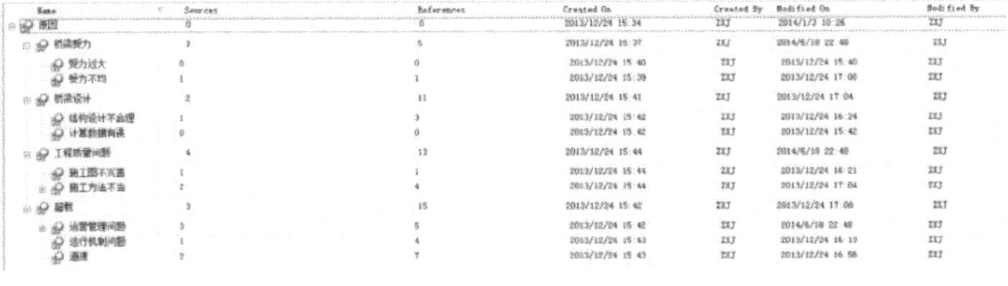

Fig. 4. An interface of the tree nodes.

다음으로, 분석을 토대로 트리 노드에서 나온 사고를 유발하는 변인에 대해 아래와 같이 보고한다.

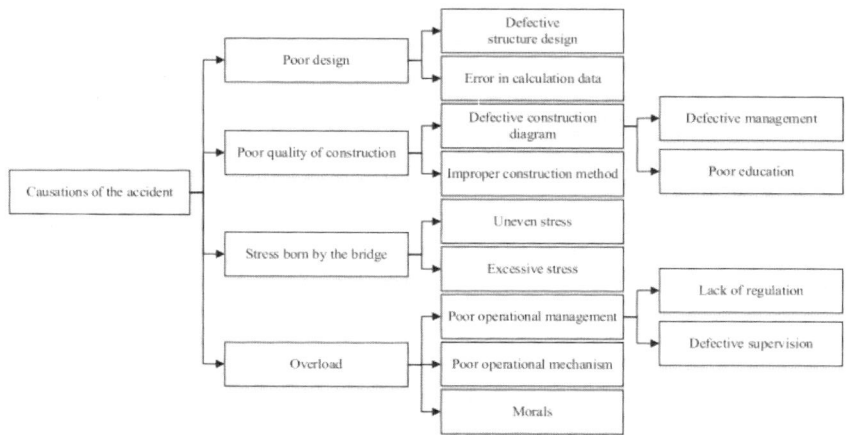

Fig. 5. The contributors of the accident from the tree nodes.

마지막으로 자신의 연구 결과를 Rasmussen의 개념 틀을 토대로 재구성한 결과물로 아래와 같이 보고한다.

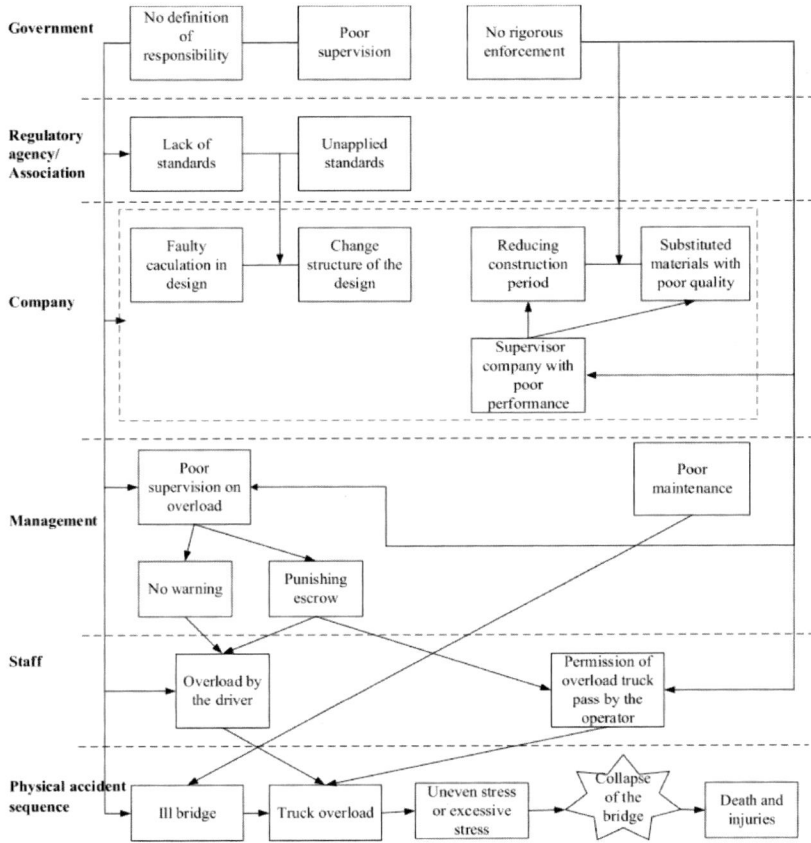

Fig. 6. The contributory factors to the Yangmingtan Bridge accident based on Rasmussen's accident model.

Ababio (2016)는 연구 목적을 토대로 투자자에 관한 아래의 세가지 관점을 검토하였다. (a) 부서에서 시행하는 프로젝트와 활동에 관해 자원이 주는 영향은 어떠한가? (b) 관련된 과정/모듈의 고용성에 대해 자원 능력은 어떤 비중을 차지하는가? 그리고 (c) 학생 고용 기술 개발에 대한 교수 전략의 영향은 무엇인가? 이와 같은 세가지 주제에 도달하기 위하여, 연구자는 Nvivo 8을 활용하여 주제 분석을 실시하였다. NVivo를 활용하여 결과를 시각적으로 보고한 내용은 없고, 주제별로 기술하는 형식을 취하고 있다.

　Smythe (2013)는 총 16시간의 모든 인터뷰는 전사를 하고 NVivo 9을 사용하여 코딩을 하였다 (QSR International 2011). 코딩 방법은 연구 질문에 적절한 텍스트를 식별하기 위하여 Bazeley (2007)가 제안한 "대충 또는 바스켓 코딩"을 채택 하였다. 대부분의 코딩은 학습한 내용을 식별하고자 하였다. 앞의 연구와 마찬가지로, NVivo를 활용하여 결과를 시각적으로 보고한 내용은 없고, 주제별로 기술하는 형식을 취하고 있다.

　Finch et al. (2017)는 초기 분석에서 관련된 모든 저자 별로 귀납적이며 독립적으로 접근을 하였다. 1차 강독은 규제와 혁신을 다룬 활동, 행위자, 자료, 기술과 텍스트를 식별하는 것을 목표로 설정하였다. 개념적 배경에 따라 안정성, 상호작용, 그리고 자료 기관에 대한 필드 자료를 검토하고 범주화 하였다. 필요한 경우 재분석을 하고 협력 연구 회의를 통해 초기 귀납 분석을 비교 및 대조를 하였다. 마지막으로, 추가 논의나 자료를 정교하게 다듬을 목적으로 연구 참여자에게 분석한 결과를 제시하고 멤버 점검을 실시하였다.

Table 1
Log of data collection.

Year	Event
2006	Introductions to ChemCo, interviews with Senior Management, laboratory visits
2006	Project 1: Adapting a product for a large oil company; interview and documentary trail
2006	Project 2 Product testing with OilCo 2; interview and documentary trail
2006	Project 3 ChemCo's US marketing group instigating deep water chemical innovation; interview and documentary trail
2006	Project 4 Deployment of existing product in small oil company client; interview and documentary trail
2006	Project 5 Corrosion project for OilCo1's pipeline; interview and documentary trail
2006/7	Project 6 Innovating for a new way to apply production chemicals; interview and documentary trail
2007	Project 7 Change in existing product with repercussions across sales, production and logistics; interview and documentary trail
2006	Quarterly review meeting with OilCo1
2007	Follow-up meeting with ChemCo and OilCo1
2007	Quarterly review meeting with OilCo 2
2007	Follow-up meeting with ChemCo and OilCo 2
2008	Society for Petroleum Engineers Oilfield Scale and Corrosion Conferences (2×); observation and conference documents
2008	Meeting with the Secretary of the European Oilfield Speciality Chemicals Association, subsequent email exchanges with Chair and Secretary
2009	Produced Water Workshop, Edinburgh, 2 days; observation and conference documents
2011	Meeting with European Oilfield Speciality Chemicals Association and a production company
2012	Royal Society of Chemistry and UK Chemicals Stakeholder Forum, jointly held workshop on socio-economic assessment for REACH authorization; observation and conference documents
2012	UK Chemical Stakeholders' Forum meeting, including an address by the Minister of the Department for Environment, Food & Rural Affairs; observation and conference documents
2012	Meetings with 2 consulting companies and 1 production company
2012	Interview with produced water expert
2012	European Chemicals Agency Stakeholders' Day; observation and conference documents
2012	Helsinki Chemicals Forum 2012 (2 days); observation and conference documents
2012	Meeting with UK's Department of Energy & Climate Change, Centre for Environment, Fisheries and Aquaculture Science and Marine Scotland
2012	Meeting at Greenpeace Science Unit
2012	OSPAR Secretariat (4 days); interviews and observations

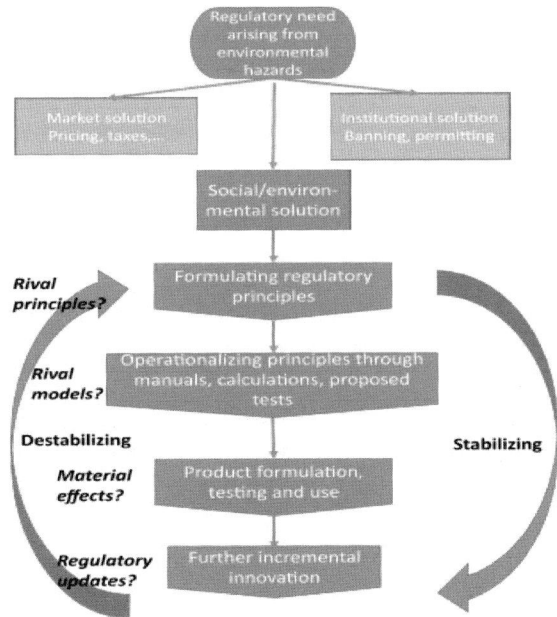

Fig. 1. Conceptual framework.

연구자는 논문에서 자료 수집 로그와 연구 관련 개념 틀을 제시하고 있으나, NVivo를 활용하여 결과를 시각적으로 보고한 내용은 없고, 주제별로 기술하는 형식을 취하고 있다.

Soomai et al. (2013)은 각각의 참여자의 이해 관계자 그룹 (정부, 비 정부 조직, 산업, 학술단체, 그리고 제1 국립 공동체)를 토대로 고유 숫자 코드를 설문지, 오디오 자료, 그리고 전사본에 자료 분석을 위하여 할당하였다. 인터뷰 자료에서 기술 통계를 생성하고, 인터뷰 응답 내용을 NVivo를 사용하여 귀납식으로 코딩을 하였다. 인용 분석, 정부 웹사이트 링크와 도서관 자료 확보 분석, 웹사이트 추적 통계분석, 그리고 보고서 작성이 시작된 이후에 지역 출판 미디어 방송 평가와 같은 연구 관련 증거 자료를 추가로 수집하였다.

연구자는 아래의 환경 정보에 관한 안내 개념 틀을 제시하고 설문 조사의 결과를 기술 통계로 보고하고 있긴 하나 NVivo를 활용하여

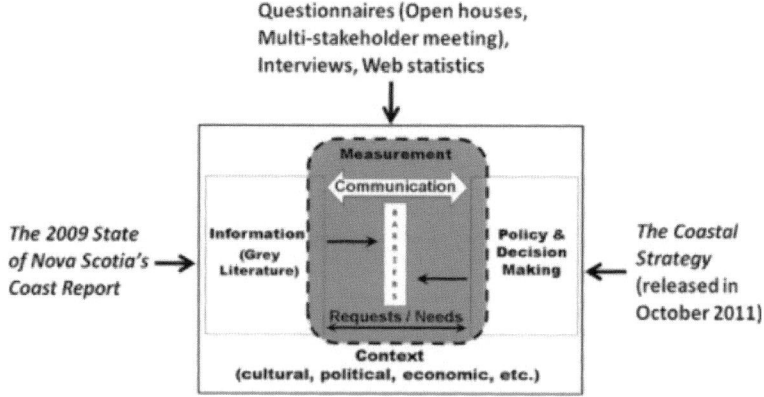

Fig. 4. Guiding framework of the Environmental Information: Use and Influence (EIUI) research initiative showing the communication flow between the production of *The 2009 State of Nova Scotia's Coast Report* and intended policy output.

결과를 시각적으로 보고한 내용은 없고, 주제별로 기술하는 형식을 취하고 있다.

Shan (2017)은 연구 참여자들이 회사, 보험인, 변호사, 판사 그리고 회사 보상관련 업무를 담당하고 있는 직원과의 상호작용에서 청구 활동 중에 나타나는 도전, 어려움, 그리고 유해성을 현장에서 수집한 자료를 바탕으로 주제 분석을 시행하였다. Atlas.ti.8과Nvivo 10을 주요 분석 도구로 사용하였다. 제 1 프로젝트에는 모든 법률 소스, 제 2 프로젝트에는 직업 관련 인터뷰, 그리고 나머지 두 프로젝트는 생존 가족 구성원과 부상 선원으로 구성이 되었다. 연구에서 두 개의 소프트웨어를 사용한 이유는 Atlas.ti로 둘 이상의 전사본을 보고 비교하는 것이 쉽기 때문이었다. 그러나, Atlas.ti.의 단점은 중국어를 완벽하게 지원하지 않는다는 점으로, 특정한 주제에 대한 빈도수를 계산 할 수가 없다는 것이다. 따라서, Nvivo 10으로 옮겨와야 했고, 중국어 단어 빈도 수행을 실시하였다. 초기에 하나의 프로젝트에 모든 희생자와 관련한 전사내용을 입력하였다.

NVivo 관련 분석 결과에 대해 보고한 내용은 다음과 같다.

Figure 4: The three liability stages of shipowners and crew agencies

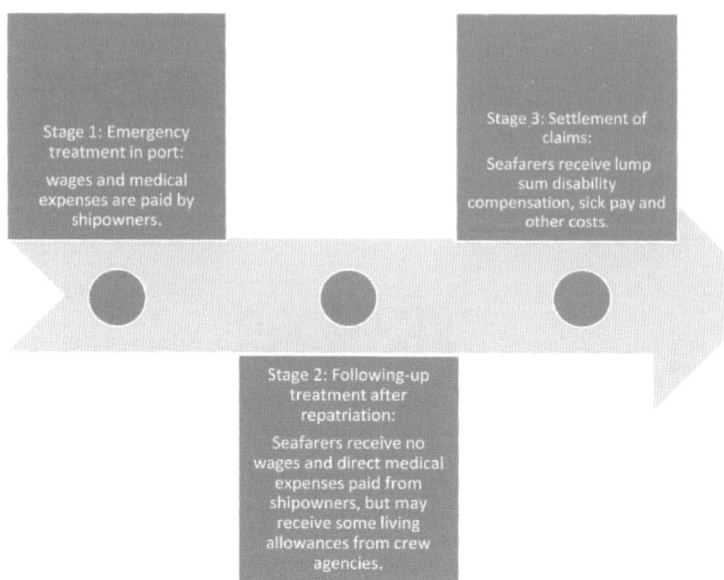

Stage 1: Emergency treatment in port:
wages and medical expenses are paid by shipowners.

Stage 3: Settlement of claims:
Seafarers receive lump sum disability compensation, sick pay and other costs.

Stage 2: Following-up treatment after repatriation:
Seafarers receive no wages and direct medical expenses paid from shipowners, but may receive some living allowances from crew agencies.

Figure 5: The vicious circle of interaction between seafarers, crew agencies, and shipowners regarding disability appraisal conclusion

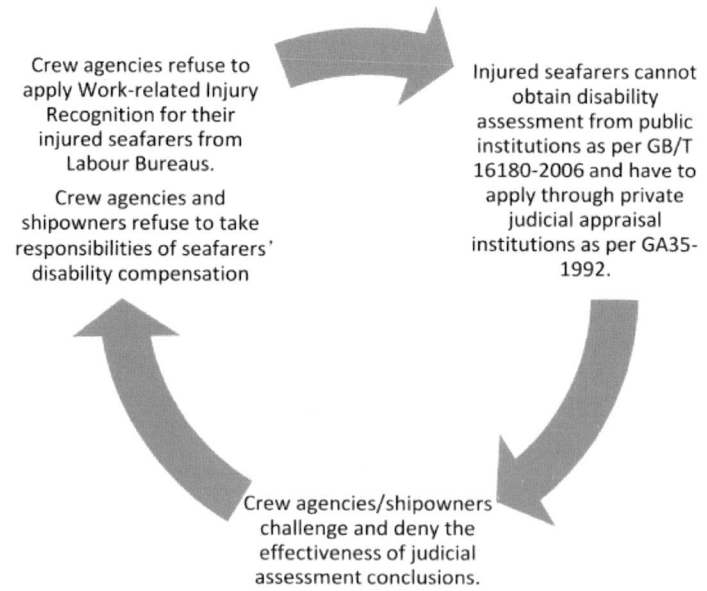

Crew agencies refuse to apply Work-related Injury Recognition for their injured seafarers from Labour Bureaus.
Crew agencies and shipowners refuse to take responsibilities of seafarers' disability compensation

Injured seafarers cannot obtain disability assessment from public institutions as per GB/T 16180-2006 and have to apply through private judicial appraisal institutions as per GA35-1992.

Crew agencies/shipowners challenge and deny the effectiveness of judicial assessment conclusions.

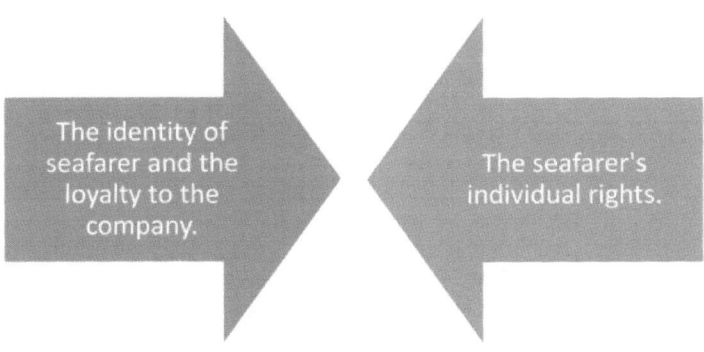

Figure 6: The conflict between loyalty and right defence

Table 18: Work-related Injury Insurance Treatment for seafarers and land-based workers

	The nature of employment	Compensation entitlements of WIIR	Liable parties to WIIR compensation	Dispute resolution approaches	Burden of proof
Seafarers covered by WRII	Labour contract	Apply	WIIR Fund	Labour Arbitration Committees and Maritime Courts	The facts of work-related injuries, medical expenses[82], and disability degrees
Land workers covered by WRII	Labour contract	Apply	WIIR Fund	Labour Arbitration Committees and Civil Courts	The facts of work-related injuries, medical expenses, and disability degrees
Seafarers not covered by WRII	Presumed civil contract	Not apply	Not apply	Maritime Courts	The existence of working activities on a specific vessel; the work-relatedness of the injury; the loss (including medical fee and disability degrees); whether the injury is caused by the negligence of shipowners or third parties.
Land workers not covered by WRII	Presumed labour contract	Presumably apply	The employers, manpower agencies, and the Social Insurance Fund	Labour Arbitration Committees and Civil Courts	The existence of labour relationships, The facts of work-related injuries, medical expenses, and disability degrees.

위에서 제시한 증거 자료가 말해주듯이 연구자는 NVivo의 기능을 활용한 시각적 자료의 결과 보고 라기 보다는 정리한 내용을 수작업으로 도식화 하였고, 주제를 단순하게 기술하는데 머물렀다.

Bagolong et al. (2014)이 사용한 주요 분석 도구는 NVivo이며, 연구 참여자로부터 사실적인 정보를 얻기 위하여 내용 분석을 실시하였다. 자료 분석에 있어, 연구자는 주제와 소주제별로 자료를 묶고 범주화하기 위하여 NVivo를 사용하였다.

분석 결과는 아래와 같이 시각화하여 보고를 하였다.

Table 1

Themes and Core Ideas on the Physical, Financial and Human Resources Operation

Major Theme	Frequency of Response	Core Ideas
Physical Resource	General	Collecting of Port Dues (PPA and Sta. Ana)
	General	Treated as a Terminal Port headed by a terminal supervisor (PPA)
	General	Managed by the Local Government, and headed by a Head Engineer (Sta. Ana)
Financial Resource	General	Autonomous (PPA)
	General	Supported by the Local Government (Sta. Ana)
Human Resource	General	Seminars are being conducted both PPA and Sta. Ana
Challenges	General	Facilities Improvement (Sta. Ana)
	General	High Tide (Sta. Ana)
	Variant	Delay of Salary (Sta. Ana)
	Variant	Time Schedule (PPA)
Effects to the Operation	General	To have bigger vessel, is to have bigger income (Sta. Ana)
	General	Totality of Port (PPA)

그러나, 각 주제 관련 원 자료를 제시하지는 못했다.

Lutzen 외 (2016)은 모든 인터뷰 자료를 NVivo 소프트웨어에 입력을 하였다. 인터뷰 자료를 코딩을 하고, 범주와 광범위한 주제, 예를 들면, 운영 모드, 절차, 그리고 요구 조건과 관련된 광범위한 주제로 구조를 잡아나갔다. 위원회와 관련된 현장 업무 분석을 추가하여 모드를 세련되게 다듬고, 모델을 업데이트하고, 요구 조건을 확인하는 분석을 시행하였다.

연구에서 제시하는 결과는 아래의 표나 그림으로 제시하였다.

Table 1
Comparison of working vessels and vessels used for conventional shipping.

	Conventional shipping	Working vessels
Type	Liner vessels as e.g. container vessels	Supply and offshore vessels assisting oil and gas platforms or offshore wind farms
	Tramp vessels as e.g. dry cargo vessels and tankers	
Work pattern	Port to port	Port to offshore destination
Deployment	Cargo transport	Non cargo carrying
	Containers, oil products, grain and coal	Support offshore installations
Trade area	World wide	Coastal areas
Size	Up to 260,000 gross t	Up to about 2990 gross t (very few above this size)
Regulation	International	National and international
Required qualifications for master	Unrestricted Master	Restricted Master (if below 2990 gross t)

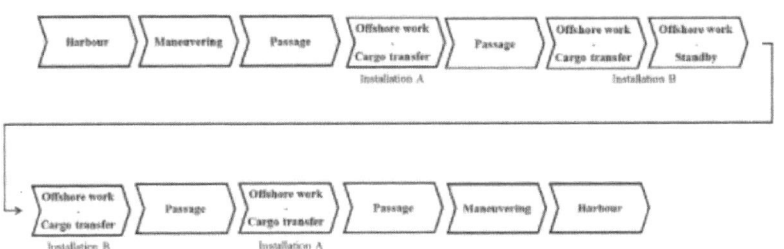

Fig. 1. Voyage for a PSV (Platform supply vessel).

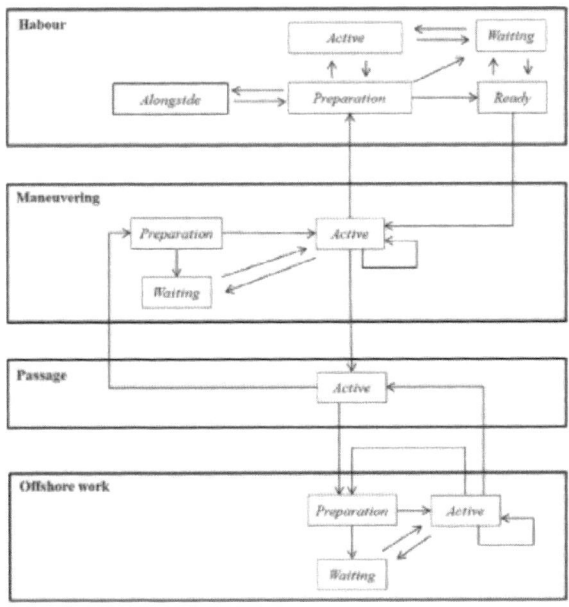

Fig. 2. Flow chart for transition between modes and activity states.

Modes				Operations	Requirements			Objectives
Harbour	Maneuvering	Passage	Offshore work		Authorities	Company	Department/ Procedure/ Actors	Ship
M	M	M	M	Sea worthiness	Stability Loadline Stress	Stability Loadline Stress UKC	Tech. /SMS No. Tech. / Pump spec	GM 0.60m Stress Harbour/Sea mode Number of slack tanks allowed AFAP - 4
M	M	M	M	Utilities	MLC			Temperature min/max air Water
O			O	Hose		Max. tank level 98% Max. flow m³/h "sufficient" hose length Weather condition Min time at platform Offshore at DP	Tech. / SMS No. Pump spec SMS 0715-30.2	Max tank level 98% Max flow m³/h Def "Sufficient" Max weather conditions
			O	Cargo		Min. time at platform All machinery started	SMS 0715-30.2 SMS 0713	
	O	O	O	Navigation		Speed, distance/time UKC Deviation (max velocity) Manoeuvrability min speed In safety zone/outside safety zone In SZ extra propulsion	Charter /company Tech. /SMS Tech. /SMS Tech. /SMS Tech./SMS SMS 0715-35	Speed, distance/time Autopilot settings UKC Deviation (max velocity) Manoeuvrability min speed Weather Wind/Waves
			O	DP	G-OMO	Set up position 30min Distance to installation min 75m during set up	SMS 0715-30.2	

Fig. 3. Example of a table of requirements.

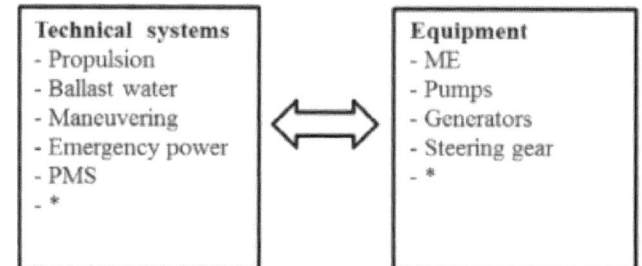

Fig. 4. Systems and Equipment on board the vessel.

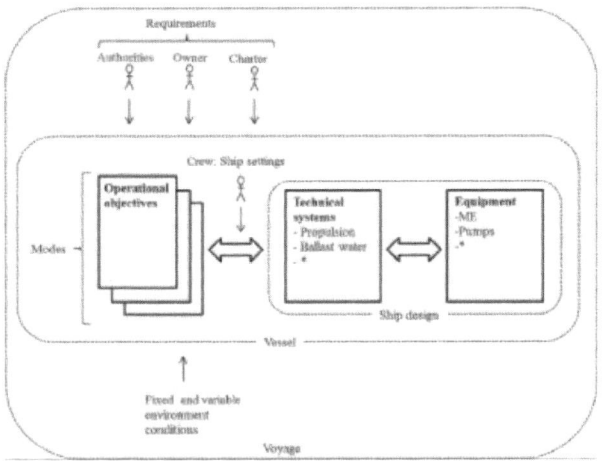

Fig. 5. Conceptual model.

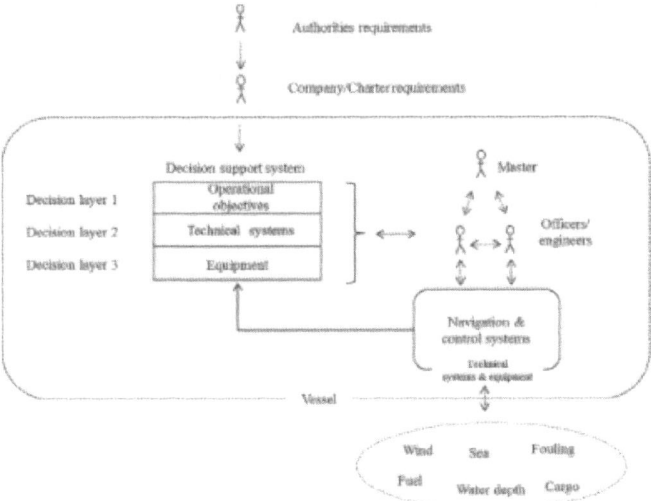

Fig. 6. Simplified conceptual solution model.

본 연구의 보고 기법에서 가장 주목할 만한 점은 연구 결과를 연구 결과 보고 후반 부에 연구 결과 관련 개념 틀을 제시하는 것이라 볼 수 있겠는데, 이 기능은 NVivo의 지도 기능을 활용 한 것으로 추정이 된다.

Brennan 외 (2013)은 모든 인터뷰를 녹음하고 전사를 한 다음에 수동 코딩 방식으로 분석을 하였다. 코딩은 혼합형 방식으로 진행이 되었는데, 주제의 일부는 미리 정하였고, 나머지는 자료에서 도출되었다. 서로 다른 코딩이 생성이 되었고, 연구 결과에 대한 맥락을 제공하기 위하여 선행 논문을 활용하였다. 자료를 코딩을 한 다음에, 각각의 주제 사이의 관계를 수립하고자 NVivo로 메트릭스 코딩 검색을 시행하였다. 연구 결과물에 대해 시각화해서 보고하지는 않았으며, 주제를 단순하게 기술하는 방식을 취하고 있다.

Asyali 와 Bastug (2013)는NVivo는 내용 분석 기술 과정을 원활하게 하고, 텍스트 검색을 수행하고, 아이디어를 연결하고, 자료를 코딩하고 검색을 하며, 모델을 그려 나갈 수도 있으나, 개념 뒤에 있는 원 자료에 즉각적으로 접근 할 수도 있다. NVivo를 사용하는 장점은 다른 문서나 범주에 텍스트 포맷이나 하이퍼링크를 사용하여 범주간 관계를 보기 쉽게 시각화 하는 것에 있다 (정적에서 동적으로).

본 연구에서 논문이 자료의 주된 소스이며, NVivo에 개별 문서로 저장이 되었다. 주된 견해중의 하나는 코딩은 자료로부터 도출되어야 한다는 것이다. 논문을 NVivo로 불러왔을 때, 연구자에게 여러가지 분석과 관련한 선택이 주어졌다. 첫째, NVivo로 속성 정보를 만들고, 각 사례를 저장을 하였다 (각각의 논문). 각각의 논문에 해당하는 기술 정보를 기록하기 위하여 속성 기능을 사용하였다(예를 들면, 논문의 저자, 발행연도, 그리고 출판사). 이러한 작업을 한 이유는 자료에 대해 묻고, 이론 개발을 위해 지속적인 비교를 가능하게 하기 위해서이다. 속성은 알려진 특성을 토대로 사례를 쉽게 나누어 준다. 따라서, 어떠한 개념이 서로 다른 사례에 대해 다른 행동을 보인다면, 속성 정보는 초기에 여기에 대한 통찰력 있는 정보를 제공한다.

내용 분석에서 코딩 과정은 개방형 코딩으로 시작하거나 자료를 별개의 부분으로 나누고, 유사점과 차이점을 검토하고, 범주를 만들기 위하여 개념적으로 유사한 주제를 묶는다. 주제를 많이 식별할수록 하위 범주가 늘어난다. 자료를 구조화 하기 위하여 NVivo에서는 다차원의 나무 가지를 요한다. 따라서, 일반적인 개념 안에서 1차원 이상 또는 그룹의 개념이 있는 곳은 어디인지를 알려 줄 수가 있다. 이것은 분석자가 좀더 상세하게 생각을 할 수 있도록 도와 줄 수 있고 개념을 명확하게 하고 초기 미세 분석을 용이하게 한다는 점에서 내용 분석이 용이하다고 볼 수 있다.

연구 자료의 적절한 질문을 용이하게 하려면, 흥미로운 코딩에 대한 검색이 필요하다 (예를 들면, 하나 이상의 노드에 코딩이 된 텍스트 검색). 예를 들면, 과학적 연구를 토대로한 작업 방법은 초기 코딩에서 과학적 작업 분석으로 인식이 되었고 텍스트 검색 코딩으로 레프런스에 보관이 되었다. 텍스트 검색 코딩 결과가 종료되었을 때 계층 노드에 추가가 되었다.

개념과 범주간의 관계를 조사하기 위하여 여러 개로 동시에 코딩 된 자료를 검색하는 도구인 메트릭스 검색을 실시하였다. 메트릭스 검색은 잠재하는 하위 범주와 상위 개념의 크기를 알아보고 사례와 개념간 복수 비교를 가능하게 한다. 사례와 범주를 비교하기 위하여, 극단으로 지우친 주제를 검색을 하였다. 먼저 식별한 개념이(코딩을 할 때 생성된 모든 노드) Taylorist Scientifical Management 또는 ISM 코드인지 아닌지의 여부를 나타낸다. 결과는 다음과 같이 표와 그림으로 보고를 하였다.

Table 1
Comparison of the ISM Code, and scientific management. Source: Authors.

	ISM Code	Scientific management
The objectives	Safety at sea, prevention of human injury or loss of life, and avoidance of damage to the environment.	Improving economic efficiency, especially labor productivity
Applicable to	Ship operating companies of all types and sizes	Applicable to all kinds of human activities.
Critical success factors	Commitment, Compliance, Competence, Continuous Improvement, Communication, Collective Responsibility Cooperation	Science, not rule of thumb. Harmony, not discord. Cooperation, not individualism. Maximum output, in place of restricted output
Compliance	Mandatory	Voluntary
Method for measurement of performance	Objective evidences	Statistical techniques
Level of customization	High	Low
Orientation	Collectivist	Collectivist
Paradigm	Positivistic	Positivistic

Table 2
Coding Table. *Source:* Ghuman, 2010; Lunenburg and Ornstein, 2012.

Managerial topics (coding topics)	Coding explanation
Scientific job analysis	Work methods based on a scientific study of the tasks carried out should be adopted
Selection and training of personel	Employees should be scientifically selected and trained by the management and not left to their own devices
Management coordination and audits	Managers should train workers and audit the workers' performance to ensure that the adopted scientific methods are being properly performed
Functional supervising	Work should be divided between managers and workers so that managers can apply the established scientific methods and processes of production, whereas the workers can perform the job according to the established procedures

Table 3
Number of Articles' citiations.

Articles	Author	Year	Cites
Articles on taylorism concept			
Alive and well and ready for the 21st century	Hodgetts and Greenwood	1995	21
Citing Taylor tracing Taylorism's	Evangelopoulos	2011	39
Frederick W.Taylor's scientific management principles	Taneja et al.	2011	13
From Taylorism to competence-based production	Brodner	2007	50
From Taylorism to post-Taylorism	Peaucelle	2000	33
One hundred years of Taylorism	Koumparoulis and Vlachopoulioti,	2012	13
Scientific management revisited	Tsukamoto	2008	102
Strategic management or strategic Taylorism	Stoney	2001	27
Taylorism and hours of work	Nyland	1995	34
Taylorism given a helping hand	Tolsby	2000	12
Taylorism, progressivism, and rule by experts	Carson	2011	15
Teams between Neo-Taylorism and Anti-Taylorism	Pruijt	2003	10
The key job design problem is still Taylorism	Lawrence	2010	8
The relevance of scientific management	Bell and Martin	2012	32
Frederick winslow Taylor (1856-1915): the science of business	Greco	1999	1
Articles on ISM Code			
The international safety management (ISM) Code: new level of informity	Rodriguez and Hubbard	2005	5
The effectiveness of the ISM Code a qualitative enquiry	Bhattacharya	2012	51
Legal and practical consequences of not complying with ISM Code	Chen	2010	2
Assessment and control of operational risks on board ships in accordance with the ISM Code	Hess et al.	2011	24
Achieving and maximizing ISM Code compliance	Thomas	1998	7

	Attribute	Value	
○ Citing Taylor Tracing Taylorism's			
○ FrederickW. Taylor s Scientific Management Princi	author	Evangelopoulos, Nicholas	▼
○ From Taylorism to competence-based production	publish date	2011	▼
○ From Taylorism to post-Taylorism	publisher	Journal of Business and Management	▼

Fig. 1. Extract from NVIVO Casebook.

Fig. 2. Matrix coding query results (words coded).

메트릭스의 각각의 셀은 항목과 관련한 선택된 정보를 보여준다 (소스 수, 사례, 단어 또는 코딩한 자료에 대한 퍼센트 또는 개념으로 코딩 된 레프런스).

그림 2는 코딩 레퍼런스와 일치하는 수를 말한다. 따라서, 검색 결과를 통해 Taylorist Scientifical Management 또는 ISM Code와 밀접하게 연관성을 보이는 여러 가지 개념을 아래의 표를 통해 식별할 수가 있다.

Table 4
The coding frequencies and densities of Taylorist factors at topics written on "Scientific Management". *Source:* Authors.

Articles	Topics								Total (Fr.)	Total (%)
	Scientific job analysis		Selection of Personnel and training of personnel		Management cooperation and audits		Functional supervising			
	Fr.	%	Fr.	%	Fr.	%	Fr.	%		
Pruijt (2003)	1188	23.33	621	12.19	759	14.9	2525	49.58	5093	100
Stoney (2001)	1128	19.35	2100	36.03	1033	17.72	1567	26.89	5828	100
Nyland (1995)	1801	28.52	978	15.49	1388	21.98	2148	34.01	6315	100
Peaucelle (2000)	1011	23.7	539	12.63	695	16.29	2021	47.37	4266	100
Tolsby (2000)	998	27.84	943	26.3	431	12.02	1213	33.84	3585	100
Tsukamoto (2008)	1881	20.21	1962	21.08	2310	24.82	3155	33.9	9308	100
Lawrence (2010)	667	20.87	411	12.86	331	10.36	1787	55.91	3196	100
Hodgetts and Greenwood (1995)	684	25.94	662	25.1	466	17.67	825	31.29	2637	100
Evangelopoulos (2011)	1779	30.84	1341	23.25	868	15.05	1780	30.86	5768	100
Greco (1999)	82	20.71	110	27.78	73	18.43	131	33.08	396	100
Koumparoulis and Vlachopoulioti (2012)	1087	22.87	1216	25.59	975	20.52	1474	31.02	4752	100
Brodner (2007)	1441	31.92	458	10.14	479	10.61	2137	47.33	4515	100
Bell and Martin (2012)	701	17.78	1267	32.14	822	20.85	1152	29.22	3942	100
Taneja et al. (2011)	1547	22.87	2070	30.6	1223	18.08	1924	28.44	6764	100
Carson (2011)	220	20.66	157	14.74	225	21.13	463	43.47	1065	100

Abbreviations:
(Fr.) Frequency.
(%) Density.

이와 같이 연구자는 자료 분석 과정에서 어떻게 활용하였는지를 표와 그림을 통해 보고 함으로서 연구의 투명도를 상승시켰고 질적 연구의 질을 높인 것으로 파악된다.

Carmichael (2016)는 워크샵과 참여자의 인터뷰 오디오 자료를 전사하고 NVivo를 사용하여 구조화 하였다. 문화적 가치, 사이트 노출, 그리고 사이트 민감성과 관련된 설문지에서 파악된 변수 뿐만 아니라 영향, 목적, 방법, 자원, 장애 요인, 지도력과 소유권과 관련된 주제를 파악하기 위하여 필드 범위와 위험 분석 프레임웍으로 내용 분석을 하였다. 자료 수집시 연구자의 편견을 배제하기 위하여 연구 참여자에게 확인 작업을 하였고, 연구 참여자와 직원이 말한 내용을 인용한 자료를 재검토하였다. 자료를 교차 검토하기 위하여 워크샵에서 인터뷰와 참여 관찰을 한 자료는 연구 결과의 일관성과 신용도를 평가하는데 일조하였다. NVivo의 시각화 기능을 활용한 연구 결과 보고는 없었으며, 도출된 주제를 단순하게 기술하고 있다.

Harvey (2013)는 인터뷰 타당도를 평가하기 위하여 CDM 자료를 의사소통 전사본과 비교를 하였다. 비전문가와 전문가간에 결정 전략의 본질을 조사하기 위하여 주요 인식 결정 (Recognition-Primed Decision (RPD)) 모델의 단계에 따라 NVivo로 CDM 자료를 코딩하였다. 연구자는 결과를 다음의 표로 보고한다.

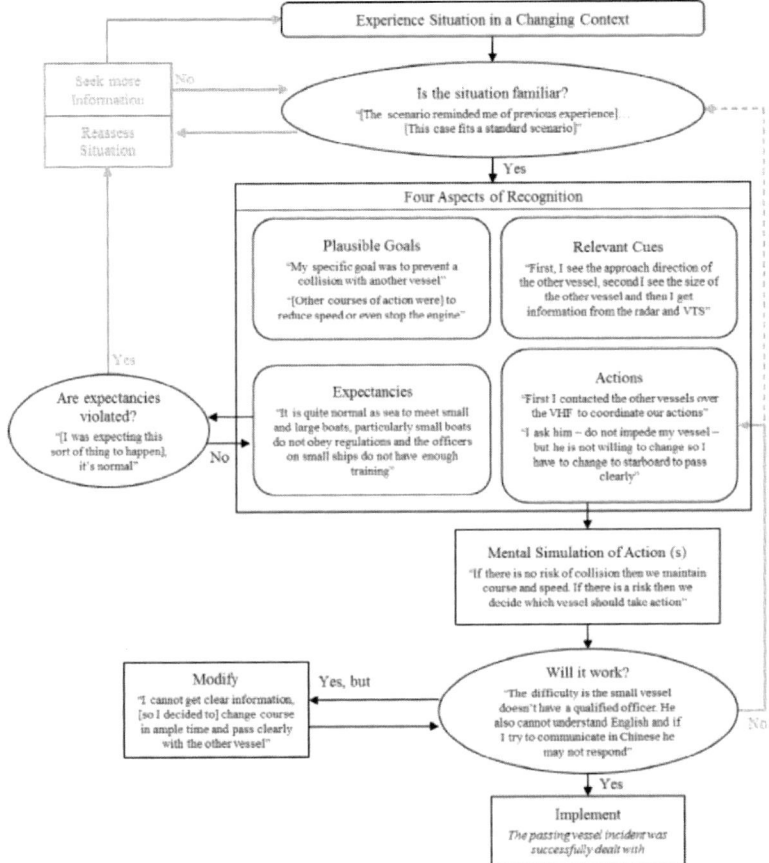

Figure 2. CDM interview extracts mapped onto the RPD model

연구자는 **Saldana**가 소위 말하는 가설 검증 코딩 방식을 따랐고, 수집한 자료를 개념 틀에 맞게 대입한 것임을 알 수 있다.

Clark-Ginsberg (2017)은 NVivo를 활용하여 자료 분석을 하였는데, 세가지 층의 이벤트로 코딩이 되었다. 최초 이벤트 (Freetown 빈민가 홍수), 홍수에 의해 영향을 받은 두 번 째 이벤트, 그리고 이차 이벤트에서 나온 제3의 이벤트이다. 이와 같은 자료는 네트웍 분석과 시각화로 사용이 되었고 연구자는 아래와 같이 결과를 보고하고 있다.

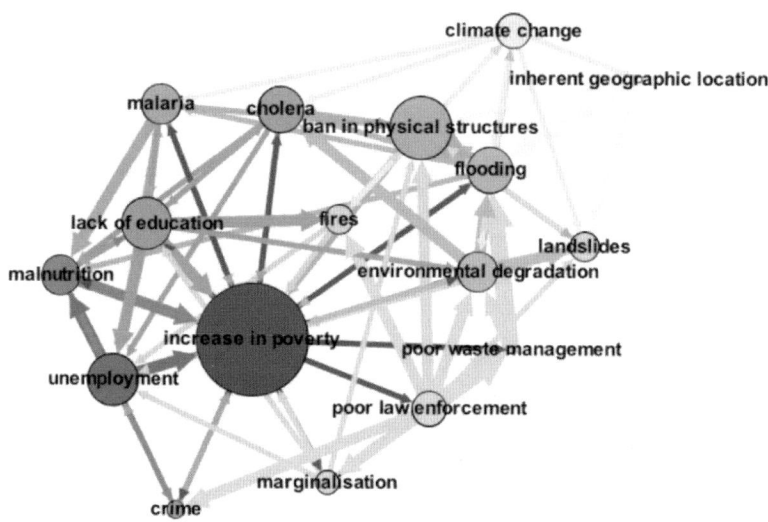

Figure 5: degree centrality of flooding in Freetown slums (source: author)

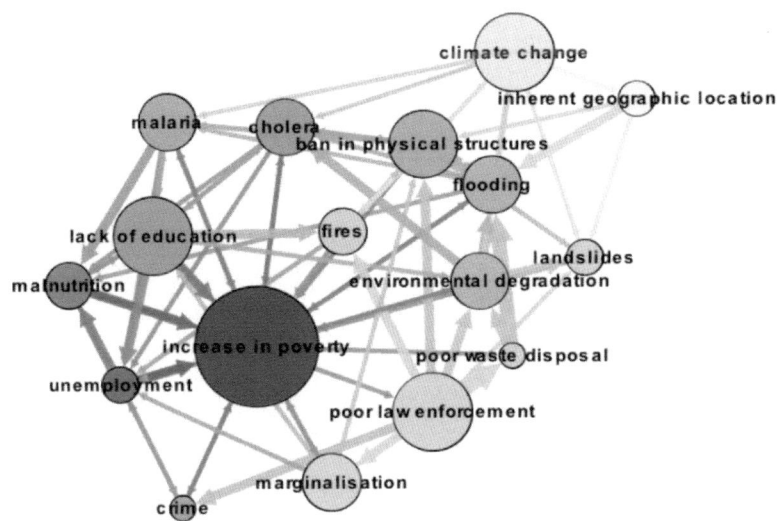

Figure 6: out degree of flooding in Freetown slums (source: author)

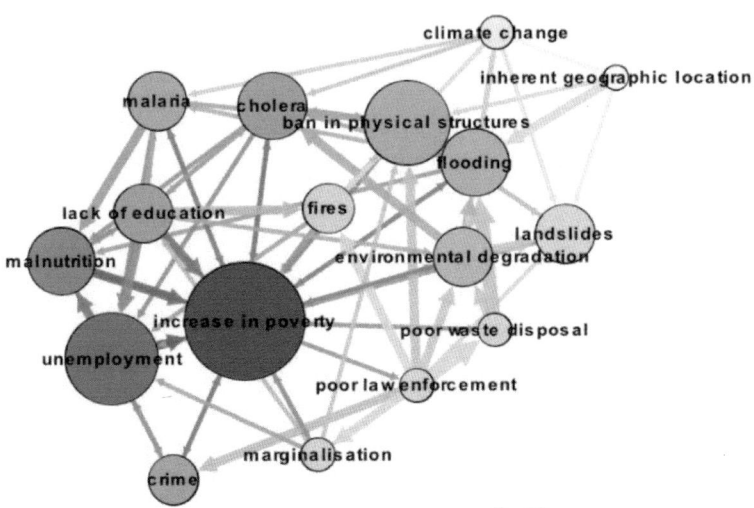

Figure 7: in degree of flooding in Freetown (source: author)

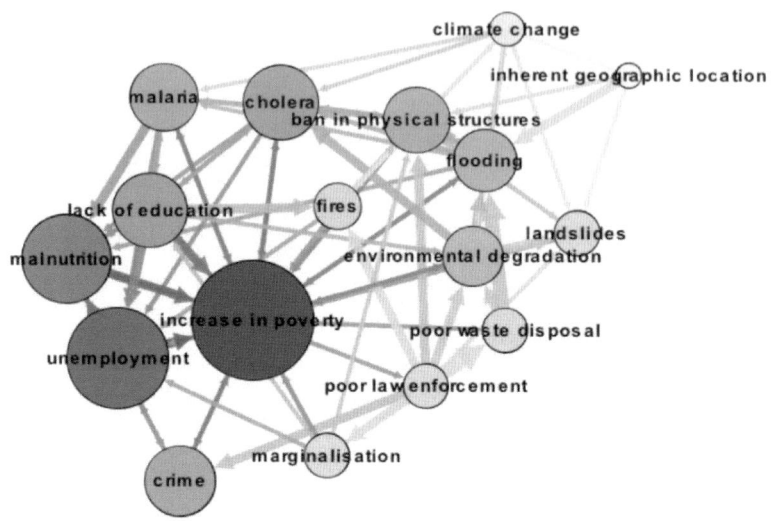

Figure 8: eigenvector centrality in Freetown (source: author)

Davidson (2011)은 9편의 예술 작품에서 주제를 찾기 위하여 NVivo를 사용하였다. 작품을 기술하고, 주석을 달고, 메모를 넣고, 해석을 하고 아이디어를 확장을 해 나갔고, 파이버 아트의 범주로 포함을 시켰다. 펠트가 핵심이다. 견직물과 자수가 펠트가 전시되는 맥락을 형성하는데 도움이 되었다. NVivo 데이터베이스에는 Bob이라는 용어로 18,744가 코딩이 되었고 NVivo를 통해서 깊이 있는 해석이 가능하였다. 연구자는 섬유, 예술, 그리고 시각화와 관련한 작업을 주로 하였다. 저널 프로젝트를 작업하고 전시로 확장하는 것은 (저널 주제를 바탕으로 예술을 완전하게 표현) 질적 연구자로서의 리소스를 추가로 확보하게 되었음을 연구자는 기술한다.

연구자가 주로 분석, 해석을 한 자료를 시간별로 아래와 같이 나누어 보고하고 있다.

The Data: My personal journals 6/2006-3/2008			
	2006	2007	2008
January		14	13
February		8	13
March		16	10
April		20	
May		9	
June	8	12	
July	20	20	
August	21	20	
September	8	20	
October	8	21	
November	4	17	
December	8	13	
TOTAL: 303	77	190	36

Figure 1. Journal Project Data Entries

Figure 2. My diagnoses

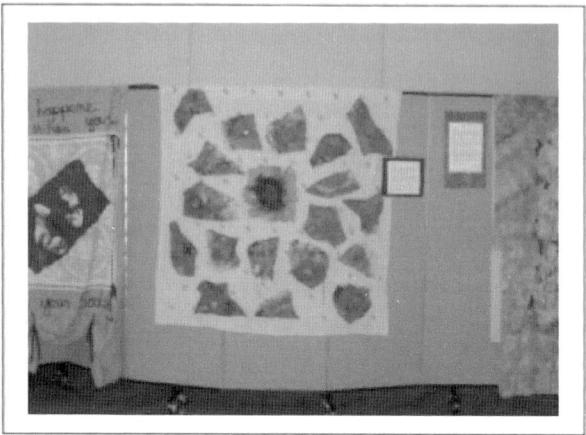

Figure 3. Disassociation

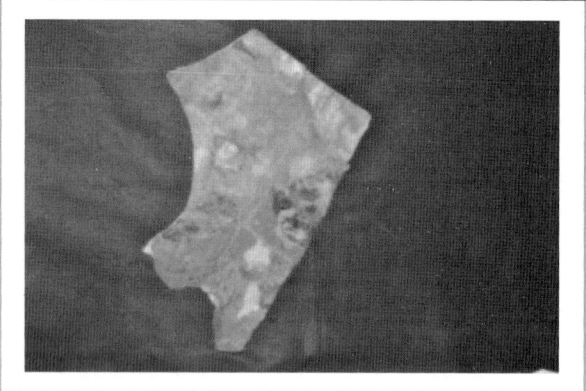

Figure 4. A close-up component of disassociation

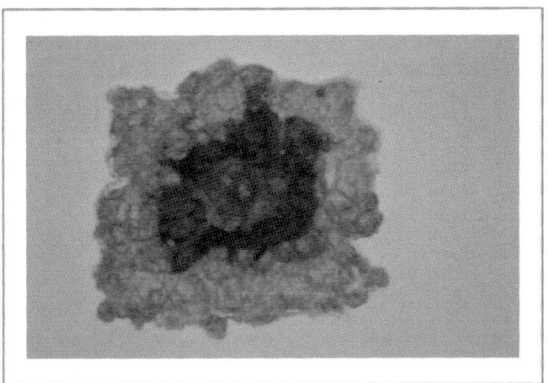

Figure 5. Second close-up component of disassociation

Figure 6. What happens when you drop your socks?

Figure 7. Garden

Figure 8. River

Figure 9. Enmeshed in a dream

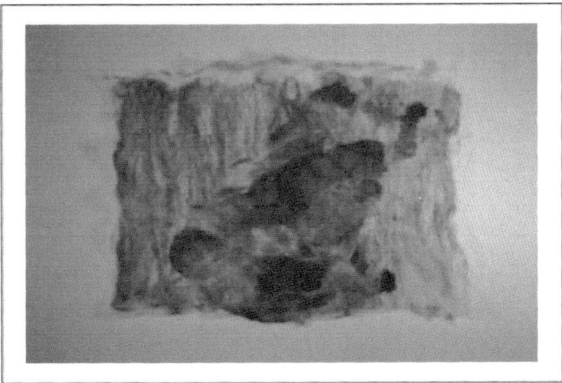

Figure 10. The dream felt

Figure 11. The family

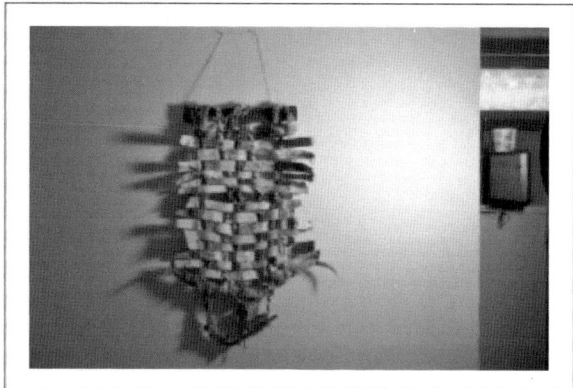

Figure 12. Woven piece

Bagolong 외 (2017)은 자료 수집을 할 때 질적 접근 방식으로 인
터뷰 질문을 사용하여 서술 평가 방법을 사용한 연구를 수행하였다.

연구 참여자는 필리핀 항 관원과 Sta. Ana Davao Port 관리인이다. 질적 연구를 위한 NVivo 소프트웨어를 사용하여 자료 수집을 하였고, 참여자 자료에서 사실 정보를 수집하기 위하여 내용 분석을 실시하였다. 자료 분석에 있어 주제와 소주제를 통하여 자료를 군집화하고 범주화하기 위하여 NVivo를 활용하였다. NVivo를 통한 시각화 자료를 보고하고 있지는 않고 떠오른 주제를 정리하여 보고 하는 형식으로 서술하고 있다.

John (2012)은 화재 발생간의 연관성을 조사하기 위하여 NVivo를 활용한 내용분석을 실시하였다. 연구의 초점은 소프트웨어로 불러온 자료에서 기계공간에 관한 15개의 심층 보고서이다. 이와 김 (2001)의 내용 분석 방법에 따라 연구자가 관심이 있는 변수를 평가하기 위하여 체계적이며, 질적이고 객관적인 방식으로 2차 자료에서 체계적인 추론을 하였다. 질적 내용 분석은 일반적으로 NVivo 9.0과 같은 질적 자료 분석 소프트웨어에 의존을 많이 하는데 그 이유는 자료를 전문성을 가지고 구조화하고, 관리하고, 코딩을 하는데 도움을 줄 수 있기 때문이다(Zhang and Wildemuth, 2009). 화재 위험성과 관련해서 관계를 이해하기 위하여 그래프를 사용하여 심층 분석을 하였다.

문서는 NVivo 9.0을 사용하여 전사한 자료로 견본을 만들었고, 조사할 범주에 대한 핵심어를 할당하고, 엄정성의 정도를 나타내기 위하여 분류의 형식으로 코딩을 하였다. 그러나, 인터뷰와 설문지 응답과 같은 자료는 견본 생성의 중추 역할을 하였다. 유용하고 효율적인 모드의 질적 자료 분석을 수행하기 위하여, 연구자들은 컴퓨터를 활용한 질적 자료 분석 도구 (CAQDAS)를 개발하였다. Nudist, NVivo, 또는 QualPro와 같은 질적자료 분석 도구가 수작업 보다는 사회과학도들이 자료를 더욱더 효과적으로 저장하고 분석 할 수 있다. NVivo는 코딩을 준비하고, 코딩 된 자료를 복구하고, 자료에 주석을 달고 편집을 하고 검색을 가능하게 한다. 위험 조사를 하는데 사용하는 핵심어는 화재와 관련이 있거나 같은 의미를 가져야 한다 (Elo and Kynga, 2008).

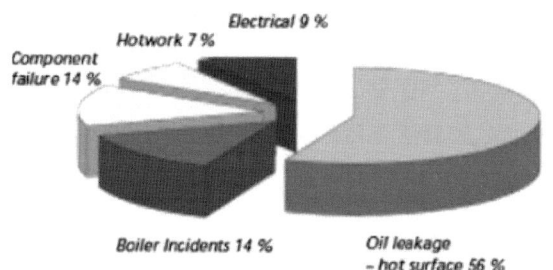

Fig. 1. Causes of fire. *Source*: DNV (2007).

그림 1은 분석 전에 코딩이 된 소프트웨어에 의해 식별된 위험에 대한 전체 그림을 그리기 위하여 내부 기재로 요약한 NVivo 9 소프트웨어에서 보고하는 내용이다. 예를 들면, 15개의 보고서에서 2개가 보일러의 화재 발생 공헌도에 대해 언급하고 있다고 아래와 같이 시각화해서 보고한다.

Table 1
Reference to machinery space hazards from reports.

Hazards	Sources	References
Boilers	2	4
Component failures	9	41
Compressors	1	1
Electrical	5	8
Generators	3	4
Hot work	5	23
Leakages and hot surface	10	63

NVivo를 활용하여 아래와 같이 추가로 결과를 보고하고 있다.

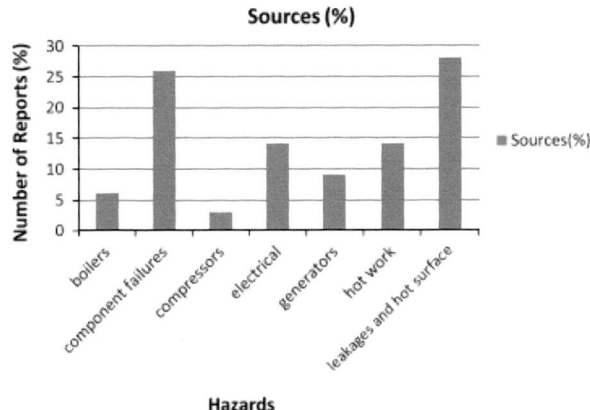

Fig. 2. Graph of hazards against outcome in reports.

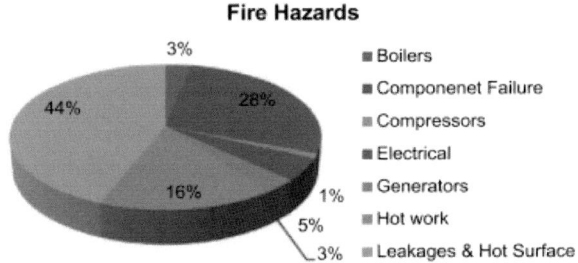

Fig. 3. Hazard association in igniting fire.

Gerke 외 (2016)은 NVivo 10으로 코딩을 하기 위하여 전사한 자료를 불러왔고, 자료는 몇 가지 코딩 과정을 거쳤다. 첫째, 연구 질문에서 도출된 주제와 일치하는 "다양한 크기의 자료 나누기" (연역적) (Miles, Huberman, & Saldaña, 2014,p.71-72). 도출된 주제는, the ideation phase, invention phase, exploitation phase, advancement, altruism, compliance, conscientiousness, constructiveness, loyalty, tolerance, collaboration, and cooperation.

Table 2
Definitions of coding themes.

Innovation process phases		
Ideation	The generation of a thought or suggestion as to possible courses of action that would lead to changes in existing products or processes. The ideation phase consists of idea generation, evaluation, and selection.	Bergendahl & Magnusson, 2015; Roberts, 2007
Invention	The first realization and test of an existing idea for a new product or process. The invention phases include prototype development, testing, and refinement.	Fagerberg, 2011, Roberts, 2007
Exploitation	The exploitation phase includes the transfer to large-scale production and the commercial exploitation of the invention in the marketplace.	Dougherty, 1992; Schumpeter, 1942

Interorganizational behaviors		
Collaboration	Any form of interorganizational exchange that involves two or more cluster organizations working jointly towards a common goal.	Daugherty et al., 2006; Dyer & Singh, 1998
Cooperation	Any form of interorganizational assistance between two or more cluster organizations working independently towards a common goal.	Benson, 1975; Tuomela, 1993
Citizenship	Any form of interfirm behavioral tactics, generally enacted by boundary personnel, that are discretionary, not directly or explicitly included in formal agreements, and promote the effective functioning of the cluster in the aggregate.	Autry et al., 2008, Organ, 1990
Advancement	Steps taken to improve relationships, knowledge bases, and integrated processes linking one or more cluster organizations.	Autry et al., 2008; Podsakoff et al., 2000
Altruism	Behavior directed at helping a cluster organization solve problems or acquire needed skills/knowledge.	Autry et al., 2008; Podsakoff et al., 2000
Compliance	Orientation towards the rules, policies, and processes applied by other cluster organizations; compliance with cluster behavioral norms.	Autry et al., 2008; Podsakoff et al., 2000
Conscientiousness	Performing cross-organizational tasks with higher than normal levels of forethought and effort.	Autry et al., 2008; Podsakoff et al., 2000
Constructiveness	Interest and activity in interorganizational affairs affecting the relationships between exchange cluster organizations.	Autry et al., 2008; Podsakoff et al., 2000
Loyalty	Allegiance to cluster organizations and the cluster as a whole, sometimes sacrificing the interests of the cluster organizations for the greater good.	Autry et al., 2008; Podsakoff et al., 2000
Tolerance	Identification and tolerance of the inevitable delays/impositions/inconveniences associated with interorganizational exchange without retribution.	Autry et al., 2008; Podsakoff et al., 2000

표2는 코딩 주제에 대해 정의를 내리고 있다.

두 번째 단계에서는 혁신 주제 (e.g., ideation, invention, and exploitation)와 ICB 주제를 식별한다. 두 주제에 코딩이 된 부분에 대한 인용은—interorganizational behavior and innovation phases—주제간의 연결을 제안한다. 교차 코딩을 통해서, 시민의 협동에 대한 역할을 식별하였다.

세 번째 단계에서, 제 1 저자는 귀납적 방식으로 교차 코딩에서 나온 인용을 설명하고 종합하였다. 제 1 저자가 코딩을 하였으나, 공동저자가 코더 간 신뢰도 확보를 위하여 표로 귀납 및 연역 코딩을 한 내용을 확인하였다.

연구 결과를 아래의 표와 그림으로 보고하였다.

Table 3
Interorganizational practices of ICB during the innovation process.

	Idea	Invention	Exploitation
Advancement	Suppliers' involvement and integration Parallel involvement in sports and business Cooperation between complementary and competing firms Cooperation with public and non-profit organizations	Joint new product development Buyer testing and feedback on prototypes Recombination of resources from different suppliers	Joint promotional activities Mutual or unilateral assistance and learning Commitment to cluster
Altruism	Mentoring and consulting through networks Intermediaries as information providers Federating network meetings	Buyer testing and feedback on prototypes Circulation and networking of staff in the local supply chain	Mutual recommendation and word-of-mouth communication Mutual or unilateral assistance and learning
Compliance			
Conscientiousness	Federating network meetings	Passion, initiative, and ideal work ethic	
Constructiveness			Joint promotional activities Mutual recommendation and word-of-mouth communication Mutual or unilateral assistance and learning Commitment to cluster
Loyalty		Circulation and networking of staff in the local supply chain Passion, initiative, and ideal work ethic	Mutual recommendation and word-of-mouth communication Commitment to cluster
Tolerance		Passion, initiative, and ideal work ethic	

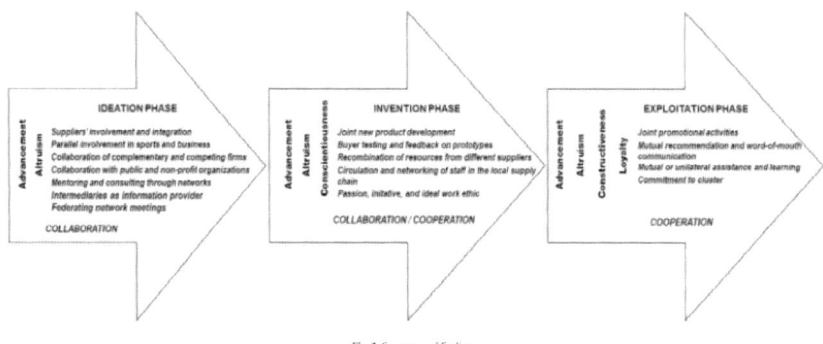

Fig. 1. Summary of findings.

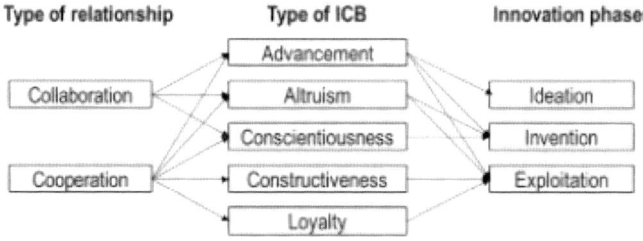

Fig. 2. The roles of cooperation, collaboration, and ICB in the innovation process.

    Wu He와 Yen (2012)은 각각의 학생 질문을 모은 사례를 중심으로 NVivo의 자동 코딩 테크닉을 활용 하였다. Nvivo는 시장을 주도하는 질적자료 분석 프로그램이고 내용분석을 목적으로 다수의 연구자가 연구를 진행해온 바가 있다 (Zha, Kelly, Park & Fitzgerald, 2006). 자동 코딩은 NVivo 9이 자랑하는 특별한 기능으로, 텍스트 줄에 따라 문서를 자동으로 코딩을 할 수 있도록 도와준다. 학생들의 질문 사례에서 생성한 노드는 각각의 노드를 군집으로 만들기 위하여 NVivo 9으로 군집 분석을 실시하였다. Nvivo에 따르면, 노드는 특정한 주제, 사람, 장소, 조직, 또는 그 밖의 흥미로운 영역을 담아두는 용기를 말한다.

본 연구에서 군집 분석을 한 목적은 학생들의 질문에서 학생들이 서로 공유하는 특성을 토대로 학생들을 분류하려는 것이었다. NVivo 9에서 군집 분석 도구는 비 구조화된 텍스트 자료에서 나타나는 서로 다른 연구자의 관점을 협의하게 해 준다. 노드에 나타나는 각각의 단어 유사성을 측정을 함으로서, NVivo 9은 노드를 일군의 군집으로 그룹화 한다. 본 연구에서는 피어슨 상관계수 (-1 = 유사성이 매우 적음, 1 = 유사성이 가장 높음)를 사용하여 군집 분석 유사성 메트릭스를 만들었다. 피어슨 상관 계수는 Nvivo에서 선호하는 유사도 메트릭스이다. NVivo에서 군집 분석 수행을 원하면 http://www.qsrinternational.com/support.aspx를 참고하기 바란다.

본 연구에서, 학생 각각의 특성을 토대로 각기 다른 군집으로 분류를 할 목적으로 한 학기 동안 각각의 학생 질문은 한 학생의 자료로 기재를 하였다. 군집 분석 도구는 유사성 매트릭스를 사용하여 기재한 자료의 텍스트에 나타나는 각각의 서로 다른 단어를 측정하였다. 각각의 기재된 자료 사이의 유사도 색인을 토대로 NVivo 9으로 기재된 자료를 일군의 군집을 만들었다. 그 결과, 학생들의 질문의 유사성에 따라 4가지 학생 군집이 형성되었다. 다 수준, 다 군집의 계층구조가 군집 분석 결과가 아래와 같이 나왔다.

Figure 3. A cluster hierarchical structure

이러한 군집을 두 명의 연구자와 대학원생 한 명이 검토하고 해석을 하였다. 두 명의 연구자는 소프트웨어 제작자로부터 특별 교육을 받았다. 검토자간 차이를 비교하고, 논의하고, 동의 수준까지 도달하였다. 코딩 결과는 정확도를 확인할 목적으로 교육 연구자와 함께 심도 있게 재 검토하였다.

3. 연구 결과

지금 부터는 각 연구자별 연구 결과를 살펴 보도록 하자.

Rodriguez (2013)는 환경을 토대로 한 해양관리 시행에 대한 연구 결과가 상반적인 결론을 보여준다. 본 소고에서는 지속 가능한 해양관리에 사용된 구체적인 메케니즘을 논한다.

Fan et al. (2014)은 시스템의 광범위한 실패와 사고와 관련된 행위를 분석하고 정부, 감독기관, 회사, 경영, 직원, 그리고 물리적 사고 순를 포함하는 6가지 레벨의 실패 모드를 식별하였는데, 결과는 다음과 같다.

(1) 조직을 토대로 인간의 오류는 교각 붕괴 사건의 주요한 원인이며, Yangmingtan 교각 경영부만의 책임이 아니라 운전자나 운영자와 같은 전체적인 수준의 결정에 영향을 받는다.

(2) 본 연구는 가장 문제가 많은 곳(운전자)과 그렇지 않은 곳 (감독 기관과 정부)가 기여 하는 바를 식별하였다. 시스템 안전 요구 조항은 정부와 회사가 수립되어야 하는데, 이것은 위험 식별, 위험 평가와 프로젝트의 수명 사이클을 통하여 통제가 요

구되어진다.

(3) 교각 안전을 보장하는 책임을 맡은 구체적인 실체가 중국에서는 불분명하다. 전체 시스템의 규제 및 자율적 요소 사이의 균형 결핍이 존재한다. 표준과 실제 사이의 괴리감 또한 큰 것으로 나타났다.

본 연구에서 지질학과는 학생들의 고용 기술을 훈련시키기 위해서 자원을 다양하게 배치한 것으로 나타났다. 학생들이 습득한 대부분의 고용기술은 적절한 수준으로 습득이 된 것으로 파악되었다.

Ababio (2016)는 뉴욕과 뉴저지 항에서 발생한 허리케인 센디의 경험을 토대로 배운 교훈에 대해 알아보았다. 이러한 교훈은 향후 폭풍에 대비하고 기후 변화와 해수면의 변화에 대한 장기간 대비를 하는데 사용 할 수 있다. 향후 계획에 포함을 해야 할 내용으로 항구 지역사회의 협조; 관계와 신뢰; 재앙 응답에 대한 선 경험; 급조에 대한 전문성과 능력; 그리고 해양 자산의 폭풍 대응과 복구 지원이다. 도전과 개선 분야는 폭풍해일 계획; 정전 연장과 연료 결핍; 해안에 위치한 건물에 주는 충격, 구조와 시설; 항구 사회 밖의 지역사회; 자료나 정보의 공유; "항구 전기 통신"; 그리고 인사관리이다. 추가로, 본 연구는 일련의 전체적인 질문을 식별하였다: 교훈은 정말로 학습이 된 것일까? 침수 방지 대책은 실용적이며 적절한 것이며 보수와 완화를 위한 자금 지원 정책을 어떻게 개발 할 것인가? 항구 사회 자본을 항구나 기타 다른 곳에 되풀이하는 방안은 무엇인가? 탄력 있는 항구란 무엇을 말하는가? 뉴욕이나 뉴저지 항의 지역사회의 장점을 장기적인 범위에서 항구 탄력성과 기후변화 적응 계획에 가장 효과적으로 활용 할 수 있는가?

Smythe (2013)는 환경 규제를 조작화하는 과정을 이해하는 것이 중요한데, 그 이유는 이것이 규제와 증가하는 혁신간의 관계를 포착하는데 있어 필수라고 제안한다 (Ambec et al., 2013; Blind, 2016). 적절한 문서 테스트와 인정 단계의 과학적 토대를 이끄는 규제의 문제인 과정을 본 연구에서 보여주었다. 연구자들은 환경규제가 과정 접근법 채택을 정당화하는 불확실성의 복수 소스에 영향을 받기가 쉽다고 말한다. (Knol, 2011; Udovyk and Gilek, 2013). 사실, 연구자가 조사한 사례에서 불확실성은 만연해 있었다. 잔류성 유기 오염물질과 같은 화학의 다른 분야와 달리 (Hardy and Maguire, 2010), 사용하고 있는 여러 가지로 생산된 화학제품은 변형된 형태를 취한다. 화학 발달과 응용의 과정에서 산업 행위자에 의해 이러한 자료의 포인트가 편의주의적으로 생성되기는 하였으나, 산업행위자에 대한 OSPAR의 규제와 지도를 근거로 소위 말하는 원칙-주의를 몰래 손상시킬 수 있는 잠재력을 지니고 있다.

Finch et al. (2017)은 두 가지 사례 연구를 통하여 정부와 정부간 기관에서 출간한 과학적 정보의 출판 관행과 사용에 대한 이해의 폭을 넓히었다고 말한다. 두 개의 정부 보고는 의사결정을 이끌고 의사결정에 정부 참여를 증대하는 첫 번째 단계라는 의도된 목적을 달성하기에 충분했다. 그러나, 다양한 청중을 포함하려면, 직접 의사소통 (예를 들면, 통보서나 프린터와 디지털 방식)과 간접 (예를 들면, 정부나 NGO 네트웍을 통한 보고서 정보)과 같은 다양한 의사소통 방식이 필요하다. 전문 용어를 많이 사용하지 않는 형태의 보고서를 포함한 여러 가지 버전의 보고서가 필요하다. 이러한 통찰력은 효율적인 정보의 전이를 통하여 대중이 적절한 정보를 찾고 의사결정 과정에 참여 할 수 있게 함으로서 다양한 청중에게 출판물의 가치를 극대화 할 수 있다. 게다가, 환경 연구 기금이 제한되고 대중 비용의 책무가 증대할 것으로 예상이 되기 때문에 본 사례 연구의 결과는 정보가 많고 적절하다고 볼 수 있다.

보고서의 자각을 추적함으로서, 예를 들면, 자료를 읽은 후에 응답자가 자신을 알리는 방식과 해양 이슈와 관련된 정보를 응답자가 사용하는 정도, 사례 연구에서 2009년 주 정부의 Nova Scotia's Coast Report와 Gulf of Maine Report가 의사결정에 어떤 영향을 주었는지를 알아볼 수 있을 것이다. 연구 방법은 정책 결정에 있어 기술 보고의 역할을 결정하는 것에 목표를 두었고, 그렇게 하는데 있어서, 보고서 의사소통의 기회와 장애를 식별 하였다. 본 사례 연구의 결과는 정부 보고서와 대중의 세팅에서 해양 환경 문헌의 중요성에 대한 가설을 뒷받침 할 수 있는 증거로 사용할 수 있다. 연구에서 2009년 주 정부의 Nova Scotia's Coast Report와 Gulf of Maine Report는 일반 대중에게 정보를 주고 의사결정 참여를 권장하는 것으로 사용할 수 있다. 두개의 북미 세팅에서 나온 사례 연구는 과학적 정보가 광범위한 청중에게 다가가지 못하는 주요한 이유로 의사결정에 일반 대중의 참여가 감소하는 주요 요인 중의 하나라는 학술 연구와 일치한다.

Finch 외는 (2017) 연구에 참여한 멤버들의 경험과 부상자들의 경험은 상당한 구조적 차이를 가져다주었기 때문에, 두 개의 CAQDAS 프로젝트로 처리를 하였다. 본 섹션은 연구 결과의 주요 결과와 이러한 발견의 이론적 기여를 논하고자 한다. 연구 결과에 따르면, 중국 선원과 생존자 가족들은 청구 과정에서 상당한 추가 피해를 입고 있는 것으로 나타났다.

제4장에서는 업무상의 상해와 선원의 청구에 관한 현행 중국 입

법 체제를 소개하고 비판적으로 평가하였다.

5장과 7장은 선원의 작업장 부상/청구의 조직적 관리, 업무 관련 사망/실종 보상 청구의 관점에서 연구 질문에 대한 답을 다루고 부상자들의 보상 청구에 대한 경험을 다루었다. 본 섹션에서는 중국 선원이 3개의 각도에서 작업장 사고 후 추가 손해 배상 청구 절차에 대한 추가적인 피해를 경험했는지에 대한 실증적 자료를 조합하여 보고한다. (1) 구조 관리 정책 및 관행에 근거한 추가적인 피해; (2) 생존자 가족, 부상 선원이 합법적 도구를 충분히 그리고 우호적으로 사용하였는지의 여부; (3) 생존 가족이나 부상 선원이 기타 분쟁 해결 절차나 협상과정에서 추가 어려움이나 위해를 받은 여부.

Soomai 외 연구진(2013)은 PPA와 Sta. 아나 다바오 항구는 현재 공통의 실질적인 문제에 노출되어 있다고 보고한다. Sta. 아나 다바오 항구 고용인을 통해 확인된 문제와 우려 사항은 비공식적인 정착민들의 존재, 그리고 항구의 임금 체불과 항구 시설의 개선이다. 필리핀 항만 당국은 직원들이 24시간 내내 운영하고 있기 때문에 직원들의 시간 일정에 문제가 있었다. 운영을 통해 수입을 창출하기 때문에 항구 전체에 큰 영향을 주었다. 형편없는 서비스는 낮은 수입으로 이어진다.

공통의 실제나 이슈 또는 우려 필리핀 항만 당국으로부터 Davao City 지방 정부로 넘어 가기 전과 넘어간 후의 항만 운영에 대해 참여자의 자료를 수집하고 해석해 본 결과 Sta. Davao항구는 물리적, 재정적 및 인적 자원 운용 측면에서 많은 개선과 발전을 필요로 한다는 사실을 연구자가 알게 되었다.

전임 정부가 권력 이전을 13년 넘게 미루어 온 것은 지방 정부가 유일하게 개선한 것이라고는 해온 것은 사무실의 출입구로 연결되는 엘리베이터를 만들었다는 것 밖에 없기 때문이었다. 하지만 Sta Ana Davao Port가 환경 친화적인 허브로서 발전한 사실은 묵살되었다. 지방 자치 단체에 의해 실시된 MOA는 여전히 미완성 상태이며 여전히 진행 중이다. 따라서, 연구자는 발전을 위해 권력과 책임을 다른 독립체로 옮기려는 정부의 전략으로의 전환이 심각하게 받아들여지지 않았다고 결론 내릴 수 있으며, 개발과 진보는 여전히 실현되지 않았다고 결론짓는다.

따라서 항구로의 이행은 정부가 항구 운영을 어떻게 운영하느냐에 따라서 어떤 면에서 좋은 방향일지도 모른다. Ghashat 와 Cullinane (2013)는 성공적인 항구 이양은 정책의 목표 달성에 적절한 접근법 채택에 달려 있다고 제안했다. 이해 관계자의 만족도뿐만 아니라 적절한 지배 구조를 선택하는 것도 항만 양도 정책의 성공에 중요한 기여를 한다.

이 조사 결과에 따르면 항구를 제대로 관리하려면 옳바르게 관리를 해야 한다는 것이다. Sta. Ana Davao Port의 경우, 아나 다바오 항구 지방 자치 단체는 운영되는 기간에 관계 없이 MOA를 준수해야 한다. 결국, 항구의 발전은 또한 도시의 발전이다. 투명성, 책임성 및 이해 관계자의 참여 또한 고려해야 한다. 이 도시의 사람들이 다른 그 누구보다도 항구에서 수혜 혜택을 가장 많이 받는다.

Shan (2017)은 작업 선의 에너지 효율적 운용과 관련된 전반적인 의사 결정 구조를 기술하는 프레임워크를 제시한다. 이 프레임워크는 전체 항해에 대한 개요를 제공하며, 승무원, 요구 사항, 모드 및 기술 시스템 간의 연결을 기술한다. 이와 같은 프레임워크를 개발할 때, 선박의 운영에 대한 깊은 통찰력이 필요하며, 따라서 승무원의 개입이 절대적으로 필요하다.

선박회사에서 경험 있는 관료와 승무원, 사무원 49 명에 대한 인터뷰를 실시하였다. 게다가, 체크 리스트, 절차, 그리고 규제 조항을 살펴보았다. 인터뷰와 워크숍에서, 작업 선박에 대한 일반적인 항해는 네 가지 모드로 나눌 수 있다는 것을 발견하였다. 첫 번째 세 가지는 모든 종류의 선박에 적용되는 반면, 마지막 모드는 "연안 작업"이라 불리는 작업 선박의 특수한 용도로 특징 지을 수 있다.

분석의 주요 결과 중 하나는 대기 시간 식별을 포함하여 각 모드에 대해 하나 이상의 활동 상태를 모니터링하고 각 모드에 하나 이상의 활동 상태를 연결하는 것이 중요하다는 점이었다. 사용된 모드와 상태가 유연하기 때문에 예측 불가능하고 유연한 조작이 가능한 작업 선의 모형을 사용하여 모델링을 할 수 있다. 선박의 에너지 효율에 대한 주된 장벽 중 하나는 에너지 소비량, 모범 사례, 절차 및 규정에 관한 투명성의 결여이다.

이 격차를 해소하기 위해, 제안된 프레임워크는 선원들이 선원들의 요구 사항, 선박 설계, 환경 조건 등에 기초하여 시스템을 운용할 수 있고 전체 항해 도중에 에너지 효율적인 방식으로 선박을 운용한다. 일반적인 아이디어는 항해중인 선원은 항해 시 시스템과의 상호 작용이 가능하고 에너지 효율적인 방식으로 선박을 안전하게 운용하기 위하여 피드백을 사용 할 수 있다.

Bagolong 외(2014)는 MSFD와 MSP의 의미와 실용성은 MSFD가 MSs에 대한 법적 구속력이 있지만, MSP(현재)는 그렇지 못하고, MSFD는 직접 프레임웍 적용에 있어 상당한 변이가 있고, 지속성 있는 해양 환경 사용에 있어 국가 우선권과 동일한 해석 범위를 취한다. 에 적용할 수 있지만 MSP는 해양 환경의 지속 가능한 사용을 위한 따라서, MSP는 두 개의 EU이니셔티브 사이의 관계에서 우세한 선수로 간주되어야 한다. 게다가 MSP는 MSFD보다 더 실용적인 이니셔티브이다. 비록 둘 다 낡은 기기이지만, MSFD는 MSP보다 더 많은 약점을 가지고 있다. MSFD는 환경 적정성(GES)의 의미에 대한 선명성 결여; 기초/참조 조건의 과학적이고 규범적인 기준 사이의 긴장; 다른 EU지침(예:WFD)와 일치하지 않는다는 결함을 가지며 정책 (예:CFP); 환경 체제를 토대로 한 접근 방식의 불분명; 의사결정과정에서 이해 당사자간의 참여의 어려움; 서로 다른 해양 사용자 사이의 작업 필드의 수준; 지방 자치제 이탈 조항의 개방; 주 정부의 화합 장애요인; 자료 결핍; 그리고 정치 의지의 부재이다.

MSP의 결함은 역할이 모호하다는 것이 포함되어야 하며(특히 이것이 MSFD의 상위인지 아니면 하위인지 명확하지 않다); 추정되는 중복성; 작동 공간의 제약; 중립성을 유지한다고 기만하는 점; 우선순위를 결정하는데 있어서의 불공정성; 민주성의 결여; 신축성과 통일성간의 자기 모순; 그리고 합법적 프레임웍의 부재이다. .

MSFD의 결함은 MSP 보다 더 다루기 힘든 것처럼 보이는데, 합법적인 관련 기관의 부재와 같은 문제는 이미 다루었다. 영국 정부는 MSFD를 사회 경제적 목적에 반하는 목적으로 환경 균형의 환경 문화로 적용하는 수단이라기 보다는 MSFD를 시행하는 수단 보다는 MSP를 차선으로 해석하는 것을 선택했기 때문에, MSP를 사회 경제적 목표에 맞는 환경 목표에 MSFD을 적용하는 수단으로 MSFD을 구현하는 수단으로 택했기 때문에, MSFD는 영국의 총 준설 섹터나 풍력 발전 부문에 최소한의 경제적 영향을 끼칠 가능성을 안고 있다. 유럽 위원회가 MSP에 대한 법적 지위를 부여하는 새로운 지침을 제시하고 통합된 해양 경영을 강화하고 있다는 있다는 사실은 영국의 지속 가능 경영 전략을 MSFD의 적용에 대한 지속 가능한 발전 전략에 우선권을 부여 한다는 것이다.

Lutzen 외 (2016)는 임상적 관리와 ISM코드 사이의 몇 가지 주요 유사점이 명백하다. 왜냐하면 그들은 표 5와 같은 것과 같은 부호화 기호 사고 방식과 비슷하다. 예를 들어, 관리자와 직원 간의 높은 신뢰도는 사회적 관계 수준에 대한 효율적인 직원 참여를 위한 중요한 전제 조건이다. 대부분의 연구들은 경영자들이 직원들을 가치 있게 여기고 그들의 경력에 장기적인 관심을 보여 줄 때 신뢰가 나타난다는 점을 지적한다. 그들은 일반적으로 직원들에게 그들의 직업에 대해 높은 수준의 재량권을 부여하고 그들에 대한 장기적인 의무를 보여 준다.

근로자들에게 그러한 사회적인 조건을 제시할 때, 그들은 그들의 직업에 대한 개인적인 헌신을 보여 준다. 따라서, "기능 감독"이라는 주제의 부호화 빈도는 높은 밀도를 가지고 있으며, Bhattacharya가 행한 연구는 해운 회사들이 그들의 업무에 익숙하지 않다는 인식을 드러냈다. 선장과 승무원들은 항상 교체될 수 있고 갑자기 바뀐 배에 익숙하지 않을 수 있다. 이를 바로잡기 위해서는 훈련의 표준 절차를 따라 선박의 안전한 작동을 유지해야 한다.

Taylorism의 특성에서 설명한 바와 같이, 광범위한 노동력 정의는 운송 회사의 ISM코드 북에 설명되어 있으며, 계획과 훈련의 분리는 그 매뉴얼에서 명확하게 구분된다. Taylorist 과학 기술 분석가는 관리자가 특정 작업에 필요한 절차를 유지할 수 있어야 하며, 훈련이 개인의 개별 생산물 생산량을 증가시킬 것을 요구한다. 따라서, 본 연구를 통해 수행된 분석의 전반적인 결과는 "과학자의 직무 분석"과 "인력진의 선택"과 같은 주제에 대한 코딩 빈도가 매우 높다는 것을 시사한다.

다만, Taylorism에서 "selection of personnel and training of personel" 이라는 주제는 ISM Code 보다는 낮은데, 그 이유는 Taylor가 ISM Code 에 반하는 동기를 과소평가 하였기 때문이다. Taylor는 인간의 동기가 본질적으로 중요하다고 생각했지만, 그는 더 많은 돈을 벌 수 있을 것으로 동기 부여를 할 수 있다고 주장했다. 그래서 Taylor 는 직원들의 심리적인 면을 완전히 무시하고 있다. Taylor 주의 개념 은 관리자들이 면밀한 감독과 고도로 체계적인 관리 기구를 지시하 는 반면에, 해운 회사들은 그들은 Taylor의 주장이 현장에서는 적용 에 문제가 많았다고 하였다.

이러한 마찰로 인해 선원들은 회사의 SMS를 더 잘 준수할 수 있 는 방법을 찾아내는 방향으로 이끌어 나갔다. 기록된 문서와 서신은 관리자들이 그렇게 하기 위하여 여러 가지 방안을 모색한 것을 시사 한다. 보관된 문서(로그 북과 체크 리스트)를 확인하는 과정에서, 부 정확한 내용이 있을 때마다 심사원에게 질문을 할 수 있다. 인터뷰 와 보관된 감사 보고서는 그것의 목적이 문서화된 서류 업무에 대체 로 부합한다는 것을 명확히 보여 준다. 이것은 개념의 Taylorist 의 주된 단점과 밀접한 관계가 있다. 이 연구는 과학 경영과 ISM코드 의 관계를 비판적 관점에서 검토하고 현대적인 ISM코드 내에서 Taylor의 아이디어의 중요성을 지속적으로 보여 주기 위한 것이었 다. 좀 더 세부적으로 말하자면, ISM 코드 개념에서 Taylor 아이디 어의 합법성을 보여주고자 하는 것이다.

Brennan외(2013)는 연구에서 발견한 여러 가지 통찰력이나 결과 가 자원이 심각하게 제한되어 있다고 하여도, 실질적이고 견고한 접 근이 문화유산 지역의 기후 적용에 효과적이라는 것이다. 지역과 세 계 유산에 영향을 주는 기후 영향을 이길 수 있는 글로벌 전략 개발은 새천년의 시작 (UNESCO 2006)에 최초의 조치를 취하게 되었다. 세계유산 지역의 표준 기후 변화 위험 용어를 채택할 필요가 있다; 글로벌, 국부 스케일의 위험 분석의 용이함; 경험을 토대로 국부 차원에서 독립적으로 일하는 사람들과 지식과 통찰력을 연결.

기후 변화 협약에 관한 유엔 기본 협약의 향후 보고서에서 고고학적 자원과 연구의 통합을 증진시킬 필요가 있다고 역설하고 있다. 토착민들이 기후 변화에 적응하는 것에 대한 연구는 유아 단계에 있으며, 일반적으로 토착민들을 위한 실용적이고 접근 가능한 적응 계획의 필요성이 크다고 할 수 있다. 이 분야의 향후 연구에서 반드시 다루어야 할 부분은 는 지역 지식, 경험, 과학적 관행을 통합하여 기후 변화에 직면하는데 있어 이에 대한 계획과 더불어 지역적인 지식과 경험을 결합하는 것이다.

Asyali 와 Bastug(2013)는 참가자의 의사 결정에 대한 의사 결정을 도출하기 위한 수단으로 소급 면접을 실시하는 방법을 강조하였다. 예를 들어, 참가자들이 긍정적이지만, 그렇다고 반드시 사건을 정확하게 말하는 것은 아니었다. 이 경우에 이 행동은 경험 수준과 문화적 요인에 의해 영향을 받는 것처럼 보였다. 본 연구의 초기 연구 결과는 RPD모델에 CDM인터뷰 응답을 정하는 것은 초심자와 전문가 선장의 의사결정 모델을 만드는데 있어 유용한 방법이라는 점을 시사한다.

Ningbo시뮬레이터가 훈련 시설로서 광범위하게 사용되고 있으므로 이 탐구 연구의 일부는 향후 선장 훈련 필요성에 초점을 맞추고 있다고 할 수 있다. RPD모델은 학생들이 중요한 결정을 내리는 방법을 고려할 수 있도록 훈련 도구로서의 잠재력을 가지고 있는 것으로 보인다. 예를 들어, 학생들은 사례 연구 과제를 위해 RPD의 각 단계를 검토할 수 있고, 학습 규칙을 탐색하고 초보자로부터 전문가로 전환하기 위해 습득한 지식을 파악한다. 의사 결정'게임'은 또한 Chauvin 외 연구진(2008)의 훈련 도구로도 제시되었다. 이것은 해상 도메인의 향후 작업을 위한 영역으로 연구자는 추천한다.

Carmichael (2016)은 재해 위험은 종종 파악하기 어려운 복잡한 문제라고 진술한다. 본 논문은 재난 위험을 이해하기 위해 네트워크 분석 기법을 적용했다. Freetown의 빈민가의 홍수에 초점을 두고, 네트워크 접근이 복잡한 시스템으로 어떻게 재난 위험을 평가하고 위험을 줄이기 위한 전략을 개발하는지에 대한 방법을 논문을 통해 시연을 하였다. 네트워크 분석 접근법은 광범위하게 사용되는 참여 도구와 기법으로 채택할 수 있다.

결과는 위험의 근본적인 원인을 파악하여 다양한 대처 방법을 강구하고, 조정 또는 통합이 필요할 수 있는 것인지에 대한 유형의 개입을 파악하고, 어떤 유형의 개입이 필요한지를 파악하는 것이 네트웍 분석의 독특한 능력임을 지적한다. 다양한 인과 관계를 파악하고 참여 기법을 테스트하기 위한 전략을 개발하는 방법에 대한 추가 연구는 복잡한 위험 요소를 평가하기 위한 네트워크 분석의 사용을 더욱 촉진할 것이다.

Harvey (2013)는 연구자를 1인칭 시점으로 연구 결과를 보고하고 있기 때문에 여기서는 연구자가 말한 대로 1인칭으로 연구 결과를 서술해 나가보도록 하겠다.

프로젝트는 두 가지 방법을 병행하는 것을 가르쳐 주었습니다. 즉, 이것은 사회 과학 접근법과 예술 기반 접근법 사이의 중요한 연결 고리입니다. 제가 생각하기에, 분석하고, 해석하고, 쓰고, 그리고 예술 작품이 되는 아이디어로 이어집니다. 하지만 예술 작품을 만드는 과정에서, 저는 또한 새로운 해석을 하고, 해부하고, 창조하는 것을 생각하고 있습니다. 이 과정과 그 결과물은 사료가 되고-경험, 재료, 이해-더 학구적인 형태로 프로젝트가 변한다고 생각합니다. .

본 논문의 보고와 발달에 있어, 저는 기술, 재료의 종류, 그리고 최종 논문을 어떻게 작성할지에 대해 설명하는 것이 중요하다는 것을 많이 배웠습니다. 그 조각들이 어떻게 진화되었는지를 말하는 것은 해석의 일부가 됩니다. 예를 들면, 제게 있어, 기술과정은 말로 하는 해석으로 확장되기 때문입니다.

Merino—젖은 펠트 또는 펠트 이전- 이 모든 용어들이 논문 결과와 펠트와 섬유의 저널의 결과와 펠트와 섬유의 공예와 연관된 특별한 감정과 지식을 말해 줍니다.

식이 섬유로 일하는 것은 팰터나, 스피너, 독자 모두에게 매우 민감한 경험을 하는 것입니다. 관능적인 연구를 표현하는 데 있어서 감각은 종종 간과된다. 딱딱한 관념을 부드럽고, 감각적인 소재로 만들기 위해 노력하는 것은 나에게 연구 중인 문제들에 대한 새로운 관점을 제시한다. Gershon외 연구진(2011)은 국제 학술회의에서 정성적 연구에 대한 관능적 연구에 대한 대화를 시작했고 이점에 대해 이야기를 해보겠습니다.

완벽한 절차를 통해 일할 수 있는 기회를 얻는 것은, 전시 예술의 힘에 대한 나의 완전한 이해를 위해 필수 불가결한 것이다. 만일 내가 전시회까지 가지 않았다면, 나는 예술의 사용에 있어서 세 가지 중요한 단계를 놓쳐 버리고 말았을 것이다. (a) 큐레이션, (b) 틀 짜기, 그리고 (c) 전시라고 하는 예술과정의 필수는 제 관계를 완전히 바꿔 놓았고, 그래서 저는 그들이 대표하는 아이디어들과, 2011년 11월, 2011년 11월에 제 관계를 완전히 바꾸었습니다. 큐레이션은 제게 새로운 시각으로 자료를 볼 수 있는 기회를 제공했습니다. 서로를 새로운 위치에 배치함으로써, 저는 병치에 의해 만들어진 새로운 의미에 대해 생각해야만 했습니다.

제가 계획한 대로, 저는 제가 사용하려던 다양한 작품들을 전시하기 위해 지하실에 있는 모든 벽 공간을 사용했습니다. 이 과정을 통해, 저는 물질뿐만 아니라 그들이 전달한 의미에 대해서도 생각해 보았습니다.

틀 짜기는 저널 프로젝트에 내재된 심리적 긴장감에 대한 물질적 은유와 짜여 진 섬유 사이에 내재하는 자신의 긴장감을 드러내게 했습니다. 틀 짜기는 내가 어떤 부분이 시작되고 끝났는지 정의하는 퍼지 퍼즐에 "에지"를 붙이는 것을 요구했다. 이 경계 작업은 저널 프로젝트에서 텍스트 해석에 의미를 부여하는 중요한 작업으로 예술 작품의 의미를 고정시키는 데 있어서는 필수적이었습니다.

저는 이 행사 전에 미술 전시회에 참가한 적이 없습니다. 저는 이 작품들 중 일부를 신뢰할 수 있는 동료들과 예술가들과 고견을 나누었지만, 저는 낯선 사람에게 작품을 공유하는 것에 대해서는 불편하게 생각했습니다. 자료를 전시장에 전시하는 과정 전체에서, 예술품 전시와 구조화 방법을 이해하면서 모든 것이 새로운 결정을 필요로 하였는데, 궁극적으로는 저널 프로젝트의 텍스트 분석에서 도출된 해석으로 이어졌습니다.

제가 이 과정에서 배운 가장 중요한 사실 중 하나는 우리가 최선을 다할 때 진정한 우리의 모습을 볼 수 있다는 것입니다. 우리가 가장 잘할 수 있는 곳에서 최선의 연구를 할 수 있다는 것입니다. 존재한다는 것은 일시적으로 불안을 피하고, 근심 걱정을 덜고, 진정한 사려 깊음을 느낄 수 있는 능력을 의미합니다. 저널 프로젝트는 가장 근본적인 방법에 관한 것에 대한 저의 학습 내용에 대한 연구이었습니다. 저는 프로젝트의 그릇 속에 있었고 따라서 깊이 있는 해석의 세계로 들어갈 수가 있었습니다. 저는 지금 섬유, 미술, 디자인, 그리고 시각과 관련된 일을 하고 있습니다. 저널 프로젝트를 진행하면서, 학술지에 기초한 예술 작품을 완성하는 것은 제게 질적 연구자로 좋은 재원을 가져다주는 결과를 낳았습니다. .

존재한다는 개념은 본 연구의 내용이 저의 고통이라는 사실 때문에 저를 더욱 가슴 아프게 만들었습니다. 이것은 응집력의 유사함과

애매모호함의 축소를 찾으면서 자기 자신이 자각하고 있는 자아(자아가 완전하고 응집력이 있는 것)를 연구 하는 것입니다. 자기 자신에 대한 연구는 질적 연구에서 많이 수행이 되었는데, 특히 예술을 기반으로 한 반복을 예를 들 수가 있겠습니다. 본 연구를 진행하면서, 저는 뻔뻔하게도 자기 자신에 초점을 맞추고 있고 시간의 경과에 따라 각각 수집한 사회과학, 예를 들면, 과학과 유사한 폴더를 여러 가지 각도로 해석 하고자 하는 것이 스스로에게 삶의 여백을 찾고 섬유 공예 질적 연구를 깊이 있게 감상을 할 수 있었습니다 (Davidson, 2011d).

제가 질적 연구를 교육하고 수행하는 것에 대해 생각할 때 가장 먼저 떠오르는 것은 연구 주제가 일상생활과 얼마나 밀접하게 관련되어 있는지 또는 아닌지의 여부와 관계없이 연구를 진행하는 과정에서 우리의 심장 박동을 추적하는 것입니다. 예술은 심장 박동을 듣고 위치를 잡는 것과 관련해서 볼 때, 지리적 위치를 결정하는데 있어 없어서는 안될 계시기 역할을 한다. 이런 이유 하나만 보더라도, 질적 연구를 수행하는 도구로 특별한 주목을 받을 가치가 있는 것이다.

저는 계속해서 예술에 대한 질적 연구 방법을 비형식적으로 가르쳐 주고 싶은 의도를 가지고 있습니다. 이것은 제가 학생들을 주관적으로 분류할 수 있게 하려는 의도가 아니라, 오히려 저는 자신과 다른 학문적인 면에서 배울 수 있는 것 사이의 긴장을 이끌어내는 방법으로 예술의 장점이 무엇인지를 알아보려고 합니다. 전시회의 경험은 제가 예술 기반의 접근법을 통합하는 질적 연구 교수자로서 선택한 길을 따라가기 위한 저의 결심을 강화시켜 주었습니다. 저는 또한 예전보다 훨씬 더 심도 있는 예술 기반의 통합을 말하기 위한 자신감을 찾았습니다 (Davidson, 2011g). 예술품들은 단순히 순간에 슬쩍 다가갈 수는 없지만 질적 연구 경험의 일부가 될 필요가 있습니다. 이런 의미에서, 저는 진정으로 사회 과학과 예술의 경계를 가지고 노는 일종의 연구에 대한 옹호자가 되고자 합니다.

저는 이 작품을 Barner와 Eisner의(2012) 텍스트 기반 연구의 인용구로 시작했습니다. 이 구절은 "이해의 확대", "심미적 판단", "미학적인 잣대", "표현적인 참여", "공감적인 참여"와 "공감적인 참여"와 같은 핵심어가 제 눈에는 분명하게 보입니다. 이것을 통하여 질적 연구와 예술의 목적을 연결하는 연결고리가 무엇인지 알 수 있습니다. 둘 다 분별력, 선택, 성찰, 표현의 신중한 과정을 요구합니다. 두 경우 모두 재료를 고려하고, 선정하고, 형태를 만들어 나갑니다. 최종 결과물을 보고, 논의하고, 받아들입니다. 검토되고 논의되며 흡수됩니다. 이러한 과정은 독자와 질적 연구자의 이해를 확장시켜주는 방향으로 나가야 합니다.

Davidson(2011)의 연구 결과는 뜨거운 표면의 누출의 주범을 밝히는데 있어 다른 연구 결과를 뒷받침했지만, 추가 조사가 필요한 기계류 공간에 화제의 위험 요인 중에 다른 요인이 있음을 분명히 보여 준다.

Bagolong외(2017)는 ICB가 조직 혁신에 도움이 된다고 말한다. 뉴질랜드 항해 업계는 상반되는 행동으로 인한 행동 지향적 행태를 반영하는 경쟁 지향적 행동 행태를 반영하고 있으며, 이는 우호적인 태도로 특징 지워지고 건설적인 상호 작용에 분명하게 나타난다는 것이다. 본 연구는 기술 혁신 과정에서의 상호 간 연동의 역할을 이해하고자 진행이 되었다. 중요한 결론은 공간 근접이 충분하지 않기 때문에, ICB, 협력, 그리고 공조체제가 산업 밀집에 있어 혁신적 활동을 향상시키는데 있어 반드시 수행이 되어야 한다는 것이다 (Knoben, 2009; Knoben & Oerlemans, 2006).. 집적도가 산업 집적 기술(Knoben, 2009;Knoben&sbs)의 혁신 활동을 강화하기 위해 유익성, ICB, 협업 및 협업이 필요하다는 것이다.

이러한 통찰력은 조직 내에서 연결된 링크의 전략적 관리 차원에서 함의가 크다고 볼 수 있다. 다양한 공동 작업을 통해 조직은 변화

하는 환경 (Fieldstad, Snow, Minute, 2012)내에서 새로운 솔루션을 선별할 수 있다. 전략에 대한 새로운 접근법은 경영 태도와 행동의 변화를 요구한다. 다른 말로 하자면, 꽃다발은 벽돌공만큼이나 유용하다. 연구자, 관리자, 그리고 정치인은 기술 혁신과 경쟁적 우위를 강화하기 위해 인종 간의 관계를 활성화시켜 시민권을 이용할 수 있다. 시민권 가치, 태도, 행동은 자원 활용률을 높일 뿐만 아니라 지속 가능한 전략, 산업 및 경제를 창출한다.

John(2012)은 LVS학생들이 생성한 미개발 데이터를 활용하기 위해 본 연구를 진행하였다. 연구 결과에 따르면, 능동적인 참여와 강사와의 상호 작용 또는 참석자의 참여에 이르기까지 다양한 학생 학습 행태를 연구를 통해 보여 주었다. 전반적으로, 본 연구 결과는 이전의 연구 결과와 일치하고 있다 (Abdous & He, 2011). 자기 선택 편견과 학기말 성적을 성취도로 측정한 한계에도 불구하고(Abdous & Yen, 2010), 우리는 LVS를 다년간의 지도한 경험을 바탕으로, LVS의 학습 경험을 개선하고 성공적인 학습 결과를 도출할 수 있다고 믿고 있다. 이러한 목적을 달성하려면 고려해야 할 사항은 다음과 같다.

1) LVS과정을 가르치기 전에 교수진의 준비와 훈련을 보장

2) LVS학생들을 강의실의 역학에 통합시키는 데 도움을 줄 수 있는 촉진 기술을 개발

3) LVS학생들의 출석을 위한 추적 시스템 구축

4) LVS세션 중 활발한 참여 및 상호 작용

5) 학생들이 이러한 권고안을 도출할 때 유용한 정보를 제공할 수
있는 능력을 제공

학생들의 참여와 이러한 새로운 전달 모드에서의 상호 작용의 역
학 관계를 좀 더 이해하기 위한 추가 연구는 효과적이고 참여적인
학습을 증진하는데 기여하는 바가 매우 클 것이다.

참고문헌

Ababio, B. T. (2016). Assessing Impact of Resource Capacity of Geography
    Departments on Student Employability Skills Development in
    Public Universities in Ghana. *International Journal of Education
    and Evaluation, 2*(9), 83-97.
Abdous, M. h., He, W., & Yen, C.-J. (2012). Using Data Mining for
    Predicting Relationships between Online Question Theme and Final
    Grade. *Educational Technology & Society, 15*(3), 77-88.
Asyali, E., & Bastug, S. (2014). Influence of scientific management
    principles on ISM Code. *Safety Science, 68*, 121-127.
Bagolong, S. P., Audan, D. N. J. T., Cameguing, A. F. G., & Cordero, S.
    B. (2014). REVISITING STA. ANA DAVAO PORT: A CHALLENGE
    TO LOCAL GOVERNMENT. from Korean Association for Public
    Administration
Bagolong, S. P., Audan, N. J. T., Cameguing, A. F. G., & Cordero, S. B.
    (2014). Devolution of Sta. Ana Davao Port: Then and Now.
    International Relations and Diplomacy, 2(10), 691-696.
Brennan, J., Fitzsimmons, C., Gray, T., & Raggatt, L. (2014). EU marine
    strategy framework directive (MSFD) and marine spatial planning
    (MSP): Which is the more dominant and practicable contributor to

maritime policy in the UK? *Marine Policy, 43*, 359-366.

Carmichael, B., Wilson, G., Namarnyilk, I., Nadji, S., Brockwell, S., Webb, B., Bird, D. (2017). Local and Indigenous management of climate change risks to archaeological sites (Publication no. DOI 10.1007/s11027-016-9734-8).

Clark-Ginsberg, A. (2017). Participatory risk network analysis: a tool for disaster reduction practitioners (Publication no. http://dx.doi.org/10.1016/j.ijdrr.2017.01.006).

Davidson, J. (2011). The Journal Project: Research at the Boundaries Between Social Sciences and the Arts. *Qualitative Inquiry, 18*(1), 86-99.

Fan, Y., Jing Zhu, J. P., & Zhi Li, Y. W. (2015). Analysis for Yangmingtan Bridge collapse. *Engineering Failure Analysis, 56*, 20-27.

Gerke, A., Dickson, G., Desbordes, M., & Gates, S. (2017). The role of interorganizational citizenship behaviors in the innovation process. *Journal of Business Research, 73*, 55-64.

HARVEY, C., ZHENG, P., & STANTON, N. A. (2013). *Naturalistic Decision Making on the Ship's Bridge.* Paper presented at the International Conference on Naturalistic Decision Making.

John Fincha, Geigerb, S., & Reidc, E. (2016). Captured by technology? How material agency sustains interaction between regulators and industry actors. *Research Policy, 46*, 160-170.

Lützen, M., Mikkelsen, L. L., Jensen, S., & Rasmussen, H. B. (2016). Energy efficiency of working vessels e A framework. *Journal of Cleaner Production, 143*, 90-99.

Rodriguez, N. J. I. (2013). A comparative analysis of holistic marine management regimes and ecosystem approach in marine spatial planning in developed countries *Ocean & Coastal Management, 137*, 185-197.

Shan, D. (2017). *Seafarers' Claims for Compensation following Workplace Injuries and Death in China.* (Degree of Doctor of Philosophy), Cardiff University, Cardiff University.

Smythe, T. C. (2013). [Assessing the Impacts of Hurricane Sandy on the

Port of New York and New Jersey's Maritime Responders and Response Infrastructure].

Suzuette, Soomai, MacDonald, B. H., & Wells, P. G. (2013). Communicating environmental information to the stakeholders in coastal and marine policy-making: Case studies from Nova Scotia and the Gulf of Maine/Bay of Fundy region. *Marine Policy, 40*, 176-186.

U.M. Ikeagwuani, G. A. J. (2012). Safety in maritime oil sector: Content analysis of machinery space fire hazards. *Safety Science, 51*, 347-353.

제 2 장

Handling and Analyzing Computer Assisted Qualitative Data Analysis via NVivo 11: Where are we now and are we going?

Handling and Analyzing Computer Assisted Qualitative Data Analysis via NVivo 11: Where are we now and are we going?

Chongwon Park
(Pukyong National University)

It is often said that there are three stages of qualitative inquiry (QI) challenging researchers. These are data entering, analysis and interpretation, and writing up. In line with this conceptual mapping of QI processes, this paper will address how QI researchers could get benefits out of Computer Assisted Qualitative Data Analysis System (CAQDAS). Since its inception to the present moment, the idea of adopting CAQDAS has not been received such a unanimous acceptance throughout the diverse disciplines. Part of this reaction may be due to the concern related with technological fear. However, more importantly, researcher's ontological and epistemological stance may also block in understanding qualitative research methodology in general, and as a result, this distortion may also make a great contribution toward the misunderstanding of the idea of adopting CAQDAS by having vague expectations that CAQDAS can eventually serve as the periphery role of quantitative data analysis packages like SPSS, Lisrel, or Amos. Thus, the purpose of this presentation is to demystify these distorted views on CAQDAS by introducing essential functions of NVivo 11, which is the newest version as of July, 2017. The core functions of NVivo 11 that will be represented in this presentation are, 1) the unlimited ranges of the types of data collection, 2) coding feasibility both hand and automation, 3) Thorough analysis and interpretation via text search and its graphic representations, 4) identifying patterns from the data via frequency search, 5) Matrix Coding Query in getting answers for research questions, conducting literature review, and organizing the results automatically to the final writing up stage, 6) Coding comparison to calculate interrator corder reliability, 7) social network analysis, 8) integrating quantitative and qualitative data analysis (Mixed method design), 9) Model in deriving a theory from raw data with graphic representations, and finally, 10) An ideal tool for the final writing up of research. To facilitate readers' understanding, empirical studies relevant to these fundamental functions will be frequently cited throughout the discussion. The discussion will be extended to the future direction of CAQDAS suggesting which techniques of CAQDAS have rarely been used in the literature, but worthwhile to adopt for the sake of research implementation and calling for the need to the future studies.

1. Why and How of Qualitative Research

Originating from the tradition of ethnography, grounded theory, phenomenology, case study, life history, action research, and conversation analysis, qualitative inquiry (QI) has received widely held attention from TESOL researchers for whom issues of cross-cultural communication hold particular salience (Holliday, 2002; Chongwon Park, 2006; Chongwon Park, 2000; Richards, 2003). Having awareness on the different traditions of qualitative research is essential because it determines coding methods, numbers of data sources, and methods of writing up.

Among the qualitative traditions, some studies require data triangulation whereas others require a single source of data. Can you identify the differences among these various traditions of qualitative research? For the case of ethnography, grounded theory, case study, and action research, they require multiple sources of data to validate the findings of research. On the contrary, phenomenology, life history, and conversation analysis do not require data triangulation or even crystallization. Therefore, this distinction serves as a starting point when one conducts qualitative research. People often say that they conduct qualitative research, but I notice that there is no value in this wording. It is like simply mentioning Korea, which belongs to the top category of an entity, Korea. Under Korea, we do have Seoul, Busan, and etc. Even under these categories, at the bottom, we also do have entities, for instance, you can say, "I live at Yongho Xi apartment." Yongho Xi apartment is a real entity that one can see, touch, or hear about. Other categories are the binders which are the components of whole picture. The same can be applicable to the above illustration. A qualitative researcher should define his study exclusively before practicing the three stages of QI.

As to the issue of coding methods, Saldana (2009) provides a whole picture of conducting qualitative research, that is, establishing a theory from the raw data (Maxwell, 1994). Following figure illustrates the point.

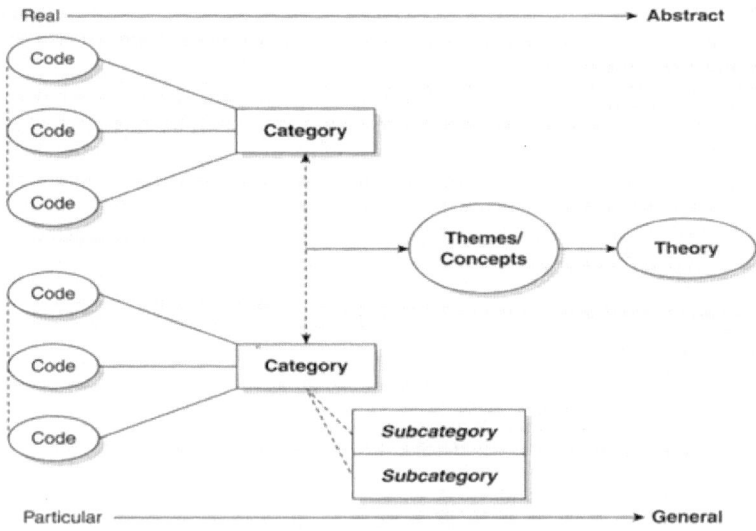

Figure 1. Reasons as to qualitative researchers code everyday

According to Figure 1, in the initial stage of qualitative research, researchers code from various sources of qualitative data to identify every possible variables that answer for the research question or questions that a researcher asks because in qualitative research, variables are not controlled, but they are usually open to all possibilities. Initial codes can be 500, 1,000, or more than 1,000, and they are uncontrolled variables captured from the participants' voices or other related data sources. Therefore, the numbers of initial code depends on the context of each individual study. Once initial codes are established, each of them is categorized on the basis of coding similarities which denote the relationships among variables. The next stage is to identify themes or concepts for the categories. The final destination to this process is to create a theory about a given study. It is often the case that a theory is developed from a genius or talented human being, and it should be applicable to all cases without exception. However, in qualitative research, according to Maxwell (1994), a theory is a researcher's understanding about what is going on in one's data, and it leads to a conceptual framework of a study.

This one divides distinctive features between quantitative and qualitative stance. In reality, when a qualitative researcher presents one's research findings, people might argue about the small numbers of participants and researcher's intervention in the selection of the participants. Their concern is that it may threat the generalizability of research findings. Counter argument toward this claim can be, 'Why should all studies be generalized, then?" It is no wonder to say that it depends on the nature of a study whether it is hypothesis testing or hypothesis formulation. Having said that, let us take a look at an exemplary article from Teaching English as a Second or Foreign Language (TESOL). Park (2004) had two research questions in mind after carefully reviewing what Maxwell (1994) called, 'an interactive approach.'

For the novice researchers, the first important thing in doing one's own research is find out what is/are one's research question/ questions? It is often the case that novice researchers are idle to critically review the previous studies, but think about the topic only within their brains searching for individual interests or the meaning that they got from the personal experience. This is a very habit leading to disasters at the end. One of the purposes to conduct literature review is to address the need to the current study by finding out what is lacked in the literature. If a researcher solely trusts one's interests or experience and conduct a research, there is a possibility that the study has been done by someone else already. Then what can she or he do about it?

Regarding this matter, Maxwell (1994) proposes the following research concept map.

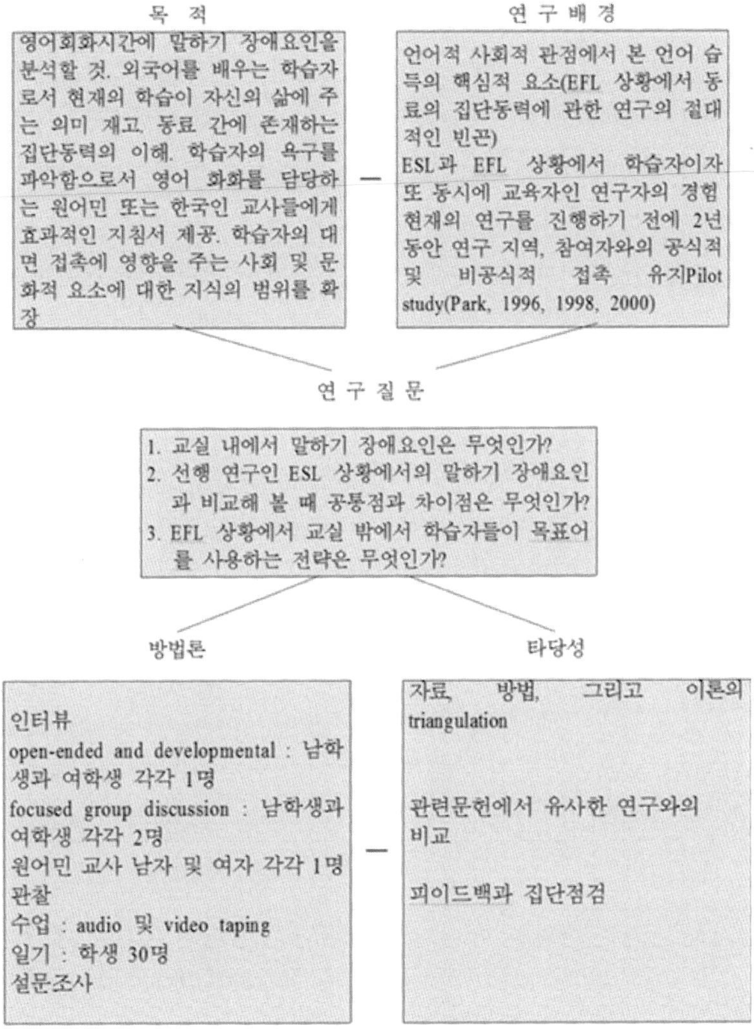

목 적

영어회화시간에 말하기 장애요인을 분석할 것. 외국어를 배우는 학습자로서 현재의 학습이 자신의 삶에 주는 의미 재고. 동료 간에 존재하는 집단동력의 이해. 학습자의 욕구를 파악함으로서 영어 화화를 담당하는 원어민 또는 한국인 교사들에게 효과적인 지침서 제공. 학습자의 대면 접촉에 영향을 주는 사회 및 문화적 요소에 대한 지식의 범위를 확장

연 구 배 경

언어적 사회적 관점에서 본 언어 습득의 핵심적 요소(EFL 상황에서 동료의 집단동력에 관한 연구의 절대적인 빈곤)
ESL과 EFL 상황에서 학습자이자 또 동시에 교육자인 연구자의 경험. 현재의 연구를 진행하기 전에 2년 동안 연구 지역, 참여자와의 공식적 및 비공식적 접촉 유지Pilot study(Park, 1996, 1998, 2000)

연 구 질 문

1. 교실 내에서 말하기 장애요인은 무엇인가?
2. 선행 연구인 ESL 상황에서의 말하기 장애요인과 비교해 볼 때 공통점과 차이점은 무엇인가?
3. EFL 상황에서 교실 밖에서 학습자들이 목표어를 사용하는 전략은 무엇인가?

방법론

인터뷰
open-ended and developmental : 남학생과 여학생 각각 1명
focused group discussion : 남학생과 여학생 각각 2명
원어민 교사 남자 및 여자 각각 1명
관찰
수업 : audio 및 video taping
일기 : 학생 30명
설문조사

타당성

자료, 방법, 그리고 이론의 triangulation

관련문헌에서 유사한 연구와의 비교

피이드백과 집단점검

그림 2. 연구 개념 지도

The above map is an example of Park's (2004) study adopted from Maxwell's (1994) proposition. As illustrated above, the core components of concept map of research are, 1) Research background, 2) Purpose, 3) Research questions, and 4) Methodology, and Validity. According to Maxwell (1994), a researcher needs to think about the background of the study. These are critically reviewing the previous studies, experience related with a research, and finally, a pilot study. Based on the background of research, the purposes of the study are decided. As a result, research questions, hypotheses, or a combination of these two are formulated. Research agenda affects the decision of research methodology, and to validate the findings of the study, the triangulation of multiple sources of data in the literature, data, or theory and feedback and member checks are highly recommended. Maxwell (1994) claims that these conceptual map of research are not mutually exclusive but complementary.

Followed by Maxwell's suggestion, Park logically deduced his research question plus hypothesis as follows.

1. Why are students unwilling to talk in an English conversation class?
2. Are there similarities or differences between their perceptions toward speaking barriers and their linguistic achievement?

By closely investigating on the nature of two research questions above, Park decided to conduct a qualitative approach for the research question one because the purpose of the study seems to be not to test the hypothesis but to formulate it. In contrast, the second research question requires a mixed approach, in other words, the combination of quantitative (participants' linguistic levels) and qualitative one (answers driven from research question one). From the quantitative based perspectives, it may not make sense if a researcher has intention in selecting participants and assigning them without random assignment because this may not guarantee the generalizability of the results of a study. This is especially a major concern in experimental studies and also is reflected in the way of representing the results of quantitative, experimental studies emphasizing the importance of a standardized and objective way of writing. Kibby (1994) provides succinct but comprehensive explications in evaluating criteria of experimental studies as follows, and this guideline can also serve as a starting point in considering well written research works.

THE RESEARCH PROBLEM

1. What is the specific research problem (hypothesis or question) that this research will study (test or answer)? State the research problem.

2. Does the author intelligently deduce the research problem (hypothesis or question) from a reasonable and critical review of the literature, theory, or observation? State how this is accomplished.

3. Is the research problem significant; i.e., is it important to answer the research problem? Why? Is the significance stated?

State the significance of the research problem (hypothesis or question).

4. Is there a need for this study? That is, is it necessary to conduct another study to answer the research problem? State how you know that there is a need for this study.

The Design and Methodology

A. THE INDEPENDENT VARIABLES OR TREATMENTS

1. Exactly what are the independent variables of the study? That is, what is it that the researcher will be manipulating? State each of these independent variables.

2. Have these independent variables been specified, defined and operationalized? State these specifications.

3 Are these independent variables appropriate for the stated research problem? State how they are or are not appropriate.

B. THE DEPENDENT VARIABLES

1. What are the dependent variables? That is, what variables are the independent variables designed to effect? Name these dependent variables.

2. Are these dependent variables valid or appropriate for the stated research problem? State their validity or lack of validity.

3. What are the measures of the dependent variables? That is, how

are possible changes in the dependent variable to be quantified? State-precisely-how the dependent variables will be measured.

4. Are the measures of the dependent variable reliable and valid? That is, is the method of measurement or the measurement instrument reliable and valid? State this reliability and validity.

5. Are the measures of the dependent variables appropriate indices of the dependent variable? State this appropriateness.

C. THE SAMPLE

1. What is the sample(s) and how large is it?

2. What population does the sample represent?

3. How was the sample selected from the population?

4. Is the sample an adequate representation of the population? State exactly how the sample is or is not an adequate representation of the population.

5. Are the population (from which the sample was selected) and the sample itself appropriate the stated research problem?

6. How were members of the sample assigned to experimental conditions?

7. Do you think that the selection of the sample and the assignment of the sample to experimental conditions meet the standards of random selection and random assignments, state the basis of your answer.

D. THE PROCEDURES

1. What is the research design? State the design in (a) the nomenclature of research design (e.g., a 2-way ANOVA with repeated measures on the second factor), ordinary words, and (c) visual or graphic form.

2. How are the independent variables or treatments to be administered to the sample? Is the administration of the independent variables or treatments appropriate for the research problem? That is, how strong is the internal validity of the design and procedures? State how this administration is or is not appropriate.

3. How are the measures of the dependent variables administered? Is the procedure for administering the measures of the dependent variables appropriate for the research problem? State how this administration is or is not appropriate.

E. THE DATA ANALYSES

1. What data from the measures of the dependent variables are to be analyzed? Are these the appropriate data to be analyzed in relation to the research problem? Would the use of alternative data or quantification procedures affect the results?

2. How are the data analyzed? Describe these analyses in words and in visual or graphic form. That is, be able to state or display what groups are being contrasted and what measures for

these groups are being contrasted.

3. Are all the appropriate data analyzed? Are all the appropriate contrasts between groups made?

F. THE FINDINGS

1. What are the findings reported? State the findings in both words and visual or graphic form.
2. Are the findings supported by the results of the data analyses?
3. Are all of the findings stated? If there are findings that should have been reported, but were not, what effect does this have on reported findings?
4. Are statistically significant findings educationally significant?

G. THE CONCLUSIONS

1. What are the stated conclusions?
2. Are the stated conclusions supported by the findings and logical deduction from the findings?
3. Are the stated conclusions related to the original research problem? How are the stated conclusions related to previous research?
4. Are all the pertinent conclusions stated?
5. Are alternative hypotheses or alternative explanations of the findings proffered? If so, are they discounted by logic or previous research or does the researcher offer these alternative

explanations as significant future research problems?

6. Are the limitations or the qualifications of the findings and conclusions provided? State the specific qualifications that accompany the conclusions.

Adopted from Kibby (1994).

In sum, according to Kibby (1994), in the representation of the results of quantitative, experimental studies, the review of the relevant literature, review of methodology, presentation of findings, presentation of analysis and interpretation, and presentation of conclusions and recommendations should be should be entailed with a chronological order. His summary of the major components of a paper is also well supported by other researchers as well (Bloomberg & Volpe, Yeldaham (2016) provides a typical format of experimental, quantitative studies as follows.

    I. Abstract
    II. Review of the literature
    III. Method
        1. Participants
        2. The listening course
    IV. Data collection techniques
        1. Measure of listening proficiency
        2. Measures of bottom-up listening skills
        3. The partial dictation task
        4. The paused transcription task

Adopted from Yeldaham's (2016) study.

However, when it comes to qualitative studies, study goals are quite different from those of quantitative researchers. What are the goals of qualitative researchers? As diversity is highly valued in qualitative research, if I pick up the most important ways of representation, other people would not completely agree with me. When it comes to the ways of representing qualitative studies, unanimous voices are not still ubiquitous although everyone accepts the importance of writing up in QI. As Wolcott (1994) pointed out earlier, writing up process comprises on the third of the reasons for people to give up completing the qualitative research. Overall, the processes of conducting qualitative research are divided into three domains, and these are data entering, analysis and interpretation, and final writing up. As Wolcott (1994) pointed out earlier, writing up processes are attributable to students' quitting qualitative research.

Wolcott is not the only scholar who emphasized the importance of writing up in QI. Duff (2008) offers diverse ways of writing up qualitative research that is affected by a researcher's contexts, whether one submits a paper to one's department as a partial fulfilment for doctoral or MA program or journal articles. Following is one example of article organization that he submitted to System Journal.

I. Abstract
II. Introduction
III. The study
    Context
    Research Methods
    The instructor and course
IV. Results: Emerging themes and issues
        Fostering a focus on form, linguistic interaction, and a positive affective climate
    Pair work vs. teacher-fronted instruction and practice
        Focus on form thorough grammar presentation, repetition, explanation, and practice
    Corrective feedback
V. Summary and conclusion

Adopted from Duff's (2008) study.

This could be one way of having a compromise with severely structure oriented perspectives prescribing that the representation of a paper should follow strict sequences. Perhaps another extreme is Wolcott (1974) where he addresses cultural conflicts and a teacher student relationships. The represented format was as follows.

THE TEACHER AS AN ENEMY

I don't like Mr. Wolcott.

He always make me work.

I hate Mr. Wolcott.

Antagonistic Acculturation

Classroom Learning Kwakiutl Style as Seen by the Teacher

1. The pupils set their own pace.
2. Classroom assignments were frequently perceived as a group task.
3. Almost invariably students collaborated as partners in electing to complete or to ignore classroom assignments
4. Teasing and bullying were very disruptive elements in class.
5. "Equalizing" behavior among the pupils made the task of finding suitable material or diagnosing individual learning difficulties almost impossible.
6. My pupils nevertheless held very rigid expectations about the activities they considered appropriate for school work.
7. The methods they used to socialize me included giving slow, reluctant responses to my directions, ignoring my comments (by not "hearing" them or occasionally by putting their hands to their ears), mimicking my words or actions, constantly requesting to leave the classroom to go to the

toilet, and making me the target of spoken or written expletives.

Classroom Learning Kwakiutl Style—as Seen by the
Pupils

1. Student A relates her concept of the role of a teacher to perpetuating such middle-class values so revered by teachers as cleanliness, quiet, punctuality, and obedience.
   Note also the emphasis she gives to discipline and punishment. The classroom is an orderly, severe, and punishing place.
2. The contrast she makes between discipline and scholarship. If one of her pupils were to fail to be on time, she would strap him. If he were to fail a comprehensive examination, she would have a talk with him.

Conclusion

Adopted from Wolcott's (1974) study.

In his study, Wolcott (1974) asked his Indian students to write an essay by saying, "If I Were the Teacher." In terms of reporting the results of the study, he provided the dominant themes appeared from students' responses starting with observation. Then he reported the two students' responses showing the results of comparison and contrast analysis. In the conclusion section of the paper, he provided a couple of educational implications based on his findings. It seems to me that this way of representing the research work may require writer's higher proficiency because there is no such thing as structure here at all. Wolcott observed mismatches existing between him and his students, reported the dominant themes. The only structure, if it exists here, would be the numbers that he arranged above. If one reads his work, one may like the way Wolcott (1994) presented his work as much as I do. Are you a good writer? If not, please do not be discouraged. As a qualitative researcher, you do not have to be a novelist. You are a researcher, and what you have to do is to provide the evidence which supports your claim. That is the first and the last thing that you have to do in your qualitative work.

Not to a novelist, but to a social scientist, Lincoln and Guba (1985) proposed quality control in assessing good pieces of qualitative research representation. These are transparency, transferability, dependability, credibility, and confirmability. First of all, let us define what these are and provide exemplary articles so that you can refer to in your writing stage of qualitative research.

First, transparency refers to researcher's representation in the data. Edge & Richards claim that AUTHENTICATION 'involves making available an appropriate selection of the records of the research process' (1998: 351), leaving open the issue of what counts as appropriate in his book on identity in professional interaction. The broader issue of the relationship between the researcher's voice and those of other participants is succinctly discussed by who is careful to reflect the complexity of the dilemmas involved rather than suggesting comfortable solutions.

An examplary article is,

Holliday, A. (2002b). Distinguishing the voices of researchers and the people they research in writing qualitative research. In K. S. Miller & P. Thompson (eds.), Unity and diversity in language use. London: Continuum, 125-137.

In the article, Holiday focuses on the discussion of a progressive paradigm and reveals his position as a researcher. Then he talks about the research aim as follows.

> "My aim is therefore to explore how this subjectivity can be managed m order to achieve scientific rigour, especially in writing which is an integral part of the research process. This management of subjectivity requires a subtle judicious balance between, on the one hand, a wide *diversify* of response to the exigencies of individual social settings and, on the other hand, a *unity* of accountability, by which means the workings of the research process are shown every step of the way (Holliday 2002; 7-9).

He moved on to the issue of separating voices by saying that,

···One way to do this is to separate, as far as she can, her own voice from those of the people she is writing about, Thus she addresses the major aim of being true to the worlds of the people in the setting by showing explicitly how and on what basis she is writing about those worlds, and which data she is using for what purpose. This is very different from naturalist writing···(p.126-127).

Second, transferability relates to the research needs to provide a sufficiently rich description of the project for readers to assess how far it might apply in their own context. Though few accounts are as detailed as that of Duff (2002), contextualisation is generally high. Van Lier (1996) offers a the level of local particularly engaging and revealing account of a research project in Peru, shot through with a tension between the demands of research and a commitment to pedagogic action. The quality of the author's descriptions of the context (derived from field notes), the feeling for place and the honesty of his reflections convey a sense of constant interrogation of method and circumstance that contrasts powerfully with more neatly packaged representations. Another popular notion on transferability among qualitative researchers is the level of researcher's interpretations from thick description and thick interpretation (Geetz, 1973). In other words, although readers were not in the field, the researcher's level of description and interpretation so thick that there is no way of not believing researcher's interpretations and conclusions. Wolcott

(1994) did an excellent work in portraying a teacher's identity formulation processes.

Examplary articles are,

Duff, P. A. (2002). The discursive co-construction of knowledge, identity, and difference: An ethnography of communication in the high school mainstream. Applied Linguistics 23.3, 289–322.

van Lier, L. (1996). Conflicting voices: Language, classrooms, and bilingual education in Puno. In K. Bailey & D. Nunan (eds.), Voices from the language classroom. Cambridge: Cambridge University Press, 363–387.

Wolcott. H. (1974). The teacher as an enemy. In G. D. Spindler (Ed.), Education and cultural process: Toward an anthropology of education (pp.176-204). New York: Holt, Rinehart & Winston.

Dependability has something to do with a methodological positioning which involves an interrogation of the context and the methods used to derive data. Methodological positioning cannot be separated from the way in which data are presented and the nature of the claims made, and unsurprisingly practices vary widely. Perpignan's (2003) paper on written feedback, for example, demonstrates that it is not enough merely to collect data using a wide range of methods if details of how they are combined and analyzed are not provided. By contrast, in a necessarily brief discussion of methodology as part of a much shorter paper, Tardy & Snyder (2004) relate their methodological decisions to the nature of the claims they wish to make, providing useful additional detail in brief appendices and allowing the participants' voices to emerge clearly in their analysis, thus supporting their methodological positioning. Hall's (2008) reflections on his diary study come towards the end of his paper and are made explicit in the section heading: 'Did my research methodology affect the data?'

Examplary articles are

Perpignan, H. (2003). Exploring the written feedback dialogue: A research, learning and teaching practice. Language Teaching Research 7.2, 259–278.

In the light of the tradition of qualitative research methodology, this article adopted phenomenology as a main tool of investigation, and in the article on page 262 through 270, the researcher pays special attention on his selection in research method and how that affects on the results and interpretation of a study.

···In defining 'non-science' as that which qualitative social science is doing, Postman asks two questions, the answers to which are both relevant to Exploratory Practice. To the first 'What are legitimate forms of research in the social sciences?' (1988: 5), his answer is as follows: 'by resisting the attractions of pseudo-science, and embracing the role of creators and narrators of social myth, media ecologists [and presumably other social scientists] can enrich our field of study immeasurably' (1988: 17). The key-words here, 'creators and narrators', connected to investigative practices, claim that one can best understand human behaviour through stories, which is the basis of much of the inquiry in the field of educational linguistics. To the second question, 'And, what are the purposes of conducting such research?' (1988: 5), his answer is directly connected to the goals expressed by exploratory practitioners: 'to contribute to human understanding and decency' (1988: 17). The investigative procedures of this project were in fact an attempt to recreate a story of learning through the feedback dialogue; more importantly still, the purpose of the project was to gain an understanding of a certain *quality* of behaviour (i.e., the innumerable and multifaceted ways in which feedback is given and received), rather than 'the quest to find the immutable and universal laws that govern processes ⋯ with the assumption that there are cause-and-effect relations among these processes'(1988: 5).

Thus an effort to understand through observing the behavior qualitatively, with more emphasis on 'interpreting' than on 'counting' (Hillocks, 1994), was consciously made. EP, aside from encouraging observation and narrating of the chronology and protagonists of real-life events (the telling of stories), also sets understanding these events as the goal to be reached for, rather than prioritizing measurable efficiency. Thus the chosen qualitative approach is particularly appropriate to the kind of scientific understanding that was sought in this project.

Moreover, it is widely recognized that second language acquisition research is particularly benefited by qualitative research methods because of their embeddedness in specific social contexts, their inclination to involve the participants in the research and their rejection of 'scientific' approaches and goals (Cumming,1998; Seliger and Shohamy, 1989). In fact, qualitative research is appropriate to a number of topics in foreign language teaching, because of the necessarily interpretive nature of decisions of sociolinguistic and communicative competence (Erickson, 1991). Approaches to research that aim to characterize the rich complexity and particularity of human experience deserve all the exposure they can get, especially in a world where reigning scientific approaches typically accomplish their goals at the direct expense of such knowledge. This is all the more true for L2 writing, where research activities and resulting applications are so profoundly dependent on deep cultural understanding for their effective and equitable accomplishment (Ramanathan and Atkinson, 1999: 65).

Indeed, in research on writing and particularly on the teaching of Academic Writing, the social context is an indispensable element of the setting. Moreover, the dialogic nature of the written feedback and its response favours the inclusion of the writers of the dialogue both as objects of and as participants in the research. As for 'scientific' method, an in-depth understanding of motivations, responses and reactions needs to be dependent on interpretations of thick data which fully document the multidimensional quality of the social elements of the dialogue, rather than on rigorous scientific measurement. These principles are much in harmony with the social nature of EP, which sees research as a *social enterprise* and a *collegial process*, leading to *mutual development.*

Concerning goals, the purpose of this research resides mid-way along the continuum defined by simple reporting on the one hand and theory-building on the other (Strauss and Corbin, 1990): its ambition is to understand the material in order to describe and interpret it for the reader, with some degree of abstraction, but it stops short of theory-building. If some theorizing about second language acquisition flows from this procedure, it will be as a result of 'listening, communicating and coming to agreements', rather than 'looking for causes or positing laws' (van Lier, 1994: 331). At the most, this work leads to the possibility of 'more general theory building':

> Teachers' theories may perhaps be developable on a highly individual and personal basis, but it does seem at least arguable that the process might be assisted if teachers have colleagues to discuss their developing understandings with, and colleagues working together might surely be capable of developing a theoretical position of some generality, one not limited in relevance to just one teacher's experience. If that logic is

accepted, then it seems also conceivable that someone in my position as an academic researcher, with potential access to the theory-building work of many different groups of teachers in many different countries . . . might be able to make connections that result in even more general theory-building.

(Allwright, 1992: 6)

This description of teachers' theory-constructing processes is echoed in the scientific literature in its attempts at defining generalization from case studies (Freeman *et al.*, 1991, in Woods,1996; Guba and Lincoln, 1981, in Schofield, 1990; Lincoln and Guba, 1985, in Donmoyer, 1990; Stake, 1978 in Donmoyer, 1990). Donmoyer (1987) explains the concept in terms of Piaget's schema theory as an ability to assimilate, accommodate, integrate and differentiate information. These reinterpretations of the concept are dependent on the case reader's 'visceral knowledge', provided by experience (Donmoyer, 1990: 189), rather than on results of statistics, surveys or meta-studies. One is brought around by this re-conceptualization of the generalization process to the cyclical view of 'thinking globally and acting locally' described by Allwright in the introductory paper to this volume: local thinking leading to global action and possible global rethinking.

Similarly to the concept of generalization, that of the validity of case studies is subject to much discussion, because of its vulnerability to possible criticism of the subjectivity used both in their data gathering methods, and in the interpretations of their data.

Concerning the data-gathering process in this project, institutional and personal constraints and pedagogical and methodological convictions have sometimes combined to limit the data to data 'already in' (Wolcott, 1990: 147), or inherent in the circumstances. This practice is in total accordance with the general principle of Exploratory Practice, which fosters 'letting the need to integrate guide the conduct of the work for understanding'(Allwright, this issue, Section V.2). In applying such a principle, one can avoid disturbing the life in the classroom one is observing, even if this means that data-gathering within the pedagogical agenda will be given precedence over data-generating within the researcher's agenda. Thus, guided by this principle, but without discarding the preoccupation with validity altogether, I have tried to adopt the criterion 'valid enough' (Wolcott, 1990: 149). Guba's conclusion that a shift in paradigm is necessary for defining objectivity in the social sciences (Guba, 1990) seems reasonable in view of the goals of much of social science inquiry today, and EP's principles can provide an anchor for this shift. As for the response to criticism of observation methods and interpretation, these issues will be dealt with in the following section.

Later in the design section of the study, Perpignan (2003) addresses the following points.

1) The setting

This study took place at a growing Israeli university, among participants in a course in Academic Writing in English as a Foreign Language. The features of this setting place it within the distinctive realm of classroom research, bringing the 'research perspective into the classroom' (Allwright 1992: 14).

2) Participants: the teacher

As the teacher of this course I was participant observer in this study, enjoying the advantages described thus by Ball:

> Indeed the participant observer's social relationships in 'the field' are the basis for the collection and elicitation of data. In part at least, the interactions with and reactions to the researcher by the participants are in themselves data.
>
> (1988: 509)

The learners' responses might have been distorted by the knowledge that they were participating in research; however, the 'rapport' might have stimulated more insightful free responses to researcher questions. Assuming that good will exists, as well as a sense that each participant is doing his or her best, the 'rapport' established could only have improved the conditions for understanding. It is true that the attention to and discussion of feedback might have created a bias by sensitizing the learners to this feedback and affecting their awareness of it; but this is precisely what is meant in EP by the principle of *mutual development in a collegial process.*

3) Participants: the learners

A pre-selection was conducted through a questionnaire with the following criteria in mind: (1) candidacy for an MA thesis degree; (2) responses to questions on the pre-course questionnaire which could indicate positive motivation toward writing in English; (3) responses to questions on the pre-course questionnaire which indicated a favourable predisposition toward accepting written feedback; and (4) willingness to participate voluntarily in the study. Predictably perhaps, the criteria adopted selected students in the higher range of proficiency. Another less predictable common feature was that all but one of the pre-selected students were in the 'caring' professions (teachers, psychologists, social workers), and studied in the Departments of Psychology, Education and Social Work, even though the total in-coming class included representatives from the many other departments as well. This fact may have led to a greater tendency than the norm toward introspection and/or a greater interest in intrapersonal and interpersonal processes. In addition, these students were most probably already familiar, through their professions, with the term 'feedback' in its many meanings applied to human relations. This professional (and perhaps personal) inclination, coupled with possible familiarity with a basic concept in learning theory held a potential for a high degree of engagement with the research. Thus, both through the possibility of establishing rapport and through the selection procedures of the participants, the chances of gaining an understanding of the aspects of the feedback under scrutiny were enhanced, rather than hindered by elements of EP that could be characterized as leading to subjective interpretations.

4) Data collection

The research instruments used for gathering material for understanding were mainly based on research procedures using self-report, even though in the data analysis some use was made of input/output methods as well (Hayes and Flower, 1983). Two of the instruments used for self-report were specially devised forms of questionnaires, partly open-ended and partly pre-coded. One was a data-generated questionnaire probing the learners' preferences for feedback content, type and intent, in retrospect. The other was a questionnaire-based activity which attempted to capture the nature of the residue of the feedback several months after it was experienced.

In addition, a 40–50 minute semi-structured interview was conducted at the end of the course, with the intention of revealing learners' interpretations of, opinions about, attitudes and behaviours toward, and expectations of the feedback received over the semester, both introspectively and retrospectively. As mentioned previously, one advantage of the teacher acting as researcher was the previous knowledge of the class culture that she brought to the interview, and the rapport already established with the respondents over the course of the semester's work with them (Briggs, 1986).

5) Pedagogical and research tools

Two more essential data-collecting instruments, also based on self report, formed a natural bridge between the research methodology and the pedagogy, both through their development and through their administration, again illustrating a principle of EP, that of integrating the work for understanding into the life of the particular pedagogical and social circumstances. There will be space here only to mention briefly their main features.

The first, 'The Matching Game' was devised to observe the cognitive processes used by the teacher and the learners respectively in formulating and interpreting the feedback. These probes were triggered by converse questions. For recording the teacher's responses about her intentions, a form of retrospective verbalization was adopted (Cohen, 1996; Ericsson and Simon, 1980; Smagorinsky, 1994). For responses describing their interpretations, the students showed strong preference for written rather than oral responses and this preference was respected. The data thus collected allowed the matching of these intentions and interpretations, at different points in time and at different stages in the writing of several drafts of course assignments.

The second, which I named 'the "Z" Activity' seems to epitomize the junction of pedagogical and research goals. It was administered during the first half of the course, and was devised to help students make the requests for feedback that would be most useful to them, in the most useful way to the teacher, using the same mutually comprehensible language. In addition, however, it yielded data that was very useful as research data. The activity was based on comprehensive work on language learning strategies (Ehrman,1996; Oxford, 1990) and on the concerns with teacher adaptations to student needs for feedback to written work illustrated by such practitioners as Burkland and Grimm (1986), Charles (1990) Keh(1990) and Knapp (1965).

Three sets of materials made up this instrument: (1) an original essay written by a student from another class, unknown to the participants, responding to the same prompt as they had responded to previously in the course, to be read and evaluated informally; (2) a second version of this same paper, with numbered teacher feedback; together with this version of the paper was a list of the descriptive features of the numbered feedback items, to provide learners with the language with which to discuss the items themselves. Students were given the list, together with the assignment with feedback, and asked to study the items carefully in order to understand their purpose, and to consult with other students and with the teacher for clarification. (3) An individual questionnaire was distributed, on which students were asked to indicate their preferences for feedback on their own papers. This exercise was designed to enable students, in the neutral setting of someone else's writing, to discriminate among feedback types which they had already previously experienced in their own writing, but without having focused specifically on their content, formulation, or intent. As part of the research design, it aided in gathering important information about a range of feedback preferences and possible sources of misunderstandings.

These two instruments were thus integrated to a high degree into learning activities inside and outside the classroom. In addition, all students' written work was photocopied as soon as it was handed in, and then photocopied again with its written feedback on it, as were revisions and new drafts with new feedback. These manuscripts constituted another substantial part of the data. It was considered important to look at the students' papers and the teacher's handwritten comments to these papers in the format in which they appeared to the students themselves, since their very physical manifestation might have influenced the learners' conceptualization of the teacher's persona (Straub, 1995) and their subsequent reaction to her and to her comments. Thus the understandings were derived from observation of one of the actual manifestations of the life in the classroom, rather than from a transliteration of this life into more researcher-friendly versions.

In addition to the main items of the data listed above, record was kept of other activities of the course: minor homework and class work assignments, general class routines, and information on the other 11 students in the class who were not informants but might have influenced the procedures by participating in research activities that were integrated into the course. Other elements of the data were course information materials, lesson plans and my class journal. The investigative practices of this research were thus integrative enough to hold promise of some degree of sustainability, a key issue in EP.

6) Data analysis

In order to answer the research questions, I considered the totality of the data holistically, in its multi-textured presentation. Gradually, as I performed the analysis on each learner, one by one, I was able to draw up a collection of themes to which I added more substance as I approached other learners. By the end of the process I had grouped these themes into more manageable units of meaning, which I came to see in the four perspectives represented by the four research questions. In addition, a frequency count of feedback units was performed in order to provide an approximate measure of the bulk of feedback contents, types and intents to which the learners had been exposed. (One feedback unit was defined as 'any representation of the teacher's intention in providing guidance to the learner, ranging from a graphic sign (e.g., underlining or a question mark) to written language (e.g., a single word, a phrase, a sentence or a group of sentences) which focuses on one aspect of the student text and one only'.)

Tardy, C. M. & B. Snyder (2004). 'That's why I do it': Flow and EFL teachers' practices. ELT Journal 58.2, 118–128. Hall, G. (2008). An ethnographic diary study. ELT Journal 62.2, 113–122.

As to the issue of dependability, Tardy & Snyder (2004) states in their article as follows.

Because our study has only examined flow from teachers' perspectives, we caution against interpreting the causes of these flow experiences, or the ways in which students may experience the same events. Csikszentmihalyi (1996) suggests that a teacher's flow experience in the classroom may at times arise from an excess of self-involvement, rather than from a dialogue with learners. In part, teacher educators can address this possibility by stressing the importance of attention to learners as teachers evaluate their own experiences. The potential for shutting out students again emphasizes the need for research into students' perceptions of flow in the classroom; such a triangulated view of flow experiences may help confirm the basis of teachers' flow experiences. We view flow as a useful concept for teachers and teacher educators to invoke when considering not only what teachers do in their practice, but how and why they do it.(p.125)

If I am not mistaken, this citation seems to be parallel with limitation of study where it is expected to see the short comings of research and suggestion for future studies.

Hall, G. (2008). An ethnographic diary study. *ELT Journal, 62*(2), 113-122.

In the abstract where he talks about the scope of the his paper, he explicitly stated that the results of his study can be strongly affected by the method that he chose.

> The article also discusses how variation within the data might be the result of the specific diary approach developed. The article concludes positively, however, suggesting that explicit recognition of these difficulties can still lead to fruitful, localized approaches to the data. (p.113)

In the introduction section, he talks about the reason as to why his data is problematic by saying that,

> However, the difficulties inherent in collecting emic data through a diary study became clear as the investigation progressed, and I increasingly had to address a key question posed by Allwright and Baileyhow easy is it to 'ask the learners'(1990: 81).

Addressing design paradoxes, he repeatedly talks about the possibility that these guidelines affected the data outcomes and considerable amount of space was used focusing on a single question, "Did his research methodology affect the data?"

Having built a foundation from which to continue, I shall now examine the ways in which my study's methodology may have affected the collected data. Is any variation predictable? Although I favoured an oral diary approach, it proved impossible to implement in my small-scale study. However, writing possibly placed more time demands on participants than speaking. Thus participant BF, who, when interviewed, proved to be an interesting and thoughtful informant, typically wrote only one or two sentences each day later explaining that:

To write for me is absolutely not a pleasure [sic]

(BF, feedback questionnaire)

I also asked participants to write in English, for the practical reason I could not myself translate the required languages, and also in acknowledgement of the possibility that communication in a foreign language hinders obfuscation more than it hampers articulation. However, it is possible that writing in English possibly affected the quality and quantity of the data, as might the daily collection of the diaries, and it would be interesting in a future study to explore these concerns through, for example, alternate L1/L2 entries.

As participants became more familiar with diary writing, the style and content of their comments appeared to 'evolve naturally . Providing participants with more focus appeared to affect this process. For the first two days, participant CA noted, for example:

Funny lesson with important repetition ... repetition too long ... pronunciation cards—good idea

(CA, diary entry)

However, following my request to write about 'what I can't see', she wrote:

... [NK] and I *did* speak about other things than James had asked for... It was like continuing the exercise ... I would wish to know what' s going on before the lesson starts ...

(CA, diary entry, CA s emphasis)

Thus whilst CA' s second entry is more useful to my study, the additional detail concerning her thoughts, opinions, and 'hidden (unobserved) behaviour are probably a consequence of my comments to her.

Noting that reflection is a challenging task, Jarvis (op. cit.) has highlighted several problems of diary studies which draw upon inexperienced informants including listing, pleasing the reader, and general summaries. Unlike Breen' s study (op. cit.), few of the informants in my study had prior teaching experience or experience of participating in a diary study, and their diary entries accordingly illustrate Jarvis argument. For example:

- listing:

a repetition of phrasal verbs. may be too long. Pronouncing was included (BF, diary entry)

- pleasing the reader, for example:

it is interesting and useful to think back on the class (WZ, diary entry)

- general summaries, for example:

I could understand the first questions ... the second part (questions) was very interesting ... when we discuss about complaint, I enjoyed it. (HY, diary entry)

Would professionally experienced informants have provided significantly different data? There are slightly more occasions where the teacher's diary offers insights which interested me. For example:

I feel happy ... [with pairs] ... as I believe they [the students] enjoy working with each other and will therefore produce more, both in terms of quantity and natural input... no noticeable problems with the class dynamics ...the stand-up exercise was designed to provide a physical stimulus (Teacher, diary entries)

However, the many complicating factors (for example, my existing professional relationship with the teacher, writing in first language, etc.) perhaps make it impossible to know whether the differences in data are wholly due to the teacher's professional expertise.

Overall, it seems that the design of the study influenced the data collected, and it seems crucial that the influences and difficulties within the data are made explicit.

Finally, he talks about the possibilities of diary studies as follows.

In this study, I have examined whether it is possible to collect data about participants' perceptions about classroom language learning. I have attempted to highlight the numerous conceptual and operational difficulties I experienced in a self-report diary study. I showed that some participants were more 'fruitful than others (Block op. cit.), raising dilemmas about data *treatment.* I also illustrated that it was necessary to make numerous assumptions about the limited *nature* of the collected data.

The constraints I have discussed suggest that we should operate with a systematic 'distrust, of diary data and what we think it might show. Thus, Allwright (personal communication) suggests that 'a participant said this, it is interesting (to me), and this is what I understand by it at this time' might be as much as diary studies can reasonably assert.

This seems to indicate that much can be learnt (but perhaps little can be generalized) from participants' perceptions of the language classroom. Although limited, this perspective can still prove fruitful. If the limitations and decision-making process within data collection (and subsequent analysis) are made explicit, then readers will be able to: Experience vicariously the setting that is described and confront the key assertions and constructs ... [and] ... consider the author's theoretical and personal perspective as it has changed through the study(Erikson 1986:145).

This suggests that specific understandings of data are acceptable within our professional community provided these interpretations are disseminated and also draw upon a full, and fully illustrated, theoretical framework.

I am not suggesting, therefore, that diary studies are invalid, but that they are extremely problematical. Nor am I suggesting that the findings of such studies should be kept at an individual level, but that the problems and complexities of diary data need to be made explicit for any audience or readership to find those elements of the study which are genuinely relevant to their own context. Diary findings *might* be typical of many or most English language classrooms, but, more importantly, they can provide points of immediate interest and recognition for our professional community (and communities) to consider. Accessible mechanisms for dissemination, both formal and informal, through publication and via associations or networks of teachers need support for, as Cameron (1992: 24) notes, 'if something's worth knowing, it's worth sharing'. So too, I hope, are these experiences of the complex nature of 'doing' ethnographic, diary-based research.

As to credability, transparency is closely related to the requirement for researchers to establish the credability of their interpretation, and though it seems excessive to insist that 'every ethnography be accompanied by a research biography' (Ball 1990: 170), it is reasonable to expect evidence that alternative interpretations of the data have been considered. Constant comparison within the data set (looking for new relationships, categories, etc.), the search for negative evidence and the use of member validation are important steps in this process, so it is disappointing that reference to these procedures is rare.

Ha (2004) offers a welcome exception, giving transcripts of interviews to participants, while Guerrero (2003) refers to member validation and demonstrates in his analysis that he is sensitive to the discrepant case (p. 661).

Ha, P. L. (2004). University classrooms in Vietnam: Contesting the stereotypes. ELT Journal 58.1, 50–57.

Guerrero, M.D. (2003). 'We have correct English teachers. Why can't we have correct Spanish teachers? It's not acceptable.' International Journal of Qualitative Studies in Education 16.5, 647–668.

Confirmability deals with making the data available to the reader, and this in turn depends on transparency of representation. Of course, even shorter papers can provide excellent coverage (see, for example, the range in Borg 2001a), while extended accounts can integrate different data sources to powerful effect (e.g. Creese 2002).

Exceptions are typically justified in terms of the aims of the research. Huang's (2003) ethnographic study, for example, provides no examples from fieldnotes and only one extract of classroom interaction, though its detailed descriptions of the pedagogic context and procedures, and its focus on materials and the language produced as a result, properly reflect the aim of the paper.

Examplary articles are,

Borg, S. (2001a). Self-perception and practice in teaching grammar. ELT Journal 55.1, 21‒29.

Creese, A. (2002). The discursive construction of power in teacher partnerships: Language and subject specialists in mainstream schools. TESOL Quarterly 36.4, 597‒616.

Huang, J. (2003). Activities as a vehicle for linguistic and sociocultural knowledge at the elementary level. Language Teaching Research 7.1, 3‒33.

My personal experience tells me that the above readings were quiet helpful when I was in the stage of despair and panic in writing the results of qualitative research, and the above mentioned readings gave me some insights on what to write and what not to write in my study. Reading well written qualitative research pieces helps novice writers a great deal in escaping from such a panic.

Let's go back to Figure one again. As it was indicated in Figure 1, the difference between qualitative and quantitative approach is clear in that the orientations are different. Qualitative research in general starts with the data named by codes from a real and particular context. By way of categorization and establishing themes, a theory appears at the end. That is why qualitative research is called, bottom up, inductive, and grounded theory. In contrast, quantitative research, particularly experimental studies, a researcher has a presupposed belief and starts with hypotheses to test that are derived from previous studies, a theory, or researcher's presupposition. Therefore, everyday practices are there to support or reject researcher's predominant stance. On the contrary, qualitative researchers are not in the field to impose one's position on the participants. Rather, they try to understand the participants' perspectives and describe what they are as neutral manner as possible. That is why methods of inquiry has received heavy attention in qualitative research methodology books (Seidman (2006), Spradely (1979), See the video about the interaction between a daughter and a father). So are the issues addressing the relationships between participants and researchers are galore in the related literature. Having said that, in qualitative researcher's stance, arguing about the numbers of participants or ways of assigning participants seems to be preposterous because goals and orientations of the research are quite opposite.

Let me move on to the coding related issues. Saldana (2009) identified 29 different types of coding methods, as illustrated in figure 2. Saldana stressed that these 29 coding methods are not necessarily mutually exclusive. Rather, they are complementary in nature. Which coding method(s) is appropriate for your particular study? Flick (2002, p. 216) offers an excellent checklist for considering and selecting an analytic method to apply in a qualitative research study, which Saldana (2009) has adapted for his purposes in a coding manual. It should be noted, however, that most of these questions cannot be answered until you have done some preliminary coding on a portion of your data.

Which coding method(s) is/are appropriate for your particular study? It depends. Saldana emphasizes that the manual should not be read as mandates, restrictions, or limitations. In addition to twenty nine codings, Saldana introduced the thirtieth but non-profiled method, an approach that employs two or more methods when necessary - in short, a form of "Eclectic Coding."

FIRST CYCLE CODING METHODS

Grammatical Methods
      Attribute Coding
      Magnitude Coding
      Simultaneous Coding

Elemental Methods
      Structure Coding
      Descriptive Coding
      In Vivo Coding
      Process Coding
      Initial Coding

Affective Methods
      Emotion Coding
      Values Coding
      Versus Coding
      Evaluation Coding

Literary and Language Methods
      Dramaturgical Coding
      Motif Coding
      Narrative Coding
      Verbal Exchange Coding

Exploratory Methods
      Holistic Coding
      Provisional Coding
      Hypothesis Coding

Procedural Methods
     OCM(Outline of Cultural Materials) Coding
     Protocol Coding
     Domain and Taxonomic Coding

Themeing the Data

SECOND CYCLE CODING METHODS
     Pattern Coding
     Focused Coding
     Axial Coding
     Theoretical Coding
     Elaborative Coding
     Longitudinal Coding

[Figure 5 First cycle and second cycle coding methods]

Coding is a heuristic—a method of discovery—to the meanings of individual sections of data. These codes function as a way of patterning, classifying, and later reorganizing each datum into emergent categories for further analysis. Different types of codes exist for different types of genres and analytic approaches, and let me illustrate how the same data can be coded with various coding approaches.

7) Process Coding

This coding method uses gerunds ("-ing" words) exclusively to capture action in the data (Charmaz, 2002; Corbin & Strauss, 2008). Notice that the interviewer's portions are not coded, just the participants. A code is applied each time the subtopic of the interview shifts, and the same codes can (and should) be used more than once if the subtopics are similar:

I (Interviewer): Where do you see yourself
five years from now in your career?
P (Participant):[1] Well, I hope to be teaching   1 HOPING
at a university somewhere on the East Coast.[2]   2 DOUBTING
But times being what they are, I don't know if
that's possible.
I: You mean the economy?
P: Yeah. I may have to stay at my current job,
assuming that I don't get pink slipped.[3] But hey,   3 BEING GRATEFUL
at least I've got a job, that's something.
I: Are you actively looking for another job now?
P: [4] I've picked up the Job Search newsletter and   4 JOB SEARCHING
looked through it just to see what's out there,[5]   5 GAINING
but I think it's too early to leave here. I've gotta   EXPERIENCE
get some more years under my belt before I
start applying—you know,
more experience to make me look
like I know my stuff.[6] But, I also   6 JOB SEARCHING
check some online job search sites
each day, check my e-mails to see if
there's any response to letters I've
sent out.[7] Friends tell me to just keep   7 HOPING
looking, something eventually turns
up, so I hope they're right.

A listing of them applied to this interview transcript, in the order they appear, reads:

HOPING
DOUBTING
BEING GRATEFUL
JOB SEARCHING
GAINING EXPERIENCE
JOB SEARCHING
HOPING

The codes are then classified into similar clusters as follows.

Category 1: Career Building

CODE: JOB SEARCHING
CODE: JOB SEARCHING
CODE: GAINING EXPERIENCE

Category 2: Feeling In-Between

CODE: HOPING
CODE: HOPING
CODE: DOUBTING
CODE: BEING GRATEFUL

The two categories, **Career Building** and **Feeling In-Between,** are then reflected upon for how they might interact and interplay. This is where the next major facet of data analysis, analytic memos, enters the scheme.

8) In Vivo Coding

The root meaning of "in vivo" is "in that which is alive" and refers to a code based on the actual language used by the participant (Strauss, 1987). What words or phrases you select as codes are those that seem to stand out as significant or summative of what's being said. I recommend that in vivo codes be placed in quotation marks as a way of designating that the code is extracted directly from the data record.

I (Interviewer): Where do you see yourself five years from now in your career?

P (Participant):[1] Well, I hope to be teaching   1 "I HOPE"
at a university somewhere on the East Coast.

But[2] times being what they are, I don't know   2 "TIMES that's
if possible.   BEING WHAT

I: You mean the economy?   THEY ARE

P: Yeah. I may have to stay at my current job,
assuming that I don't get[3] pink slipped.   3 "PINK
But hey,   SLIPPED"

[4] at least I've got a job, that's something.	4 "AT LEAST
I: Are you actively looking for another job now?	I'VE GOT A JOB"
P: I've picked up the Job Search newsletter	
and looked through it just to see what's out	
there, but I think it's [5]too early to leave here.	5 "TOO EARLY"
I've gotta get some [6]more years under	6 "MORE YEARS
my belt	UNDER MY
before I start applying—you know,	BELT"
more experience to make me[7] look like	7 "I KNOW MY
I know my stuff. But, I	STUFF"
also [8]check some online job search sites	8 "CHECK"
each day, [9]check my e-mails to see if	9 "CHECK"
there's any response to letters I've	
sent out. Friends tell me to just [10]keep looking,	10 "KEEP
something eventually	LOOKING"
turns up, so[11] I hope they're right.	11 "I HOPE"

The in vivo codes are then extracted from the transcript and listed in the order they appear to prepare them for analytic reflection:

"I HOPE"

"TIMES BEING WHAT THEY ARE"

"PINK SLIPPED"

"AT LEAST I'VE GOT A JOB"

"TOO EARLY"

"MORE YEARS UNDER MY BELT"

"I KNOW MY STUFF"

"CHECK"

"CHECK"

"KEEP LOOKING"

"I HOPE"

The codes are then classified into similar clusters as follows.

Category 1: Optimistic Outlook

IN VIVO CODES:

"I HOPE"

"AT LEAST I'VE GOT A JOB"

"I KNOW MY STUFF"

"CHECK"

"CHECK"

"KEEP LOOKING"

"I HOPE"

Category 2: Pessimistic Outlook

IN VIVO CODES:

"TIMES BEING WHAT THEY ARE" "PINK SLIPPED"

"TOO EARLY"

"MORE YEARS UNDER MY BELT"

The examples thus far have demonstrated only two specific coding methods of at least thirty documented approaches (Saldana, 2009). Which one(s) you choose for your analysis depends on such factors as your conceptual framework, the genre of qualitative research for your project, the types of data you collect, and so on. Just one of a few of the other approaches available for coding qualitative data that you may find useful as starting points is descriptive coding.

9) Descriptive Coding

Descriptive codes (Miles & Huberman, 1994) are primarily nouns that simply summarize the topic of a datum. This coding approach is particularly useful when you have different types of data gathered for one study, such as interview transcripts, field notes, and documents. Descriptive codes not only help categorize but also index the data corpus' basic contents for further analytic work. An example of a field note coded descriptively follows; note that a few of them double as in vivo codes as well:

I: Are you actively looking for another
job now?
P:[1]I've picked up the **Job** Search newsletter   1 "JOB SEARCH"
and looked through it just to see what's out
there,[2] but I think it's too early to leave here.   2 "EXPERIENCE"
I've gotta get some more years under my belt
before I start applying—you know, more

experience to make me look like I know my
stuff.

[3] But, I also check some online job search
sites each day,[4] check my e-mails to see if
there's any response to letters I've sent out.
[5] Friends tell me to just keep looking,
something eventually turns up, so I hope
they're right.

3 "JOB SEARCH"
4 "FOLLOW UP"

5 "ENCOURAGEMENT"

10) Values Coding

Values coding (LeCompte & Preissle, 1993; Saldana, 2009)
identifies the values, attitudes, and beliefs of a participant, as shared
by the individual and/or interpreted by the analyst. This coding
method infers the "heart and mind" of an individual or group's
world view as to what is important, perceived as true, maintained as
opinion, and felt strongly. The three constructs are part of a complex
interconnected system. Briefly, a value (V) is what we attribute as
important, be it a person, thing, or idea. An attitude (A) is the
evaluative way we think and feel about ourselves, others, things, or
ideas. A belief (B) is what we think and feel as true or necessary,
formed from our "personal knowledge, experiences, opinions,
prejudices, morals, and other interpretive perceptions of the social
world" (Saldana, 2009, pp. 89-90). Values coding explores intrapersonal,
interpersonal, and cultural constructs or *ethos*. It is an admittedly
slippery task to code this way, for it is sometimes difficult to discern

what is a value, attitude, or belief because they are intricately
interrelated. But the depth you can potentially obtain is rich. An
example of values coding follows:

P: [1] Well, I hope to be teaching at a university somewhere on the East Coast.	1 V: UNIVERSITY PROFESSORATE
[2] But times being what they are, I don't know if possible.	2 B: CAREER LIMITATIONS
I: You mean the economy?	
P: Yeah. I may have to stay at my current job, assuming that I don't get pink slipped.	
[3]But hey, at least I've got a job, that's something.	3 A: GRATITUDE

11) Dramaturgical Coding

Dramaturgical coding (Berg, 2001; Feldman, 1995; Goffman,
1959; Saldana, 2005) perceives life as performance and its participants
as characters in a social drama. Codes are assigned to the data (i.e.,
"a play script") that analyze the characters in action, reaction, and
interaction. Dramaturgical coding of participants examines their
objectives (OBJ) or wants, needs, and motives; the conflicts (CON)
or obstacles they face as they try to achieve their objectives; the
tactics (TAC) or strategies they employ to reach their objectives; their
attitudes (ATT) toward others and their given circumstances; the
particular emotions (EMO) they experience throughout; and their
subtexts (SUB) or underlying and unspoken thoughts. In the coding

example thus far, we know that this participant's OBJ [objective] is a UNIVERSITY TEACHING POSITION, but her ATT [attitude] toward getting one is PESSIMISTIC. We can infer her EMO [emotions], just as audience members do when we see a character on stage or in film. Perhaps this job-seeking individual, based on the text alone, may feel INSECURE. But the researcher actually present at the interview, seeing her open body language and hearing her upbeat vocal tones, may have inferred that her emotions were actually CONFIDENT and HOPEFUL. Dramaturgical coding is particularly useful as preliminary work for narrative inquiry story development or performance-based research representations such as ethnodrama.

12) Versus coding

Hager, Maier, O'Hara, Ott, & Saldana (2000) and Wolcott (2003) identify the conflicts, struggles, and power issues observed in social action, reaction, and interaction as an X VS. Y code, such as: MEN VS. WOMEN, CONSERVATIVES VS. LIBERALS, FAITH VS. LOGIC, and so on.

P (Participant): [1] Well, I hope to be teaching at a university somewhere on the East Coast. But times being what they are, I don't know if that's possible. I: You mean the economy?	1 CAREER DREAMS VS. BAD ECONOMY

P: Yeah. [2]I may have to stay at my current job, assuming that I don't get pink slipped. But hey, at least I've got a job, that's something.	2 JOB SECURITY VS. BAD ECONOMY
I: Are you actively looking for another job now?	
P: [3]I've picked up the Job Search newsletter and [4] looked through it just to see what's out there, but I think it's too early to leave here. I've gotta get some more years under my belt before I start applying—you know, more experience to make me look like I know my stuff.	3 ADVANCEMENT 4 VS. "MORE EXPERIENCE"

13) Themeing the Data

Unlike codes, which are most often single words or short phrases that symbolically represent a datum, themes are extended phrases or sentences that summarize the manifest (apparent) and latent (underlying) meanings of data (Auerbach & Silverstein, 2003; Boyatzis, 1998). Themes, too, can be categorized, or listed in super-ordinate and subordinate outline formats as an analytic tactic. Below is the interview transcript example used in the coding sections above. (Hopefully you're not too fatigued at this point with the transcript, but it's important to know how inquiry with the same data set can be approached in several different ways.) Notice how themeing interprets what is happening through the use of two distinct phrases—A CAREER IS (i.e., manifest or apparent meanings) and A CAREER

MEANS (i.e., latent or underlying meanings):

I (Interviewer): Where do you see yourself
five years from now in your career?

P (Participant):[1] Well, I hope to be teaching
at a university somewhere on the East Coast.
[2]But times being what they are, I don't know if
that's possible.

I: You mean the economy?

P: Yeah. I may have to stay at my current job,
assuming that I don't get pink slipped. But hey,
at least I've got a job, that's something.

I: Are you actively looking for another job now?

P: [3] I've picked up the Job Search newsletter
and looked through it just to see what's
out there, but [4]I think it's too early to leave
here. I've gotta get some more years under
my belt before
I start applying—you know,
more experience to make me look
like I know my stuff.[5] But, I also
check some online job search sites
each day, check my e-mails to see if
there's any response to letters I've
sent out.[6] Friends tell me to just keep
looking, something eventually turns
up, so I hope they're right.

1 A CAREER IS GEOGRAPHIC

2 A CAREER IS DETERMINED BY ECONOMIC FORCES

3 A CAREER IS INQUIRY

4 A CAREER MEANS

5 CULTIVATING EXPERTISE

6 A CAREER IS DAILY MAINTENANCE

7 A CAREER MEANS PERSEVERANCE

Unlike the seven process codes and eleven in vivo codes in the examples above, there are now six themes to work with. In the order they appear, they are:

A CAREER IS GEOGRAPHIC

A CAREER IS DETERMINED BY ECONOMIC FORCES

A CAREER IS INQUIRY

A CAREER MEANS CULTIVATING EXPERTISE

A CAREER IS DAILY MAINTENANCE

A CAREER MEANS PERSEVERANCE

There are several ways to categorize the themes as preparation for analytic memo writing. The first is to arrange them in outline format with superordinate and subordinate levels, based on how the themes seem to take organizational shape and structure. Simply "cutting and pasting" the themes in multiple arrangements on a word processor page eventually develops a sense of order to them. For example:

I. A CAREER IS DETERMINED BY ECONOMIC FORCES

II. A CAREER IS GEOGRAPHIC

III. A CAREER MEANS PERSEVERANCE

A. A CAREER IS INQUIRY

B. A CAREER IS DAILY MAINTENANCE

C. A CAREER MEANS CULTIVATING EXPERTISE

A second approach is to categorize the themes into similar clusters and to develop different category labels or theoretical constructs. A theoretical construct is an abstraction that transforms the central phenomenon's themes into broader applications but can still use "is" and "means" as prompts to capture the bigger picture at work. Notice that one' of the construct labels below adapts a keyword from one of its themes since the idea seems to best summarize what the themes have in common:

Theoretical Construct 1: A Career Is Time and Place

Supporting Themes:
A CAREER IS DETERMINED BY ECONOMIC FORCES
A CAREER IS GEOGRAPHIC

Theoretical Construct 2: A Career Is Perseverance
Supporting Themes:
A CAREER MEANS PERSEVERANCE
A CAREER IS INQUIRY
A CAREER IS DAILY MAINTENANCE
A CAREER MEANS CULTIVATING EXPERTISE

for good thinking through the analytic memo-writing process on how everything plausibly interrelates. Methodologists vary in the number of recommended final categories that result from analysis, ranging anywhere from three to seven, with traditional grounded theorists prescribing one central or core category from coded work.

Codes and themes relegated into patterned and categorized forms are stimuli for good thinking through the analytic memo-writing process on how everything plausibly interrelates. Methodologists vary in the number of recommended final categories that result from analysis, ranging anywhere from three to seven, with traditional grounded theorists prescribing one central or core category from coded work.

2. NVivo 11's primary functions contributing to research

1) The scope of data entering

NVivo 11 literally takes all sorts of data such as documents, pdfs, survey, audios, videos, pictures, and even the previous projects. Also included data are from other sources like NCapture, Outlook, Endnote, Mendley, Refworks, Zotero, Evernote, and OneNote.

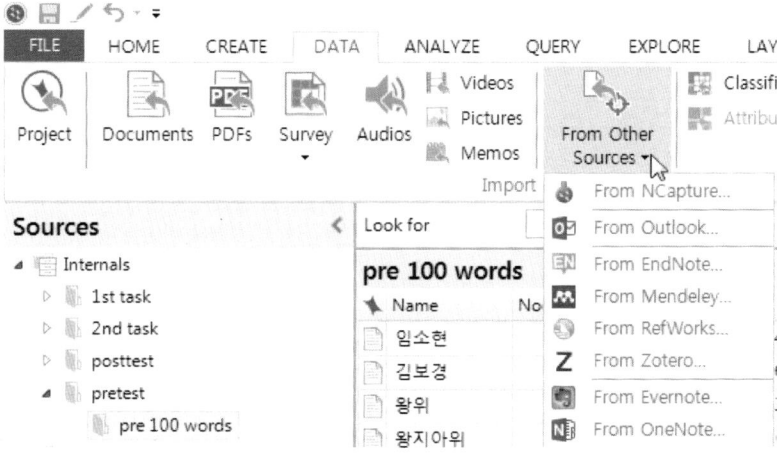

2) Coding

A researcher can code manually in NVivo 11. In addition, NVivo 11 offers auto coding. One can do two different types of auto coding, that is identifying the theme from the data or dominantly appearing sentiment. For example, Park (2016) identified dominant theme appearing from 330 articles in STEM journal and report the results as follows.

FIGURE 1

An Overall Picture on the Thematic Analysis of 330 Articles

Not to mention of the dominant theme from auto coding, one can also detect the feelings or attitudes in given articles. Following example illustrates this idea.

Auto Code Sentiment Resu ☒	Nodes compared by num			
	A : Very negative ▽	B : Moderately negat... ▽	C : Moderately positive ▽	D : Very positive ▽
1 : Internals\\articles\\100 kyobo_Teachin... ▽	11	29	25	17
2 : Internals\\articles\\103kyobo_The Anal... ▽	11	14	26	12
3 : Internals\\articles\\104 kyobo_The Arg... ▽	11	28	49	16
4 : Internals\\articles\\106 kyobo_The Effe... ▽	2	10	24	16
5 : Internals\\articles\\11 kyobo_A study o... ▽	23	53	32	11

According to the table, the darkest shade indicates the frequency of feelings or attitudes of five researchers explaining their stance in the articles.

3) Text Search

In Park's study (2004), the researcher did not code the word "interest', but he wondered how many documents contain this word, and he conducted Text Search. Following shows the Text Search result.

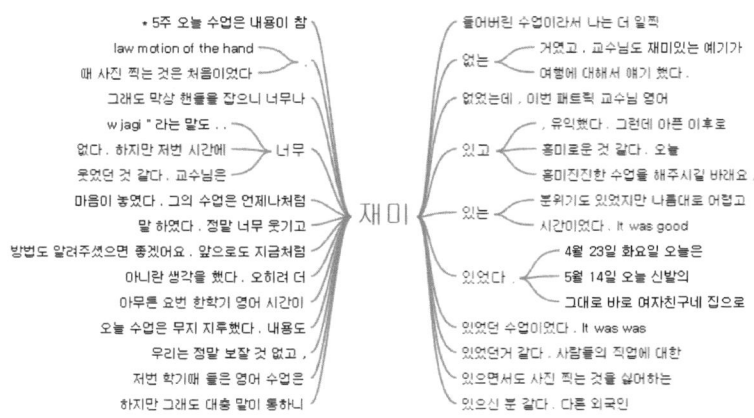

Obviously one can see the contexts of word "interest", and considering the contexts is the primary concern of qualitative research. If one wishes, he or she can also auto-code the result.

4) Frequency Search

In Park's study (2004), he identified the word frequency and the following shows the result.

5) Matrix Coding Query

Park (2004) had two research questions in his study.

1) Why Korean students are not ready to talk in class?
2) Is there difference between students' perception toward unwillingness to talk and their linguistic achievement?

By using matrix query function, he reported the results as follows. As to research question one, the following summarizes the results.

부록 1

말하기 촉진 또는 장애 요인을 형성하는 37가지 Context

I 제도적 요인 (854)

A 교사 요인 (676)

  1 교사의 특성 (364)

  2 심리적 거리감 (68)

  3 교사의 압력 (48)

  4 주제 (41)

  5 분위기 (40)

  6 원어민 수업의 특성 (34)

  7 교사의 말 (입력, 29)

  8 공평하지 못한 말하기 기회 (19)

  9 교사의 피이드백 (11)

  10 교육 경력 (8)

  11 교재 활용도 (6)

  12 학생이 말할 때까지 기다려 주는 시간 (5)

  13 집단 토의 (3)

B 학습자 요인 (110)

  1 세팅 (36)

  2 태도 (13)

  3 교우관계 (1)

C 행정적 요인 (68)

  1 대규모 학급 (51)

  2 불충분한 수업 시간 (14)

  3 닫힌 사회 (2)

  4 강의실 유형 (1)

II 사회 문화적 요인 (268)

  1 체면 (96)

  2 기대치 (85)

  3 한국인의 의사소통 방식 (32)

  4 시험 위주의 교육방식 (16)

  5 영어 사용에 대한 부정적 태도 (12)

  6 목표갈등 (10)

  7 한국인의 인간관계 (8)

  8 수업 시간에 한국어 사용 (4)

  9 외국인의 시각에 비친 한국인 (3)

  10 말하기에 대한 한국인의 부정적 태도 (2)

III 언어적 요인 (198)

  1 청취능력 (92)

  2 기초에 충실하지 못한 교육 (63)

  3 좋지 않은 발음 (34)

  4 영어와 한국어의 차이 (5)

  5 말하기 전에 번역하는 습관 (4)

IV 심리적 요인 (114)

  1 자신감의 결여 (69)

  2 실수에 대한 두려움 (45)

This is important because it shows from the initial coding to the final refined one, and this may prevent some readers' skepticism toward qualitative research in general arguing that there is no way of knowing the process of data handling procedures in QI, and thereby there is a weak base of believing the results. NVivo 11's Framework Matrix function shatters this skepticism in general by enhancing the transparency of qualitative data handling procedures. In the article, Park summarizes above cited results as follows.

표 2. 영역별로 본 코딩 빈도 수

주요 요인	코딩수	빈도 (%)
제도적 요인	854	60
사회 문화적 요인	268	19
언어적 요인	198	14
심리적 요인	114	8
합계	1,434	100

As to the research question two inquiring the difference between students' perception toward unwillingness to talk and their linguistic achievement, he reports students' responses as follows.

표 8. 언어능력별로 본 말하기 장애 인식의 차이

영역 /능력	1	2	3	4	5
교사의 특성	14	21	20	24	21
체면	24	24	0	19	33
칭취의 어려움	11	46	13	13	17
자신감의 결여	10	24	17	25	24
원어민 강좌 수강 횟수	11	21	18	29	21
교사의 압력	10	20	30	20	20
제한된 언어능력	20	20	30	20	10

As there was no statistically significant result, Park just reports the result with descriptive statistics. However, in the later and specified analysis, searching for the connection between psychological factors and linguistic achievement, he represents the following search result.

	A : psychological	B : fear of making m...	C : lack of confidence
1 : Case:Ability = 1	0	2	4
2 : Case:Ability = 2	0	5	7
3 : Case:Ability = 3	0	3	8
4 : Case:Ability = 4	0	6	9
5 : Case:Ability = 5	0	2	7

The result of statistical analysis indicates that coding differences between fear of making mistakes and lack of confidence are statistically significant. The following table supports this claim.

➡ 비모수 검정

[데이터집합0]

Wilcoxon 부호순위 검정

순위

		N	평균순위	순위합
VAR00002 - VAR00001	음의 순위	0[a]	.00	.00
	양의 순위	5[b]	3.00	15.00
	동률	0[c]		
	합계	5		

a. VAR00002 < VAR00001

b. VAR00002 > VAR00001

c. VAR00002 = VAR00001

검정 통계량[b]

	VAR00002 - VAR00001
Z	-2.041[a]
근사 유의확률(양측)	.041

a. 음의 순위를 기준으로.

b. Wilcoxon 부호순위 검정

As far as the presenter knows, no qualitative researcher rejects numbers in accepting them as the evidence of the study. Rather, Patton (2005) takes it as one way of supplementing method triangulation although the word *tri* here does not necessarily mean three. If two different approaches do not contradict with each other, then the validity of the findings will be accelerated (Van Lier, 1988).

Another impressionistic functionality in Matrix Coding Query is to conduct literature review. Followings illustrate the whole process.

(1). To use Framework matrix function, one needs to have papers with PDF files. Following papers will be used as an example.

(2). NVivo 11 > External Data > Click PDFs.

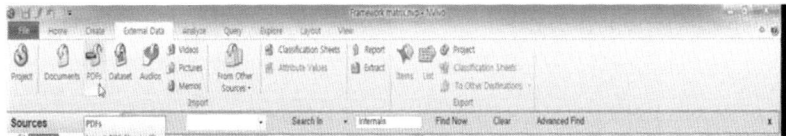

(3). Import Internals > Click Browse to go to the location of PDF files.

(4). Recent works for the presenter > Go to Framework Matrix and select PDF by pushing down the arrow button in your computer.

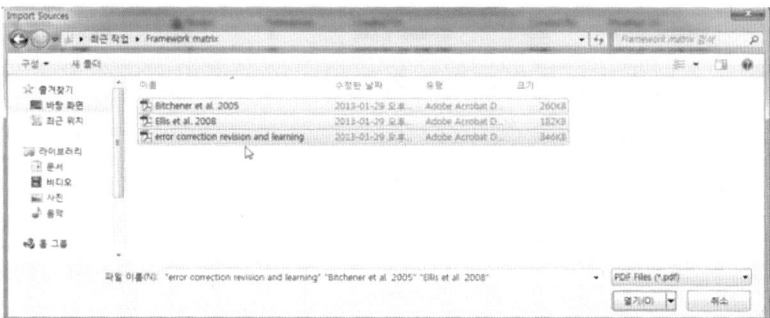

(5). Click Open.

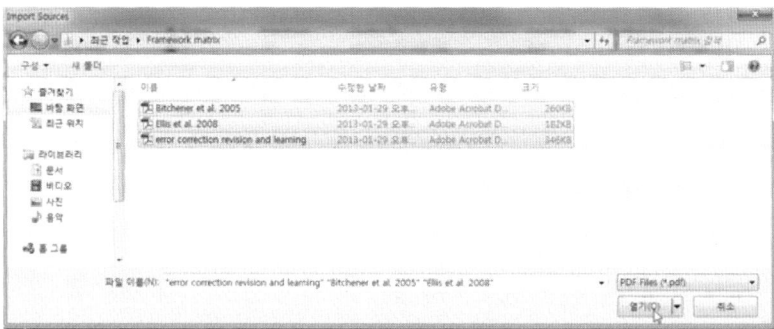

(6). Import Internals > Click OK.

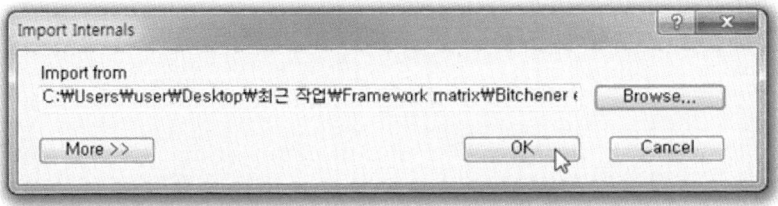

(7). You can see the imported data as follows.

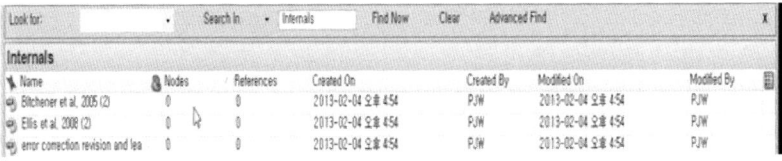

(7-1). Select the imported pdf files and push down the arrow button.

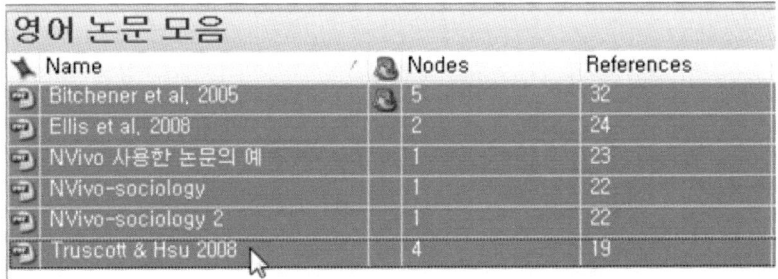

(7-2). Click on the right side of the mouse > Create As > Click Create As Case Nodes.

The reason for doing this is to arrange author's name as case nodes and coded contents as Node. If you do not this work, you can search to find out the results of Matrix Coding Query.

(8). Let's click on Bitchener for two times.

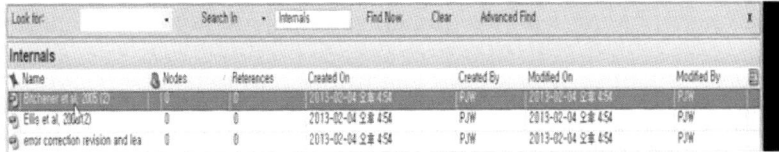

(9). You can see the Bitchener's work as follows.

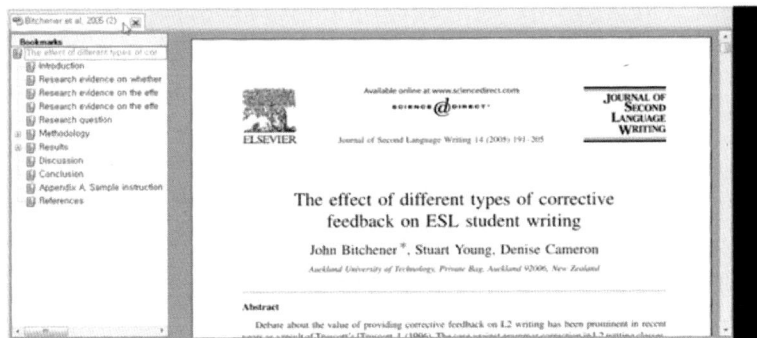

(10). If you click on the left side of the mouse, you can see the list of the codings in progress. You can do drag and paste if the coding name is already existing or create new Nodes.

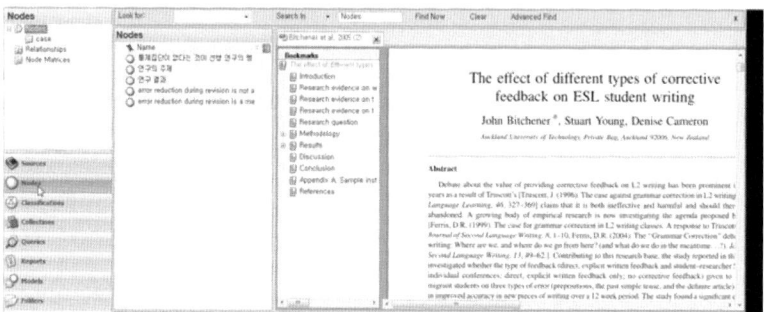

(11). To create new nodes, select word, phrase, or clause in a paper. Code Selection > Click Code Selection at New Node.

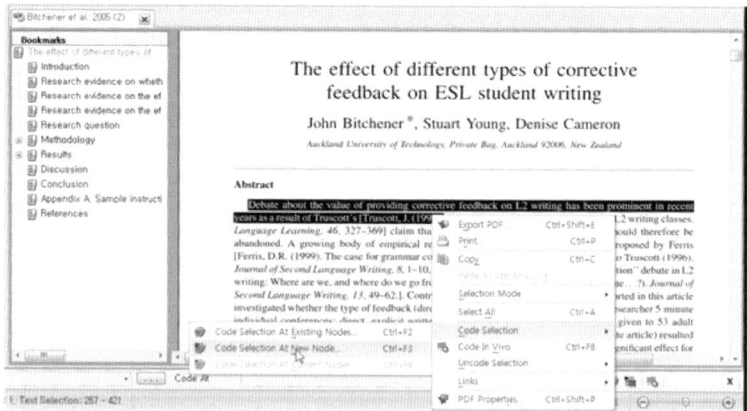

(12). Type Truscott 의 비판 > Click OK.

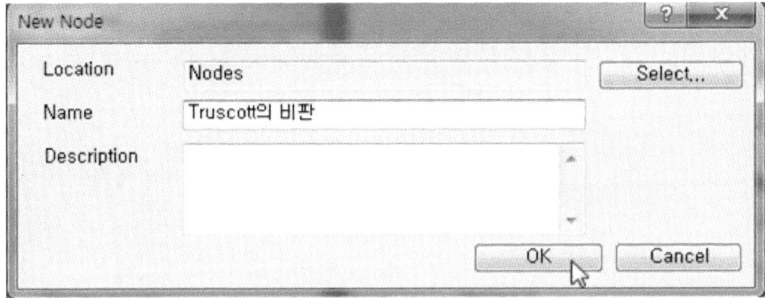

(13). In the Node, the wording 'Criticism on Truscott' is appeared.

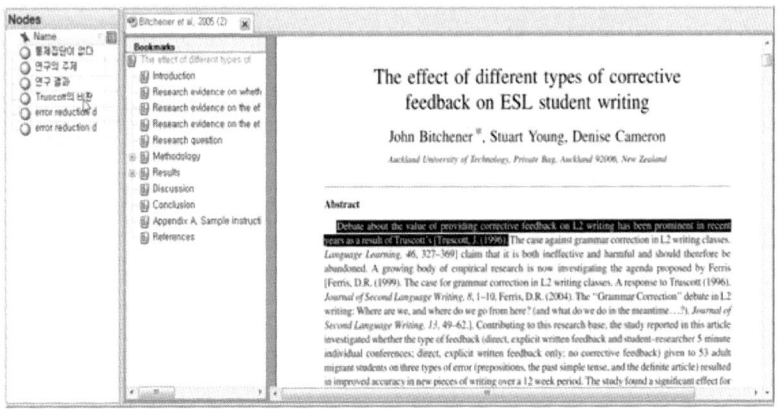

(14). Keep on creating Nodes and click on Sources.

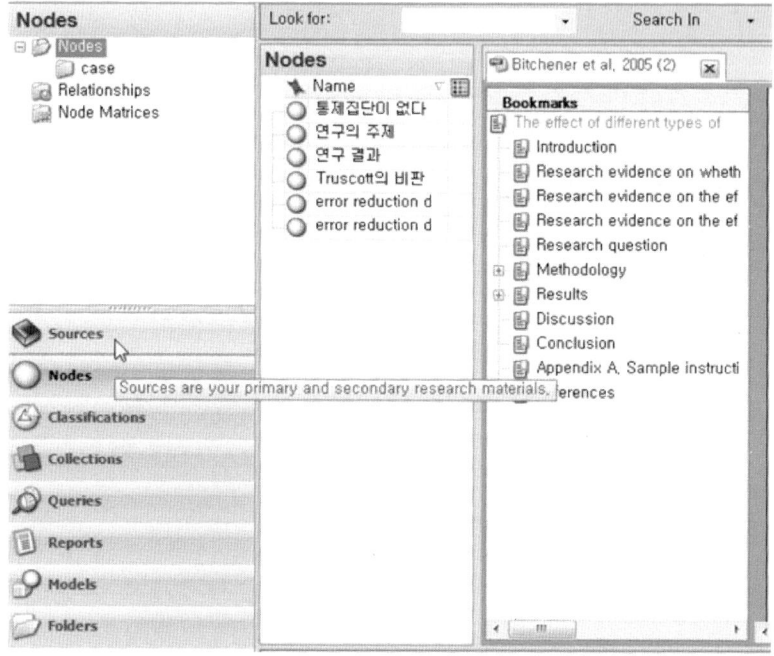

(15). Sources > Select Framework Matrices.

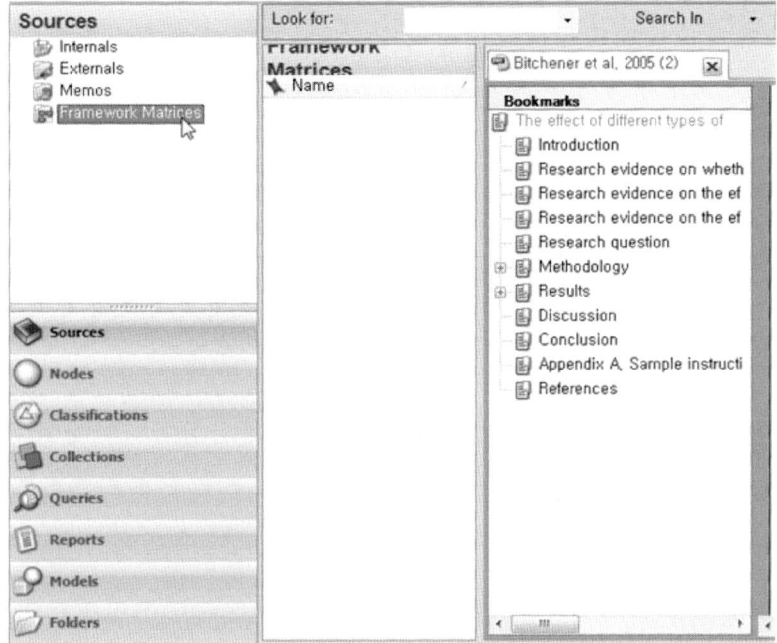

(16). Sources > Framework Matrices > New Framework Matrix를
클릭 한다.

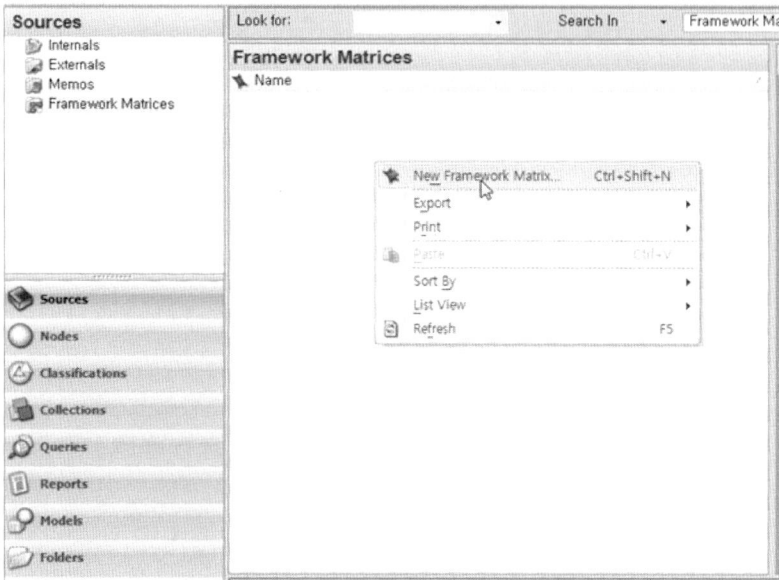

(17). New Framework Matrix > test를 입력하고 Rows를 클릭 한다.

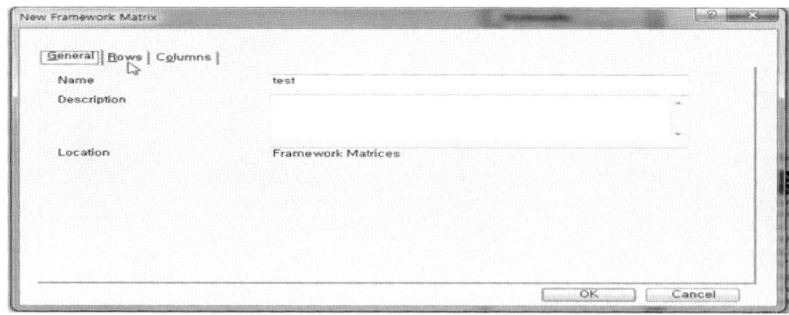

(18). Rows > Click Select.

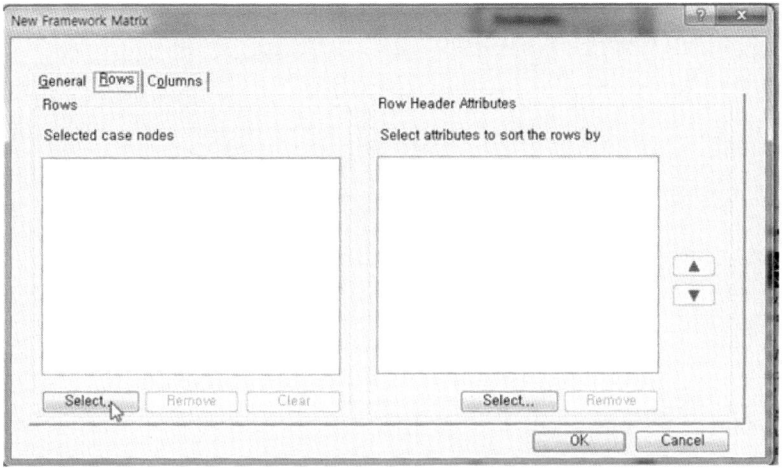

(19). Click plus sign next to Nodes.

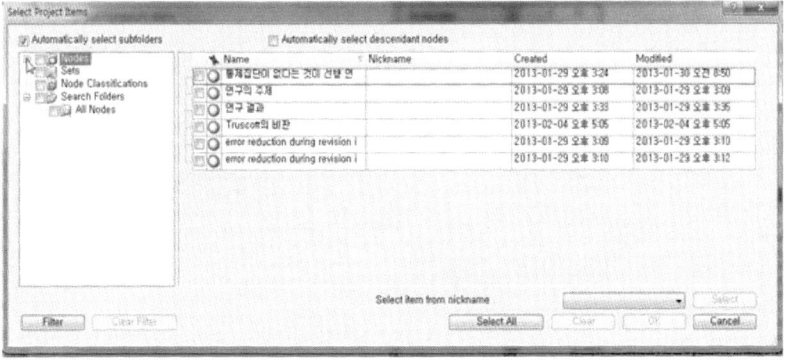

(20). Click on Case under the Nodes.

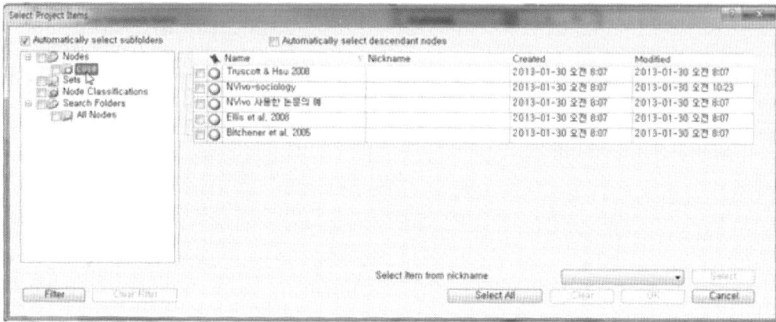

Like above, you can see the author's list. A researcher can collect all of the coding contents to Node and arrange article lists to Case Nodes.

(21). Click all of the author's lists > Click OK.

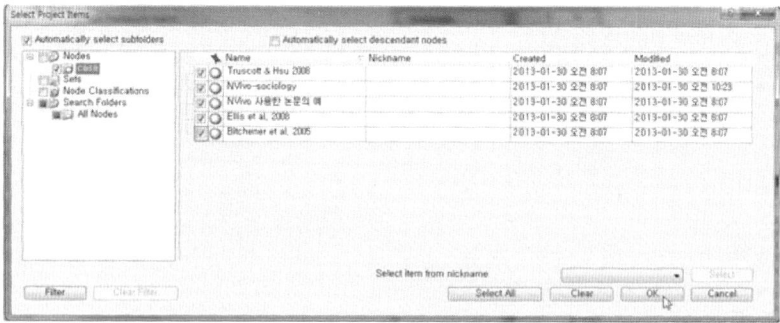

(22). Click on Columns.

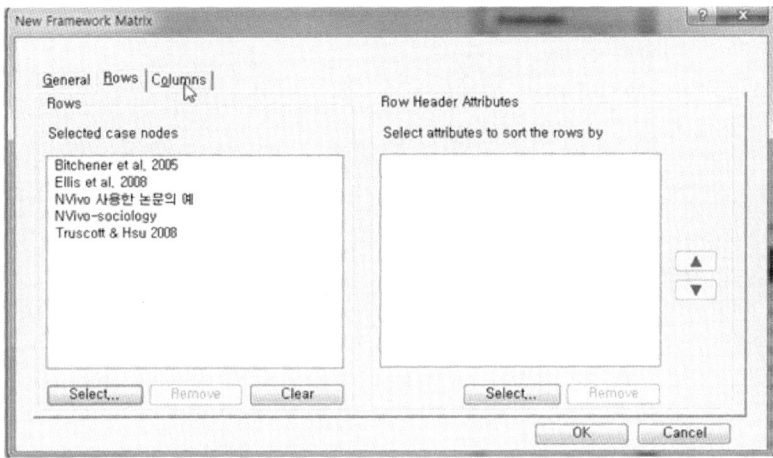

(23). Click on Nodes > Click on all of the subheadings.

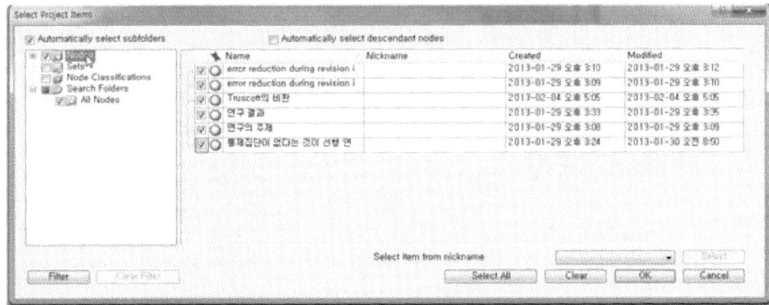

(24). Click on OK.

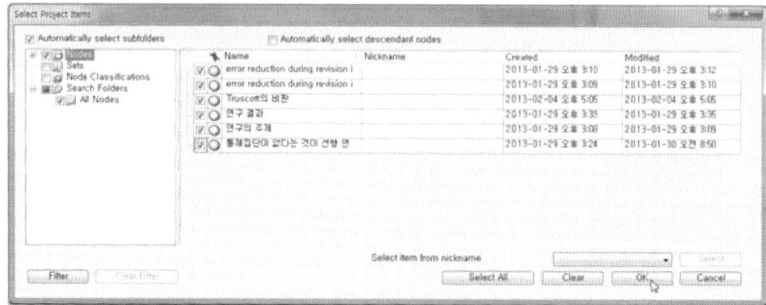

(25). Test Framework Matrix is created as follows.

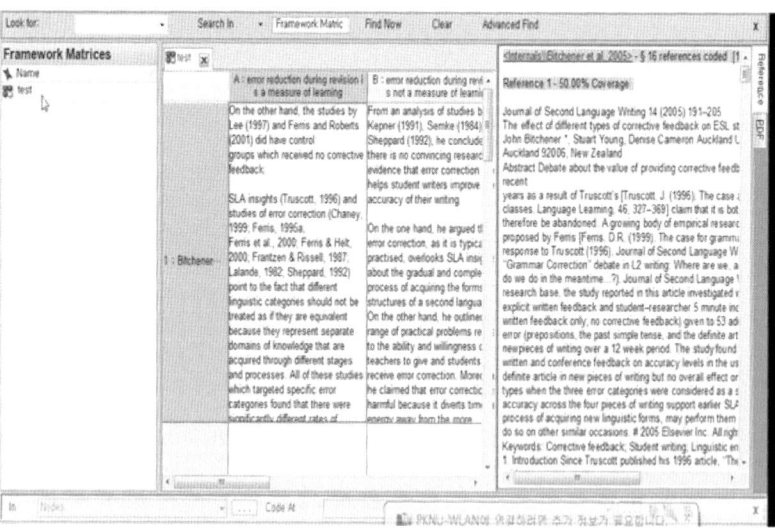

(26). If you take a closer look at the example, there are authors' names on the left and coding contents on the right. The next is to summarize the contents to make the writing process feasible. To make it happen,

Go to the top of the NVivo 11 interface and click on Analyze.

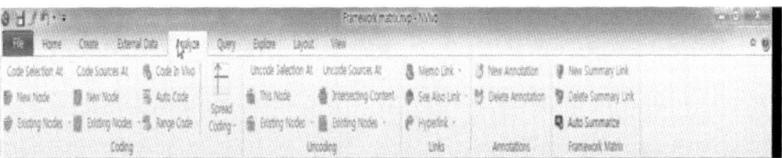

(27). Analyze > Click on Auto Summarize.

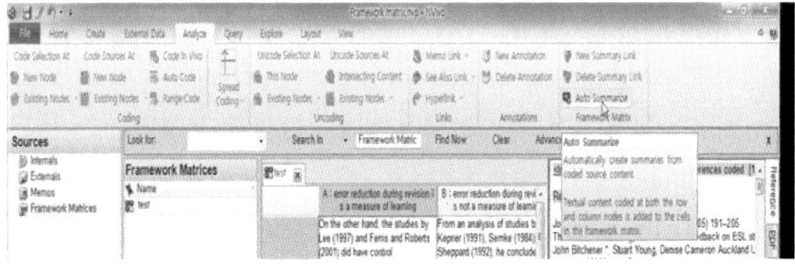

(28). You can see eight summaries done in NVivo 11. Click on 확인.

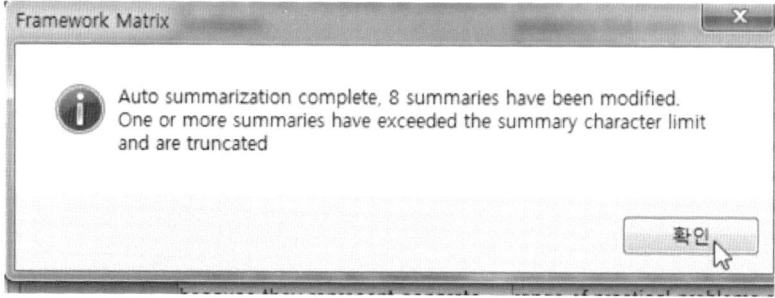

(29). You can see all of the contents of Bitchener's article.

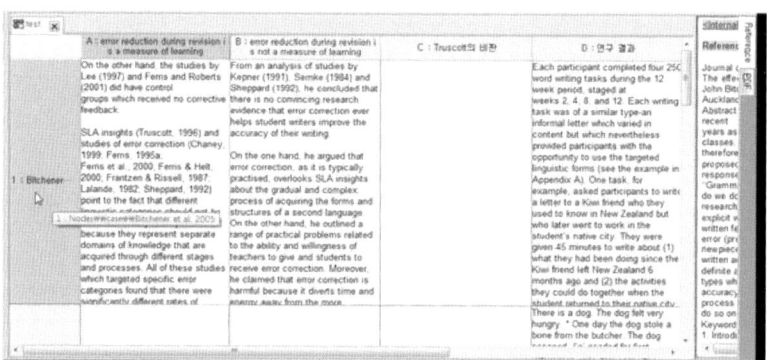

(30). For the rest of the authors, you can do the same work.

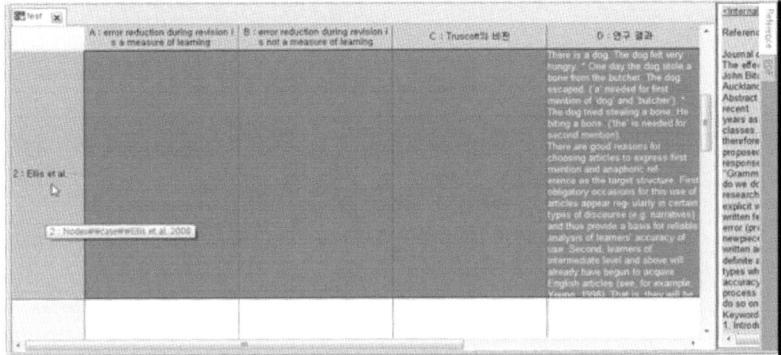

Imagine that you do this work manually! Of course, it takes a lot of time and energy. Thus, the choice is yours. Manually or well organized manner?

6) Coding comparison

In open coding studies, the goal is assumed to be that of identifying as many variables as possible, and measuring inter-rater reliability is thus meaningless. However, in closed coding studies, measuring inter-rater coding reliability seems essential in increasing the credibility of QI findings. NVivo 11 automatically calculates the rate of inter-rater coding reliability. For example, figure 7 represents the inter-rater reliability measured in Park's (2011) study.

Node	Source	Source Fol	Source Siz	Kappa	Agreement (	A and B (%	Not A and Not	Disagreemen	A and Not B	B and Not A
Content\logic	박은영 작문	Internals	427 chars	1	100	0	100	0	0	0
Content\logic	박은영 작문	Internals	427 chars	1	100	0	100	0	0	0
Content\logic	윤수정 영작 2	Internals	915 chars	1	100	0	100	0	0	0
Content\logic	윤수정 영작 2	Internals	915 chars	1	100	0	100	0	0	0
Content\logic	임동규 작문	Internals	268 chars	1	100	0	100	0	0	0
Content\logic	임동규 작문	Internals	268 chars	1	100	0	100	0	0	0
Content\meaning	박은영 작문	Internals	427 chars	1	100	0	100	0	0	0
Content\meaning	박은영 작문	Internals	427 chars	0	57.14	0	57.14	42.86	0	42.86
Content\meaning	윤수정 영작 2	Internals	915 chars	1	100	0	100	0	0	0
Content\meaning	윤수정 영작 2	Internals	915 chars	1	100	0	100	0	0	0
Content\meaning	임동규 작문	Internals	268 chars	0	73.51	0	73.51	26.49	26.49	0
Content\meaning	임동규 작문	Internals	268 chars	0	53.36	0	53.36	46.64	0	46.64
Content\redundancy	박은영 작문	Internals	427 chars	1	100	0	100	0	0	0
Content\redundancy	박은영 작문	Internals	427 chars	1	100	0	100	0	0	0
Content\redundancy	윤수정 영작 2	Internals	915 chars	1	100	0	100	0	0	0
Content\redundancy	윤수정 영작 2	Internals	915 chars	1	100	0	100	0	0	0
Content\redundancy	임동규 작문	Internals	268 chars	1	100	0	100	0	0	0
Content\redundancy	임동규 작문	Internals	268 chars	1	100	0	100	0	0	0
Content\sentence type	박은영 작문	Internals	427 chars	1	100	0	100	0	0	0
Content\sentence type	박은영 작문	Internals	427 chars	1	100	0	100	0	0	0
Content\sentence type	윤수정 영작 2	Internals	915 chars	1	100	0	100	0	0	0

[Figure 7. NVivo's coding comparison results]

As one can see from the above figure, four columns contain the information of error categories in writing, namely, participants of the study, source, and the size of the source respectively. From the fifth column of the figure, the results of measuring the inter-rater reliability are reported by using Kappa coefficient with the percentages of agreement or disagreement. According to the figure, most of the writing errors were agreed upon among the raters. However, in the case of the meaning area, the percentages of disagreement were reported as 42.86, 26.49, and 46.64, respectively, in Donggyu and Eunyoung's composition. This function of NVivo 11 can offer a very easy access to assessing learners' language production and speed up the analytic processes.

As well as examining discrepancies among the raters, one can categorize participants according to the error types that they made and decide whose writing performance is good or bad if the solid writing criteria are provided. To achieve this, one can use cluster analysis in NVivo 11. The following figure represents the results of a cluster analysis in Park's study (2011a).

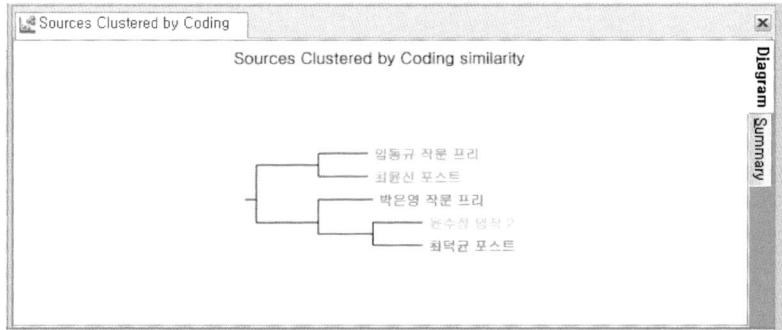

[Figure 8. A summary of sources clustered by coding similarity]

According to figure 8, five participants of the study can be grouped into two based on the coding similarities that are assigned to each participant. In the second group in the figure, they were divided into two groups. This figure was automatically created based on the following calculations from figure 9.

In addition to determining coding similarities among the participants of a study, one can also further explore word similarities. This function is especially beneficial for a researcher who is interested in looking at the perceptions or attitudes that are omnipresent in the participants' documentations.

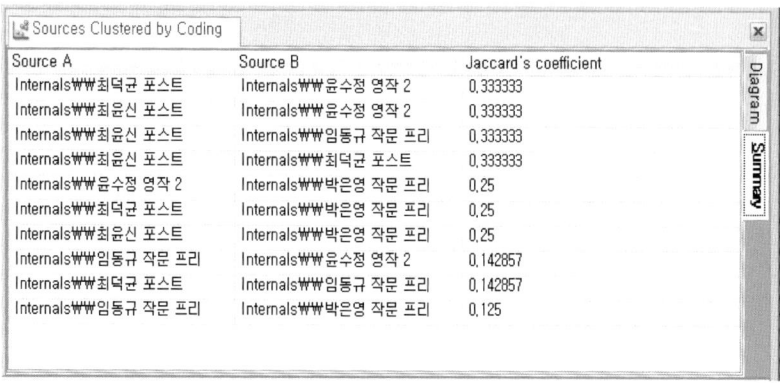

[Figure 9. A summary of sources clustered by coding]

7) Social network analysis

With NVivo 11 pro and plus, one can conduct social network analysis. Especially, with NVivo 11 plus, there are options according to the internet site. Following shows Facebook data imported to NVivo 11.

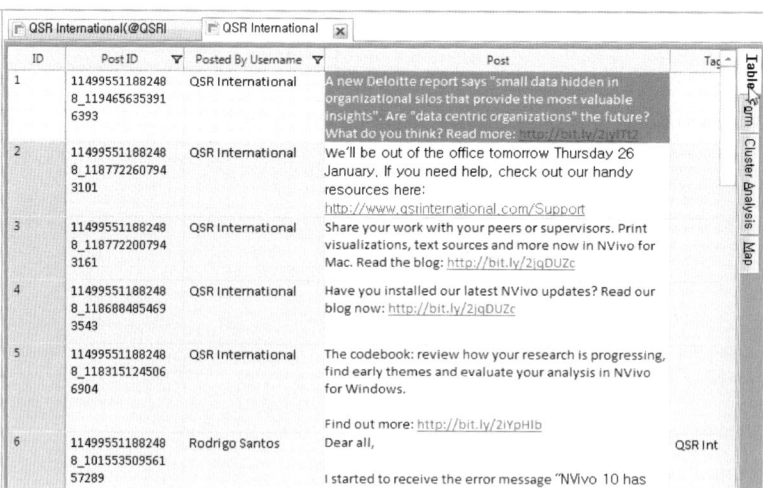

The data include poster's ID, username, post, and etc. If you click on Map,

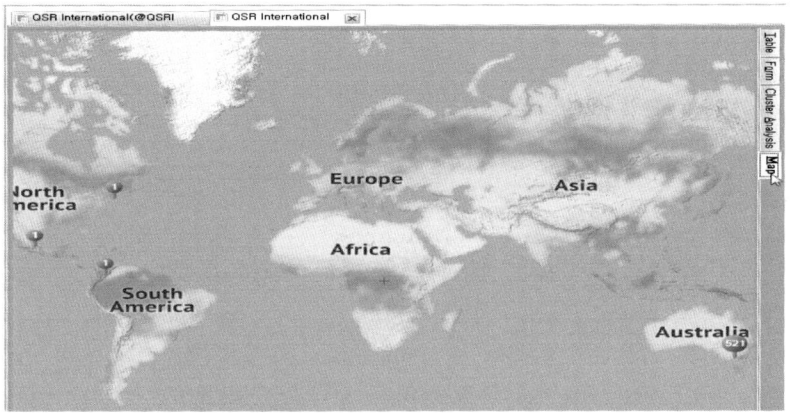

You will see the posters' location. However, for the case of Twitter, it becomes a totally different story. Let's take a look at the following data imported from Twitter.

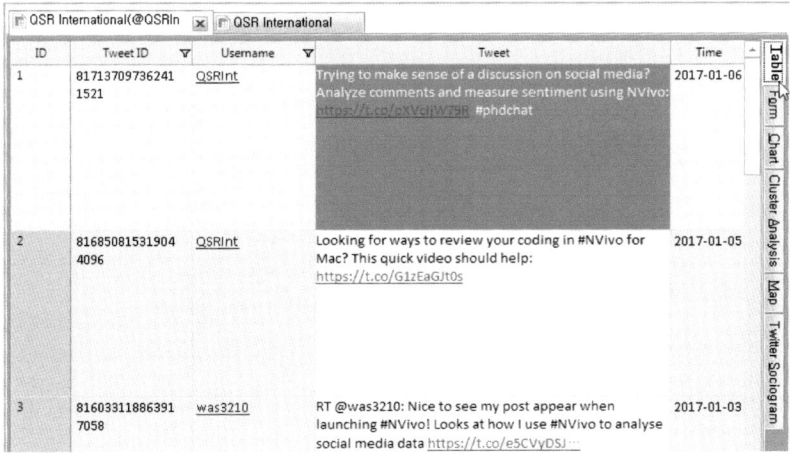

Like Facebook data, Twitter data also entails ID, Tweet ID, Username, Tweet, and etc. However, one of the most striking differences is Twitter Sociogram. If you click on Twitter Sociogram, you can see the following result.

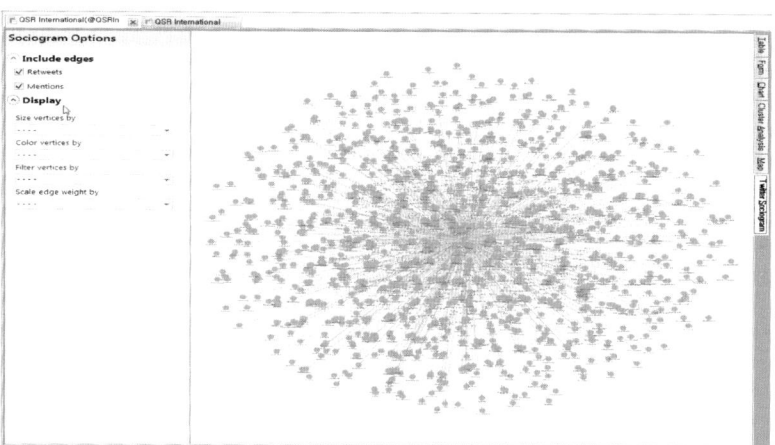

For now, Display option was not selected, but you can select them based on the direction of the inquiry that you are seeking for. This has made it possible for researchers to click one time and get what he or she wants to get.

8) Integrating and analyzing large sources of data

The eighth unique feature of NVivo 11 that should be mentioned relates to the ultimate goal of conducting QI. Compared with its counterpart, QI seeks the transferability of the results of findings to the readers (Ellingson, 2009). To achieve this goal, different methods of data collection and sources are highly advised in the related literature. However, if one conducts QI by hand, extremely large numbers and sources of data will make it difficult for the QI researcher to integrate and analyze them in a systematic manner. For example, Park (2011b) explored selected graduate students' meaning making processes in teaching English through an English course and used NVivo 11's model function to confirm the triangulated codings. Figure 10 illustrates this point.

According to the figure, within the domain of factors decreasing active participation, one sub-domain constitutes the situation of not reading for the class. This sub-domain was created from the different sources of data like interviews, observations, dairies, group discussions, and even memos. These different sources of data help a researcher to reach a credible conclusion that might ultimately guarantee the transferability of the research findings. This process is linked to both data analysis and the final writing up since by retrieving the raw data from NVivo 11, one can simply cut the related portion of data and paste them to any word processor in a computer.

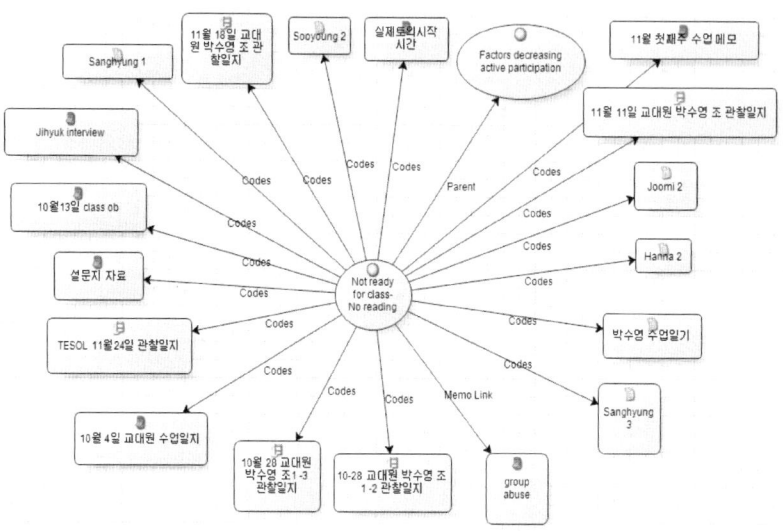

[Figure 10. Different sources of coding for "not ready for class"]

By using NVivo 11's attribute function, one can also integrate quantitative and qualitative data and conduct further in-depth analysis. For example, Park (2017) wanted to see if there exists differences among beginning, intermediate, and advanced English writers in terms of acquisition rate. 2, 500 writing samples including pre and post tests were assigned into each cell. Students' errors, levels, test periods were assigned to Nodes and source classification respectively. The following shows the results of Matrix coding query to answer for Park's (2017) research question.

errors	A : possible variables/level by test period = 11	B : possible variables/level by test period = 12	환산 1	환산 2	실제 습득률
concluding sentence	2	0	100	0	100
Part of Speech	3	0	100	0	100
coherence or cubing	72	21	100	29.16666667	70.83333333
modifiers	10	3	100	30	70
Case	9	3	100	33.33333333	66.66666667
Title	9	3	100	33.33333333	66.66666667
balance among introduction, body, and conclusion	66	23	100	34.84848485	65.15151515
tense	30	12	100	40	60
parallelism	76	32	100	42.10526316	57.89473684
Connectives	75	33	100	44	56
redundancy	29	13	100	44.82758621	55.17241379
object	22	12	100	54.54545455	45.45454545
conjunction	30	17	100	56.66666667	43.33333333
style	13	8	100	61.53846154	38.46153846
premodifier	9	6	100	66.66666667	33.33333333
usage	88	59	100	67.04545455	32.95454545
voice	25	17	100	68	32

Adopted from Park's (2017) study.

9) Theorizing

As Saldana emphasizes, the ultimate goal of QI is to construct a theory from the raw data. NVivo 11's model function facilitates this process. Following table represents a conceptual framework reported in Park's (2004) study.

부록 2

참여자 시각에서 본 말하기 장애요인간의 관계도

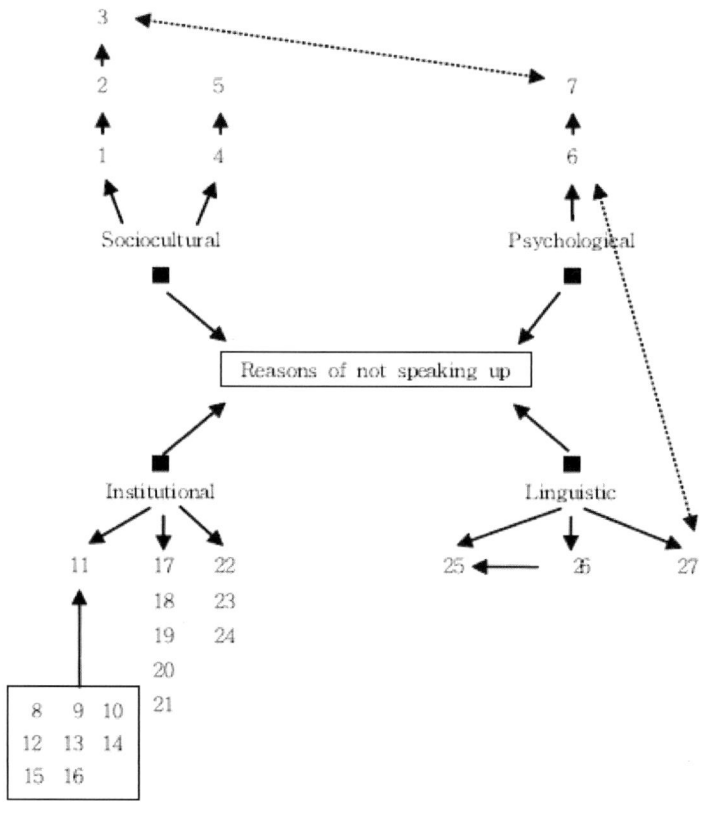

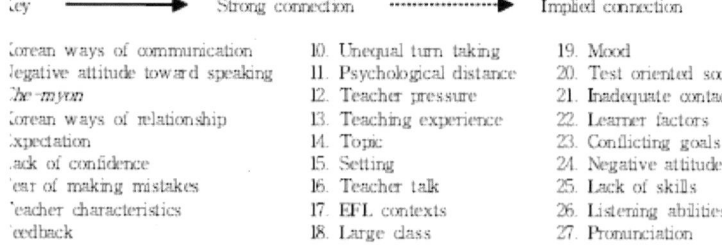

Korean ways of communication	10. Unequal turn taking	19. Mood
Negative attitude toward speaking	11. Psychological distance	20. Test oriented soc
Che-myon	12. Teacher pressure	21. Inadequate contac
Korean ways of relationship	13. Teaching experience	22. Learner factors
Expectation	14. Topic	23. Conflicting goals
Lack of confidence	15. Setting	24. Negative attitude
Fear of making mistakes	16. Teacher talk	25. Lack of skills
Teacher characteristics	17. EFL contexts	26. Listening abilities
Feedback	18. Large class	27. Pronunciation

10) Integrating quantitative and qualitative data

Having finished the speaking research on students' unwillingness to talk (Park, 2004), the researcher wondered if there exists causality between perception toward speaking and speaking attitude and speaking grades. Park's study (2004) served as a platform to pursue further inquiry. 27 dominantly appearing themes from the study became independent variables of the study, and speaking attitude and speaking grades became dependent variables of the study. Whereas the conceptual framework of Park's study can explicate the local context, the researcher wanted to create a conceptual framework that can be applicable to all Korean university students in Korea. Following diagram provides the results of Park's study (2007) using structural equation modelling technique.

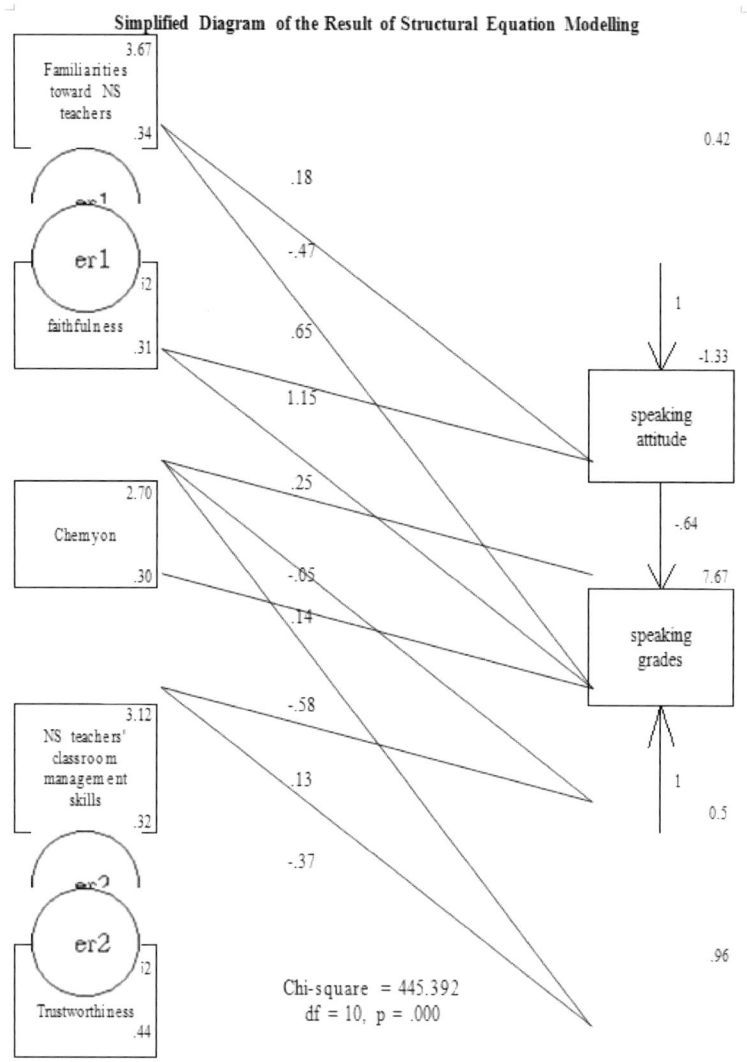

Simplified Diagram of the Result of Structural Equation Modelling

Following table addresses the statistical significance of path coefficient of the model.

TABLE 8
Statistical Significance of the Path Coefficient of the Model

Variables	Direction	Factors	Estimate	S.E.	C.R.	P
SA	<--	FTNST	0.178	0.052	3.435***	0.001
SA	<--	LF	0.647	0.054	11.93***	0
SA	<--	Che-Myon	0.246	0.056	4.416***	0
SA	<--	NSTCMS	0.136	0.054	2.542*	0.011
SA	<--	NSTT	0.128	0.046	2.785**	0.005
SG	<--	FTNST	0.586	0.197	2.98**	0.003
SG	<--	LF	-0.732	0.207	-3.54***	0
SG	<--	Che-Myon	0.114	0.213	0.536	0.592
SG	<--	NSTCMS	0.666	0.204	3.261***	0.001
SG	<--	NSTT	0.455	0.175	2.595**	0.009
SG	<--	SA	0.643	0.178	3.610***	0.000

*p<.05 **p<.01 ***p<.001

Note. SA : speaking attitudes

SG : speaking grades

FTNST: Familiarities toward NS teachers

LF: Learner faithfulness

NSTCMS: NS teachers' classroom management skills

NSTT: NS teacher's trustworthiness

According to the table, all independent and dependent variables are casually related with each other except one. That is, the relationships between Chemyon and speaking attitude and speaking grades. The results of statistical analysis indicate that Chemyon affects speaking attitude, but it does not affect speaking grades. This result do support that of qualitative study where Chemyon was the second most frequently appearing theme. Therefore, one can say that two different methods of data analysis validate the same conclusion as to Chemyon. In qualitative study, it appeared a lot, and in quantitative approach, it is found that Chemyon at least can serve as an indirect indicator affecting students' preference of speaking, if not it is a crucial variable that leads to speaking grades. The educational implication for English teachers teaching speaking is that a teacher should be patient and wait when one's students are not willing to talk in class because Chemyon does not affect their speaking. However, special attention is also needed before jumping into a harsh conclusion based solely on the results of a single study. It is no wonder to say that future studies that replicate the findings of Park's study (2007) are definitely needed.

11) Final writing up

Finally, in the writing up stage of QI, it may be extremely difficult for a researcher to decide which portion of the codings need to be represented and which should be excluded. Considering the nature of QI where themes emerge from the raw data, readers might encounter difficulty in ascertaining the real meaning of emerging pattern unless one is provided with the results of data analysis from the beginning to the end of the analytic process. Compared to a manual approach, NVivo 11 can provide a one-page summary of all the codings in a study and their hierarchies among the codings. For example, in Park's study (2004), the total number of codings was 1,434 with four major domains. There were also sub-domains under each domain. These domains were hierarchically related to each other according to the same idea units. In such a way, one could show readers the qualitative data collection process in a simple but compact manner, and thereby defend oneself from the criticism that the qualitative data collection processes are mysterious and subjective.

3. Concluding remarks

Although there misconceptions still exist in utilizing CAQDAS, as this discussion reveals, it would seem quite obvious that NVivo 11 saves time and enhances efficiency in terms of data entering, analysis, and even writing up. Rather than providing a comprehensive summary, the researcher delimited the scope of discussion to the fundamental characteristics of NVivo 11 which are new and essential in conducting a qualitative study. As is often the case with other computer-based software programs, NVivo 11 also has its drawbacks. For example, no matter how strongly the program developer claims NVivo 11's interface is user friendly, computer illiterate or unskilled researchers may feel uncomfortable about the program because of the time and effort required to learn the software. However, the same argument can also be applied to all computer-based software programs. In spite of its drawbacks, NVivo 11 still offers a great deal of potential as a research tool in overcoming the limits of manual work. One does not have to embrace innovative ways of conducting qualitative data analysis, but NVivo 11 is there to help us. After all, the choice falls into a specific researcher's research context whether the scale of research is small or large. Saldana (2011) advised that CAQDAS may not be a very helpful tool for a small-scale researchers. He also recommends that a novice qualitative researcher works manually or "by hand" for one's first project, so one can focus exclusively on the data and not on the software.

Works cited

Auerbach, C. F., & Silverstein, L. B. (2003). *Qualitative data: An introduction to coding and analysis*. NY: New York University Press.

Ball, S. j. (1990). Self-doubt and soft data: social and technical trajectories in ethnographic fieldwork. *International Journal of Qualitative Studies in Education, 3*(2), 157-171. doi:10.1080/0951839900030204.

Berg, B. L. (2001). *Qualitative research methods for the social sciences*. Boston: Allyn and Bacon.

Bloomberg, L. D. & Volpe, M. F. (2012). Completing Your Qualitative Dissertation: A Roadmap From Beginning to End. Thousand Oaks, CA: Sage.

Boyatzis, R. E. (1998). *Transforming qualitative information: Thematic analysis and code development*. Thousand Oaks, CA: Sage.

Charmaz, K. (Ed.) (2002). *Qualitative interviewing and grounded theory analysis*. CA: Sage.

Corbin, J., & A., S. (2008). *Basics of qualitative research: Techniques and procedures for developing grounded theory*. CA: Thousand Oaks.

Duff, P. A. (2008). *Case study research in applied linguistics*: New York, NY.

Edge, J., & Richards, K. (1998). May I see your warrant, please?:

Justifying outcomes in qualitative research. *Applied linguistics, 19*(3), 334-356.

Ellingson, L. L. (2009). *Engaging crystallization in qualitative research: An introduction*. Thousand Oaks, CA: Sage.

Feldman, M. S. (1995). *Strtegies for interpreting qualitative data*. Thousand Oaks, CA: Sage.

Flick, U. (2002). *An introduction to qualitative research* London: Sage.

Geertz, C. (Ed.) (1973). *Thick description: Toward an interpretive theory of culture*. New York: Basic Books.

Goffman, E. (1959). *The presentation of self in everyday life*. NY: Anchor Books.

Hadara, P. (2003). Exploring the written feedback dialogue: a research, learning and teaching practice *Language teaching research, 7*(2).

Hager, L., Maier, B. J., O'Hara, E., Ott, D., & Saldana, J. (2000). Theatre teachers' perceptions of Arizona state standards. *Youth Theatre Journal, 14*, 64-77.

Hall, G. (2008). An ethnographic diary study. *ELT Journal, 62*(2), 113-122.

Holliday, A. (2002). *Doing and writing qualitative research*: Thousand Oaks: Sage.

Kibby, M. W. (1994). *Educational statistics makes it easy*. Buffalo, NY.

LeCompte, M. D., & Preissle, J. (1993). *Ethnography and qualitative design in educational research*. San Diego: Academic Press.

Lincoln, Y. S., & Guba, E. G. (1985). *Naturalistic Inquiry*. London, UK: Sage.

Miles, M. B., & Huberman, A. M. (1994). *Qualitative data analysis*. Thousand Oaks: CA.

Park, C. (2000). Peer pressure and learning to speak English: Voices from the selected learners. *English Teaching, 55*(4), 231-268.

Park, C. (2004). When are Korean students ready to talk?. *English Language Teaching, 16*(2), 209-245.

Park, C. (2006). *Understanding qualitative research: Learning by doing* Seoul: Hankookmunwhasa.

Park, C. (2007). A Path to Speaking Excellence: Exploring the causes and effects among speaking barriers. *English Language Teaching, 13*(1), 87-110.

Park, C. (2011a). Effects of feedback types on writing accuracy, fluency, and complexity. *English Language & Literature Teaching, 17*(4), 207-227.

Park, C. (2011b). The Impact of Sociocultural Constraints on the Process and Product of Language Learning. *Journal of North-East Cultures 27*, 231-251.

Park, C. (2016). A critical review on the articles published in STEM Journal for the last fifteen years: Exclusively focusing on case and experimental studies. *STEM Journal, 17*(4), 177-204.

Park, C. (2017). *The effects of written corrective feedback mode and time on the different levels of learners.* Paper presented at the teaching and learning English via multimedia, Jinju Gyeonsang University.

Patton, M. Q. (2005). *Qualitative Research Encyclopedia of Statistics in Behavioral Science*: John Wiley & Sons, Ltd.

Richards, K. (2003). Qualitative inquiry in TESOL: NY: Macmillan.

Saldaña, J. (2009). *The coding manual for qualitative researchers*: London: Sage.

Saldaña, J. (2011). *Fundamentals of qualitative research*: OUP USA.

Seidman, I. (2006). *Interviewing as qualitative research: A guide for researchers in education and social sciences*: NY, Teachers College.

Spradley, J. (1979). *The ethnographic interview.* NY: Harcourt Brace Jovanovich College Publishers.

Strauss, A. L. (1987). *Qualitative analysis for social scientists.* Cambridge: Cambridge University Press.

Van Lier, L. (1988). *The classroom and the language learner.* London: Longman.

Wolcott, H. F. (1994). Transforming qualitative data : description, analysis, and interpretation: Thousand Oaks, Calif.:Sage.

Wolcott, H. F. (2003). *Teachers versus technocrats: An educational innovation in anthropological perspective.* Walnut Creek, CA: AltaMira Press.

Yeldham, M. (2016). Second Language Listening Instruction: Comparing a Strategies-Based Approach With an Interactive, Strategies/Bottom-Up Skills Approach. *TESOL Quarterly, 50*(2), 394-420. doi: doi:10.1002 /tesq.233.

제 3 장

NVivo를 활용한 논문
문헌조사 정리 및 글쓰기

1. 들어가는 말

　본 장에서는 먼저 문헌조사 과정에 대해 도식화된 그림을 중심으로 살펴 보고, 원활한 선행 논문 자료 정리를 위하여, 그림파일을 문서 파일로 변환하는 작업에 대해서 논해 보기로 하자. 다음으로 NVivo 11과 관련해 실전으로 들어가서, NVivo 11의 어떤 기능을 활용했을 때 문헌 조사 및 정리 작업이 최적의 결과를 낳을 수 있을지에 대해 구체적인 사례를 들어가면서 시연하도록 하겠다. 본서의 주된 관심이 NVivo 11 뿐만 아니라 논문 참고 문헌자료 수집 소프트웨어와의 연계에 있다는 점에서 볼 때, 시장 점유율이 매우 높은 EndNote와 Zotero에 초점을 두고 어떻게 이러한 프로그램을 NVivo 11과 구동을 해서 논문 자료 정리 작업을 할 수 있는지에 대해 알아보도록 하자. 먼저 EndNote와 구동하는 경우와 다음으로 Zotero와 연동하는 방안에 대해 살펴보도록 하겠다.

2. 문헌조사 과정 개관 및 그림 파일을 문서로 변환하기

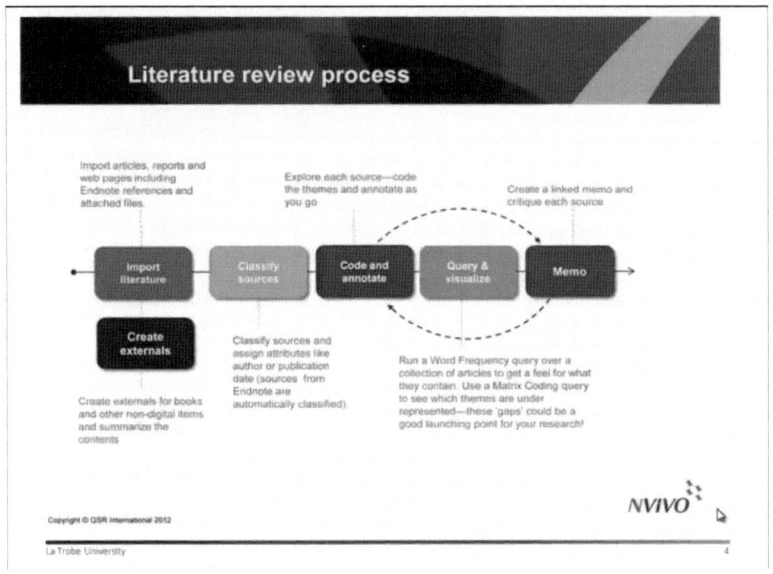

QSR International에서는 NVivo를 사용하여 문헌조사를 하는 과정을 위와 같이 도식화 하여 정리를 해주고 있다. QSR에 따르면, 전체 과정에서 첫 번째는, 문헌조사에서 사용할 모든 소스에 대한 정보를 모두 불러오는 것이다. Pdf로 된 보고서나 웹 사이트와 같은 소스는 수작업으로 불러오고 첨부된 파일을 포함한 자신만의 EndNote 도서관으로 불러 올 수도 있다. 책과 같이 상세한 내용을 연구자가 알고 있는 항목의 경우에는 External 폴더를 만들고 주요한 내용을 요약 할 수 있다. 두 번째로, 소스를 분류하고 소스에 관해 세부적인 정보가 있는 속성을 분류한다. EndNode에서 소스를 불러오면, 저자, 년도, 저널 등으로 자동으로 분류가 된다. 새로운 속성을 만들고 여기에 맞게 소스도 분류를 할 수 있다. 예를 들면, 읽고 있는 소스의 이론적 토대로 사용한

정보를 기록을 할 수도 있다. 이러한 정보는 주제 간의 관계를 분석할 때 사용 할 수도 있고, 소스를 불러오거나 만들면, 주제나 이론을 찾기 위한 코딩을 시작할 수 있다. 다루려는 주제나 이론에 따라 서로 다른 소스에서 나오는 증거를 그룹화 하는 노드를 만들게 된다. 연구를 진행함에 따라 주석을 다는 작업을 할 때도 있다. 다시 말하면, 연구자가 읽는 논문의 각 소스마다 논평을 달고 링크를 생성하는 것이다. 마지막으로 코딩을 하는데 있어 도움이 되는 여러 가지 검색을 실행 할 수도 있고 주제에 관해 관계를 탐구 할 수도 있다. 예를 들면, 무슨 내용이 있는지에 대한 느낌을 파악하고 강독에 집중하기 위해 선택한 소스에 대한 단어 빈도 검색을 할 수도 있다. 적절한 내용을 찾기 위해 텍스트 검색을 하고 동시에 코딩을 할 수도 있다. 코딩 검색은 주제의 결합에 적절한 소스의 내용을 찾아준다. 예를 들면, 주제에 대한 내용을 만들고 동시에 matrix coding query는 이러한 주제가 어떻게 나타나는지를 보여준다. 이러한 기능은 주제를 비교하고 연구자의 전공 분야에서 선행연구에서 주목하지 못한 내용이 무엇인지를 찾아주기도 한다. 연구자가 연구를 수행하는데 있어, 전술한 NVivo의 여러 가지 기능은 연구자에게 좋은 출발점을 제공 할 것이다.

그런데, 한글 사용자의 경우 다양한 종류의 PDF 파일을 다루는 과정에서 한 가지 유용한 팁을 소개하겠다. PDF 파일은 그림과 문서로 나누어지는데 문서일 경우는 복사, 자르기, 및 붙이기가 가능하나, 그림 파일인 경우 이 작업이 불가능하고 따라서 NVivo에서 검색이나 코딩 작업을 할 수가 없다. 이것은 한글만의 경우가 아니라 영어일 경우에도 마찬가지인데 별도의 변환작업을 거쳐야만 그림파일을 문서 파일로 전환 할 수가 있다. 여기에 대해서 알아보도록 하자. 다음 페이지에 나오는 글은 영어교육 학회에 발표가 된 논문의 예이다. 이 논문은 확장자가 jpg 이어서 자르기, 복사하기, 붙이기 작업이 불가능한 문서 한 페이지 전체가 그림이다. 이 그림을 문서로 바꾸려면, **Abbyy**라는 별도의 프로그램이 있어야만 가능한데 그 변환 과정을 시연해 보도록 하겠다.

3. 어휘다발 분석을 위한 어구색인 프로그램

외국어교육 분야에서 코퍼스의 수집과 코퍼스 분석 연구의 팽창으로 다양한 어구색인 프로그램이 개발되었으며 많은 응용언어학자와 영어교육학자가 연구와 교수에 어구색인 프로그램을 사용하고 있다(부록 참고). 코퍼스 언어학에서 주로 사용되고 있는 어구색인 프로그램으로는 MonoConc Pro, WordSmith, AntConc, SARA(SGML Aware Retrieval Application), XAIRA(XML Aware Indexing and Retrieval Architecture), ICECUP(ICE Corpus Utility Program) 등을 들 수 있다. 코퍼스 분석에는 그 형태와 연구 목적에 따라서 다양한 종류의 어구색인 프로그램이 사용되고 있는데 본 논문에서는 특히 어휘 연구 중에서 어휘다발 분석을 위한 어구색인 프로그램을 선정하여 소개하고 비교하고자 한다.

1) 어휘다발 분석을 위한 어구색인 프로그램의 선별 기준

본 논문에서 소개할 어휘다발 연구를 위한 코퍼스 어구색인 프로그램은 다음과 같은 기준으로 선별되었다. 첫째, 코퍼스 연구에서 사용할 수 있는 여러 가지 어구색인 프로그램 중 연구자가 수집한 코퍼스 파일을 직접 분석할 수 있는 소프트웨어를 선정하였다. 즉, 본 논문에서 비교할 어구색인 프로그램은 특정 코퍼스가 아니라 일반적인 아스키(ascii) 형식으로 된 파일을 분석할 수 있는 프로그램으로 한정시켰다. 따라서 ICECUP(ICE Corpus Unitility Program)과 같이 ICE-GB의 데이터만을 분석할 수 있도록 프로그램 되어 있는 소프트웨어는 본 연구의 분석대상에서 제외되었다.

둘째, 다양한 어구색인 프로그램 가운데 어휘다발 분석이 가능한 소프트웨어에 중점을 두었다. 따라서 일반적으로 많이 사용하고 있지만 어휘다발 분석이 불가능한 MonoConc Pro와 같은 프로그램은 본 연구에서 제외되었다. 셋째, 사용자 용이성과 어휘다발을 비교적 쉽게 변별할 수 있는 효율성이라는 관점에서 프로그램이 선정되었다. 사용자 용이성은 프로그램 인터페이스에서 사용의 용이성을 의미하고 효율성은 어휘다발의 조합을 추출해 내는 기능에 대한 평가를 의미한다.[2] 마지막으로, 실제 교육 환경에서의 사용 가능성을 염두에 두고 비용의 적정성을 고려하여 무료로 사용 가

---

2) 사용의 용이성은 특정 인터페이스의 익숙함의 정도 또는 프로그램의 직관성과 같은 다양한 기준이 사용될 수 있다. 본 연구에서 사용한 사용자 용이성의 판단기준은 사용자가 어휘다발과 같은 요소를 쉽게 찾고 사용하며 그 요소로부터 명확하게 의도한 결과를 얻을 수 있는지 여부이다.

먼저, 연구자의 컴퓨터 바탕화면에서 **Abbyy** 프로그램을 두 번 클릭

아래와 같이 작업 창이 뜨면, 파일(PDF/이미지)을 Microsoft Word로 변환 두 번 클릭

연구자의 컴퓨터에서 jpg 파일을 찾아 보았다.

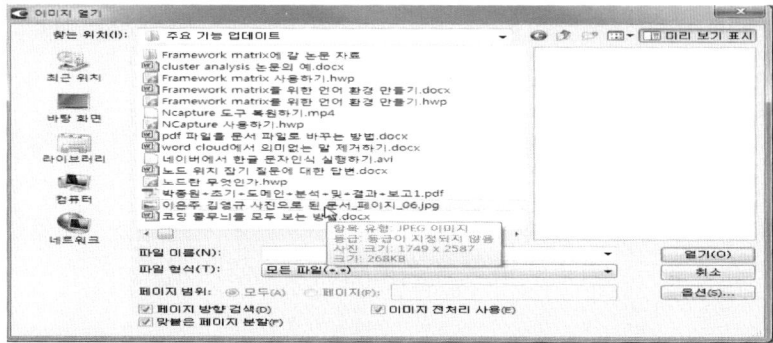

열기를 클릭

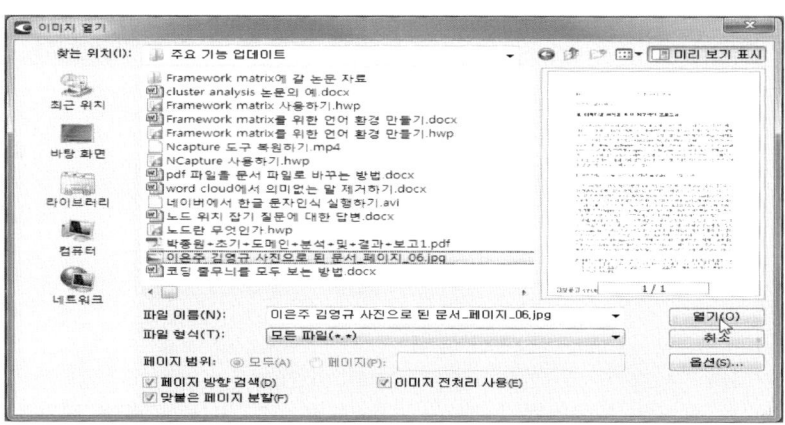

아래와 같이 문서를 인식하는 중 표시 창이 뜬다.

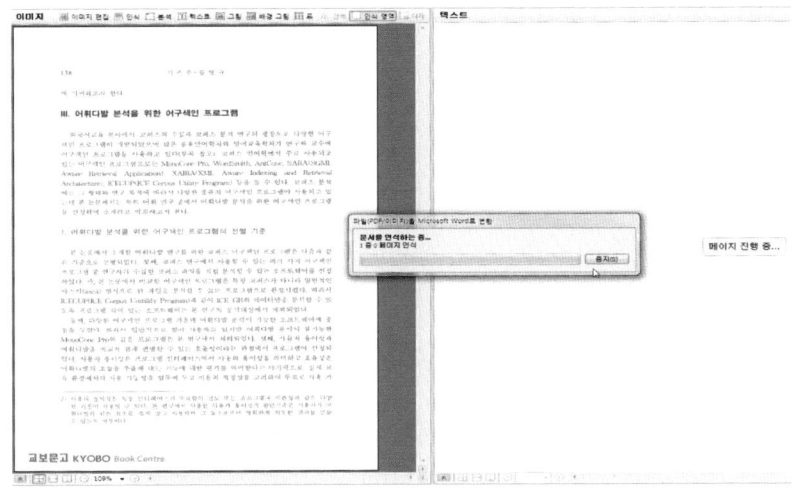

아래는 최종 인식 결과를 보여주고 있다.

어휘다발 분석을 위한 어구색인 프로그램

외국어교육 분야에서 코퍼스의 수집과 코퍼스 분석 연구의 팽창으로 다양한 어구 색인 프로그램이 개발되었으며 많은 응용언어학자와 영어교육학자가 연구와 교수에 어구색인 프로그램을 사용하고 있다(부록 참고). 코퍼스 언어학에서 주로 사용되고 있는 어구색인 프로그램으로는 MonoConc Pro, WordSmith, AntConc, SARA(SGML Aware Retrieval Application), XAIRA(XML Aware Indexing and Retrieval Architecture), ICECUKICE Corpus Utility Program) 등을

들 수 있다. 코퍼스 분석 에는 그 형태와 연구 목적에 따라서 다양한
종류의 어구색인 프로그램이 사용되고 있는데 본 논문에서는 특히
어휘 연구 중에서 어휘다발 분석을 위한 어구색인 프로그램을 선정
하여 소개하고 비교하고자 한다.

1) 어휘다발 분석을 위한 어구색인 프로그램의 선별 기준

본 논문에서 소개할 어휘다발 연구를 위한 코퍼스 어구색인 프로
그램은 다음과 같은 기준으로 선별되었다. 첫째, 코퍼스 연구에서
사용할 수 있는 여러 가지 어구색인 프로그램 중 연구자가 수집한
코퍼스 파일을 직접 분석할 수 있는 소프트웨어를 선정 하였다. 즉,
본 논문에서 비교할 어구색인 프로그램은 특정 코퍼스가 아니라 일
반적인 아스키(ascii) 형식으로 된 파일을 분석할 수 있는 프로그램
으로 한정시켰다. 따라서 ICECUKICE Corpus Unitility Program)과
같이 ICE-GB의 데이터만을 분석할 수 있도록 프로그램 되어 있는
소프트웨어는 본 연구의 분석대상에서 제외되었다. 둘째, 다양한 어
구색인 프로그램 가운데 어휘다발 분석이 가능한 소프트웨어에 중
점을 두었다. 따라서 일반적으로 많이 사용하고 있지만 어휘다발
분석이 불가능한 MonoConc Pro와 같은 프로그램은 본 연구에서
제외되었다. 셋째, 사용자 용이성과 어휘 다발을 비교적 쉽게 변별
할 수 있는 효율성이라는 관점에서 프로그램이 선정 되었다. 사용
자 용이성은 프로그램 인터페이스에서 사용의 용이성을 의미하고
효율성은 어휘다발의 조합을 추출해 내는 기능에 대한 평가를 의미
한다.[2] 마지막으로, 실제 교육 환경에서의 사용 가능성을 염두에 두

고 비용의 적정성을 고려하여 무료로 사용 가능하다. 사용의 용이성은 특정 인터페이스의 익숙함의 정도 또는 프로그램의 직관성과 같은 다양 한 기준이 사용될 수 있다. 본 연구에서 사용한 사용자 용이성의 판단기준은 사용자가 어휘 다발과 같은 요소를 쉽게 찾고 사용하며 그 요소로부터 명확하게 의도한 결과를 얻을 수 있는지 여부이다.

앞에 먼저 나온 문서와 비교해 볼 때, 안정적인 인식률을 보여주고 있는 것을 알 수가 있다. 물론 네이버에서 이러한 서비스를 제공해 주고 있긴 하나(2017 년 2 월 20 일 기준) 한 회에 한 페이지 밖에 제공되지 않으나, Abbyy 의 경우 한 회에 50 페이지까지 서비스가 제공되니 방대한 양의 구조가 잡히지 않은 문서를 구조를 잡으려는 연구자에게는 없어서는 안 될 도구라고 할 수 있다. 또한 적용되는 언어의 범위도 한글이나 영어뿐만 아니라 전 세계에서 사용되는 언어가 모두 문서 변환 작업이 가능하며, 인공언어, 형식언어, 그리고 사용자 언어로 지정도 가능하다.

4. NVivo 10이 EndNote를 만날 때

논문 선행 연구 조사 및 관리를 효율적으로 관리하기 위하여 NVivo 10 10과 Endnote를 통합하여 활용하는 방안에 대해 토의해 보도록 하자. 논문 선행 연구를 수행해온 학자, 이제 막 처음으로 연구를 시작하는 초보 연구자, 또는 새로운 내용을 추가하려는 사람이라면 누구라도 논문 관련 선행연구에 대해 구조를 잘 잡기를 원하거나 또는 EndNote로 이제 막 작업을 시작하고 다음 단계가 무엇인지에 대해 생각하고 있을 것이다. 이러한 과정을 수행하는 동안 엄청나게 많은 양의 정보를 접하게 될 것이다. 저자가 박사 학위 논문을 쓸 때, 이러한 방대한 양의 정보를 구조화하고 접근을 용이하게 하는 방법이 절실하게 필요하였다. 추적해야 할 정보가 너무 많았고, 잘하고 있는 건지, 놓친 것은 없는지…. 이러한 일련의 생각을 존중해왔고 이제 문헌조사, 정리, 및 글쓰기에서 무엇을 해야 할지에 대해서 어느 정도 감을 잡게 되었는데, 이러한 저자의 경험을 독자들과 공유할 필요가 있다고 생각하게 되었다.

논문 작업 관련해서 Endnote의 cite while you write 기능은 논문 관련 자료를 효과적으로 구조화 시켜 주고, 인구 통계학적 정보를 접근 가능하게 해주고, 최종 논문 보고에 소스를 포함시켜 준다. 그런데, 다양한 소스간의 관계를 포착하기를 원하거나 피드백을 받기 위해 동료와 정보를 교환해야 한다면 어떻게 해야 할 것인가? 소스가 있는 방안의 벽 전체에 노드를 게시하고 연결하는 줄이 매달려 있는 방으로 동료를 초대 할 수도 있겠으나, 이러한 방대한 양의 자료를 전자 메일로 보낼 수 있는 파일 형식으로 변환을 해서 보낼 수 있다면 이 방법이 더 낳지 않을까?

NVivo 10에서 연결 찾기 도움을 받고 싶다면, 소스 코드를 쉽게 구조화하고, 정보를 태그를 하고, 연결을 식별하도록 도와주는 검색이나 다른 도구를 사용 하고 소스 간 공통점과 차이점을 찾아 볼 수도 있다.

따라서 Endnote는 적절한 리소스를 찾고, 인구 통계학적 논문 정보와 PDF를 다운로드하고, reference를 구조화하고, 인용이나 참고 문헌을 만들고, 연구자의 도서관을 다른 연구자들과 공유하는 것을 도와준다. NVivo은 자료 내 고 빈도로 사용된 언어를 식별하고, 다양한 리소스에 나오는 키워드를 찾아주고, 중요 주제나 개념을 코딩하고, 연구자의 생각이나 통찰력을 추적하고 저자나 주제 별로 정보를 쉽게 볼 수 있게 전시를 해 준다.

궁극적으로는 적은 노력으로 양질의 결과를 제공 받고, 기억의 의존도를 줄이고, 중요한 자료를 놓치지 않게 해준다. 연구자의 경험으로는 나이를 먹을수록 연구자 자신이 기억에 의존하는 것만이 최선은 아니라는 것을 알게 되었다. 이외에도 NVivo은 소스에서 프레임웍을 만들어 볼 수가 있다. 독자가 반드시 기억해야 할 것은 독자의 아이디어가 어디에서 온 것인지, 자료에서부터 온 아이디어는 무엇인지에 대해 항상 자각하고 있어야만 논문 발간 후에 표절 시비에 말려들지 않는다는 사실이다. 교육 전공자들은 특히 유념해야 하겠지만, 학자의 학문적 명성을 지킨다는 차원에서 모든 학문 분야에서 표절에 대한 위험성은 절대로 간과해서는 안 될 것이다.

지금부터는 EndNote에서 NVivo 10으로 정보 이동하기, 논문 관련 문헌코딩과 태깅, 텍스트 검색을 통한 논문 관련 문헌 탐구하기, 논문 글쓰기를 위한 자료의 글쓰기에 대해서 공부 해 보도록 하자. 저자는 본서에서 NVivo 10과 EndNote x7을 구동해서 사용 할 것이고 예시로 사용할 것은 저자가 그 동안 모았던 당뇨 관리의 개념에 대한 일련의 논문이다.

1) EndNote에서 NVivo 10으로 정보 이동하기

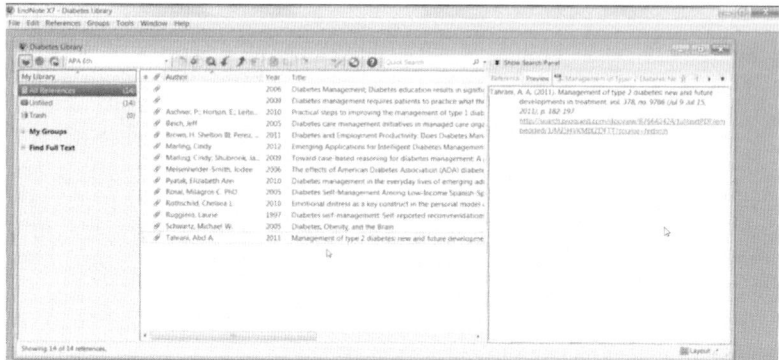

어떤 주제의 논문이라도 상관이 없고, 독자가 단지 정책에 대한 진술을 담은 논문을 찾을 경우, 관련 자료를 모아서 저자와 같은 방법으로 사용 할 수 있을 것이다. 저자가 EndNote를 이용하여 모은 자료를 독자와 공유하고 이 자료를 NVivo 10으로 불러와서 다음 단계의 작업을 하는 것을 시연하려고 한다. 저자는 EndNote에서 내보내기를 하고 NVivo 10으로 불러오려고 하는데, 여기서 가장 매력적인 점은 저자가 선택을 할 수 있다는 점이다.

아래의 논문 전체를 선택해 보자. My Library > All references를
클릭

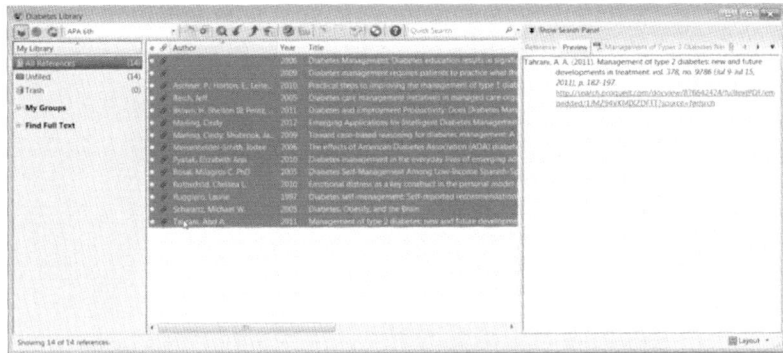

EndNote에서는 파일로 가서 내보내기를 할 수가 있다. File >
Export > Export를 클릭

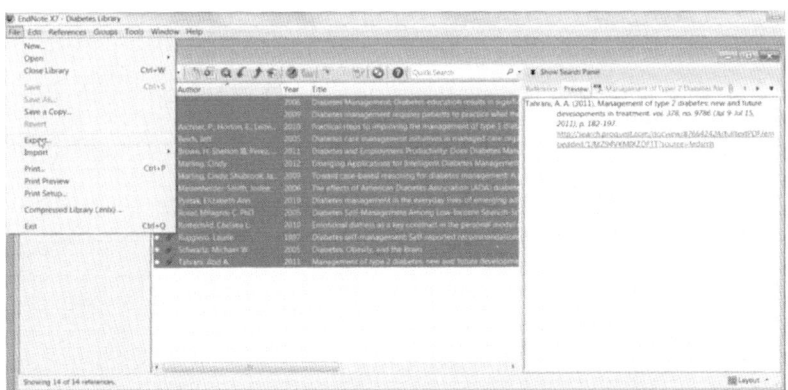

EndNote에서 내보내려는 파일의 Output style을 XML로 정한다.

Export file name > Save as type > XML

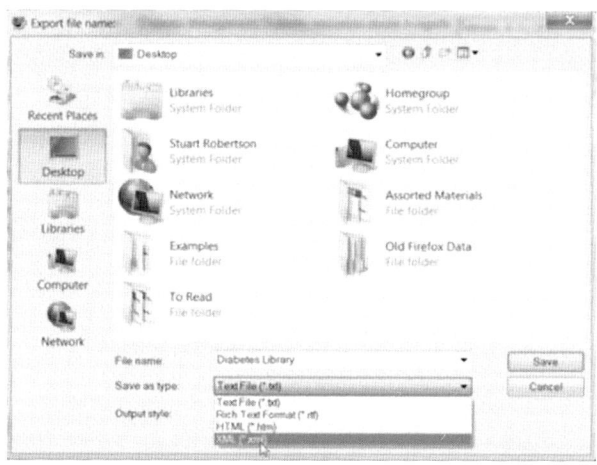

File name > Diabetes Library를 입력

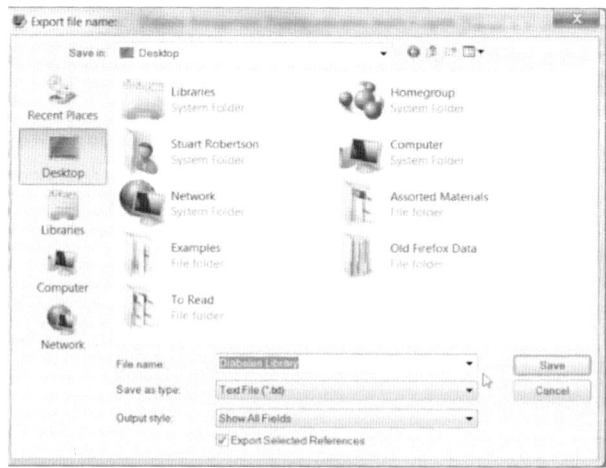

Export file name > Output style > Show all fields를 선택 > Save를
클릭

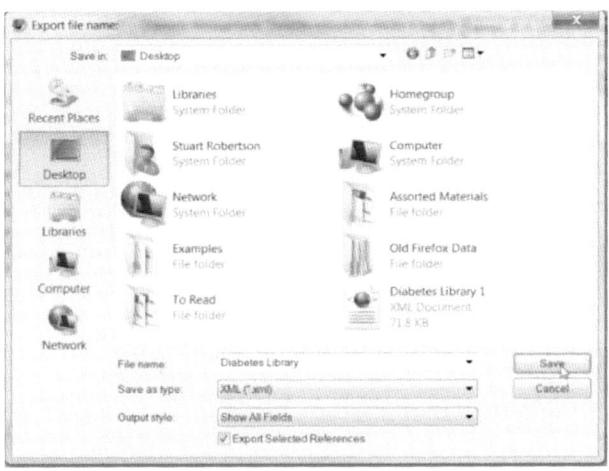

EndNote에서 NVivo 10으로 이동을 한다.

새로운 프로젝트를 만들고 이름을 넣어 주는 연습을 해 보자.

NVivo 10 시작 창에서 New Project 선택

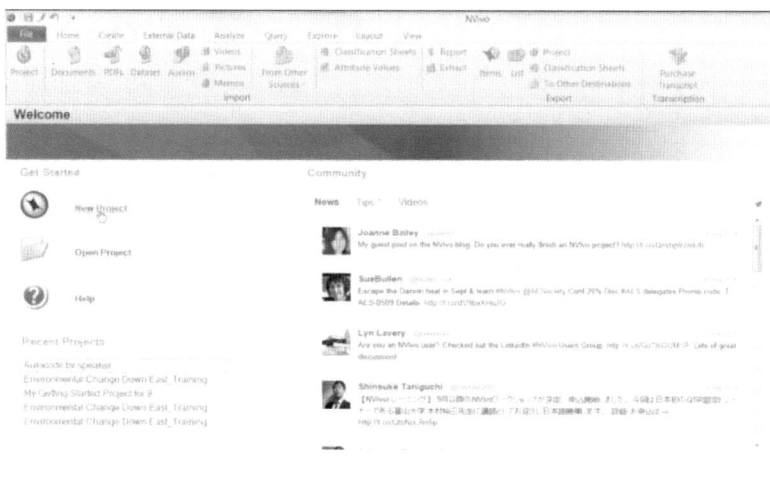

New Project > My Lit Review Project 입력 > OK를 클릭

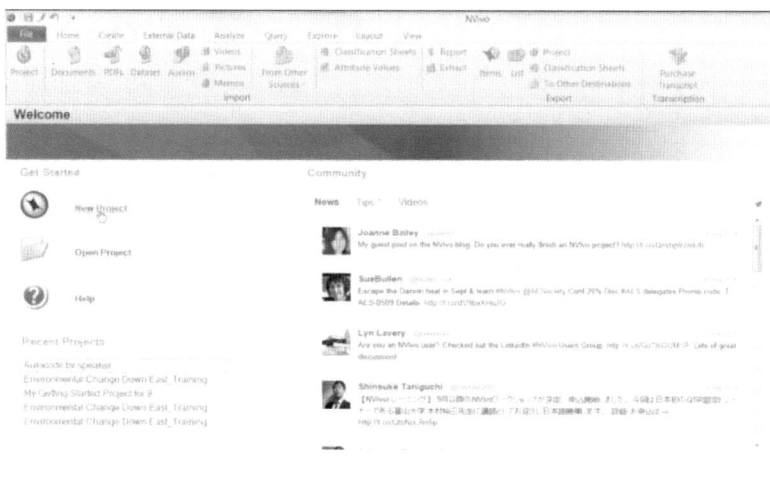

NVivo은 프로젝트 파일을 만들고 모든 정보가 단일 파일로 저장이 된다.

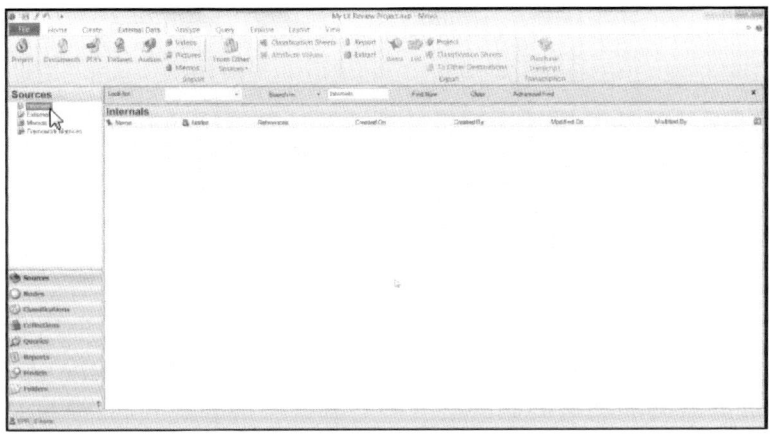

크기나 정보의 양이나 문헌에 따라 NVivo 10으로 불러오는 프로젝트는 internals 에 저장이 된다. 작업을 하는 문헌 정보의 양이나 크기에 따라 원하면 하부 폴더를 만들 수도 있다. 여기서는 모든 것을 internals 폴더에 담아 두도록 하자. Navigation view 옆의 열린 공간에서 마우스의 오른쪽을 클릭하고 불러오기 옵션을 사용 할 수 있다.

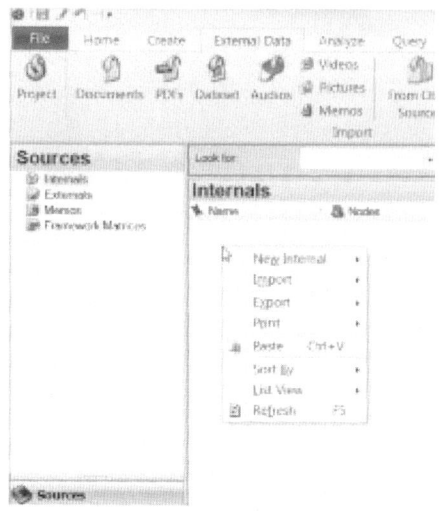

이 경우에 EndNote로부터 불러오기를 할 수 있다.

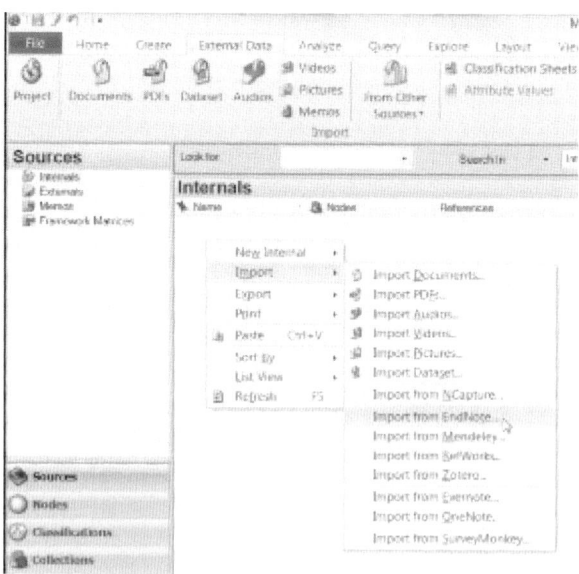

Import Other Sources > From Endnote를 선택

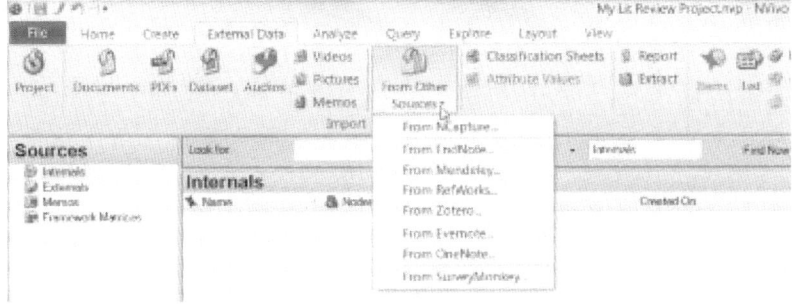

연구자의 데스크 탑에서 Diabetes Library를 선택 > Open을 클릭

Name sources by Title 또는 Author and Year 둘 중에서

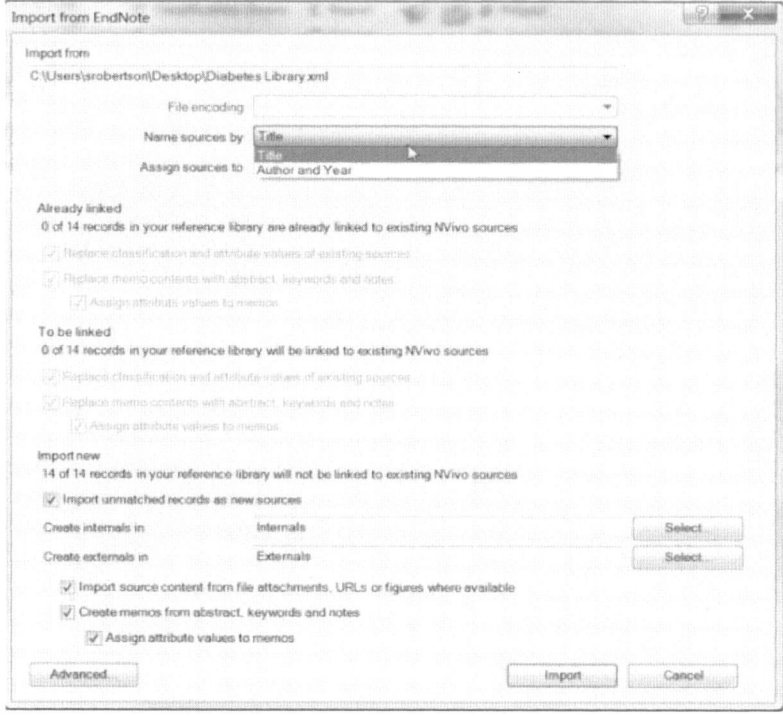

Author and Year를 선택한다.

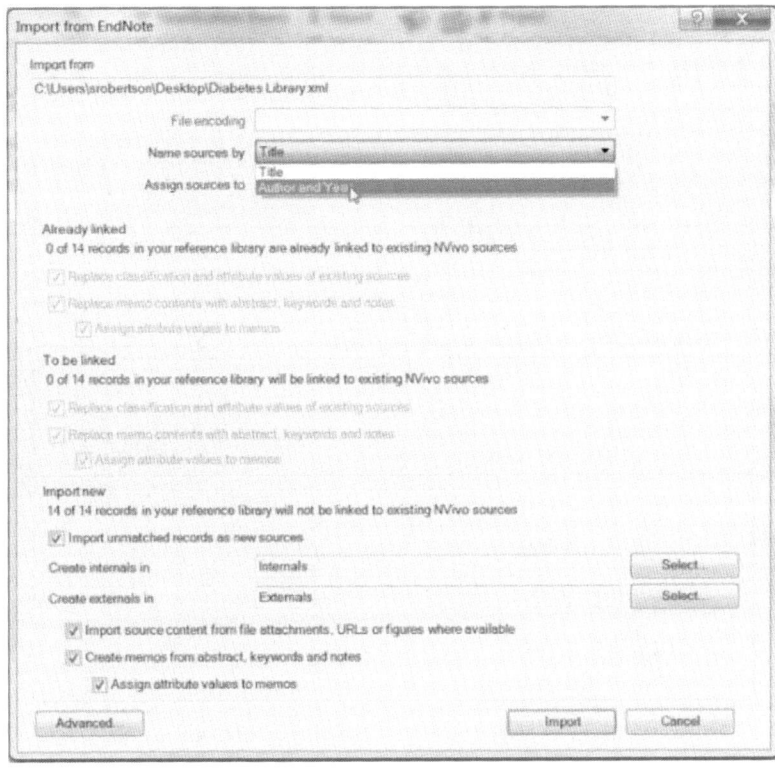

여기서는 저자와 연도를 선택하는데 그 이유는 조금 있다가 설명
을 하도록 하겠다. 개인적인 선택이며 논리적 근거는 나중에 설명하
도록 하겠다.

Assign sources to는 A single classification (Reference), Different classifications based on record type 둘 중 하나를 선택을 할 수 있다. 여기서 말하는 서로 다른 분류는 저널 페이퍼, 논문, 전자 저널, 또는 진행하는 작업에 적절한 모든 다른 분류를 만들 수도 있다.

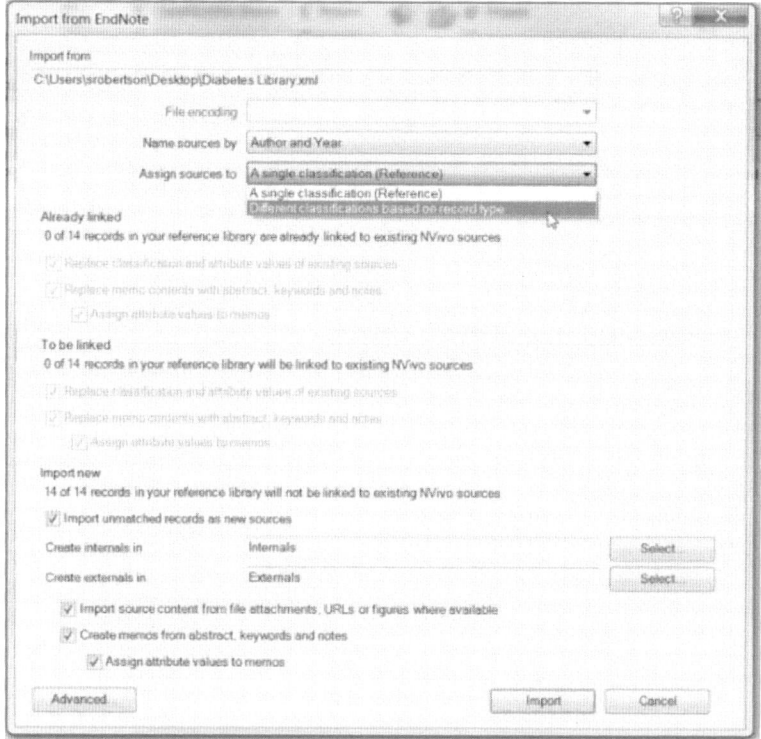

Import를 클릭

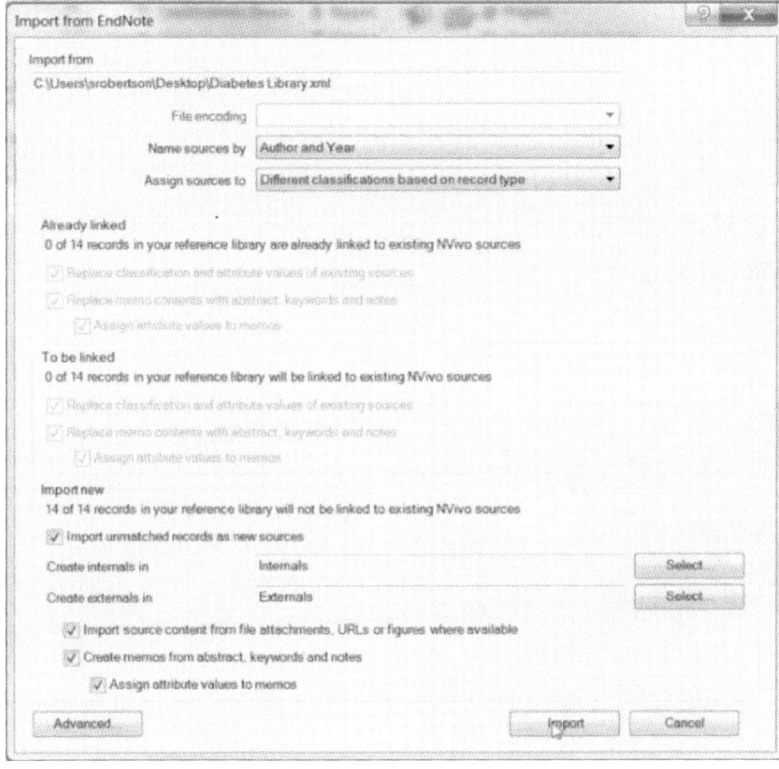

End Note에 PDF가 첨부된 경우 PDF도 같이 불러 올 수가 있다.

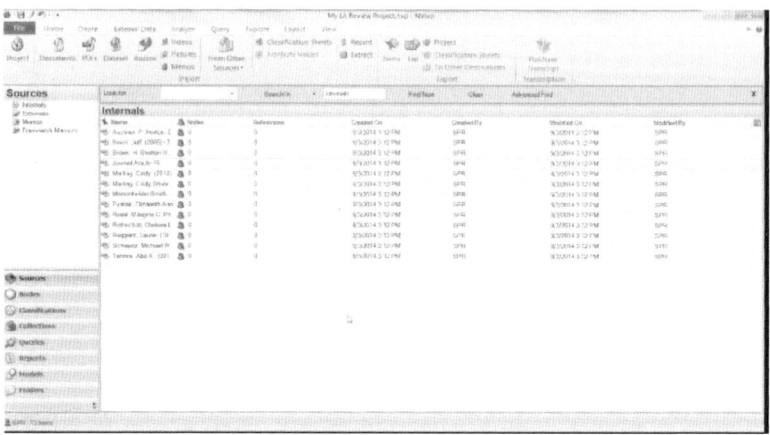

선택한 문서는 PDF가 첨부된 문서이다.

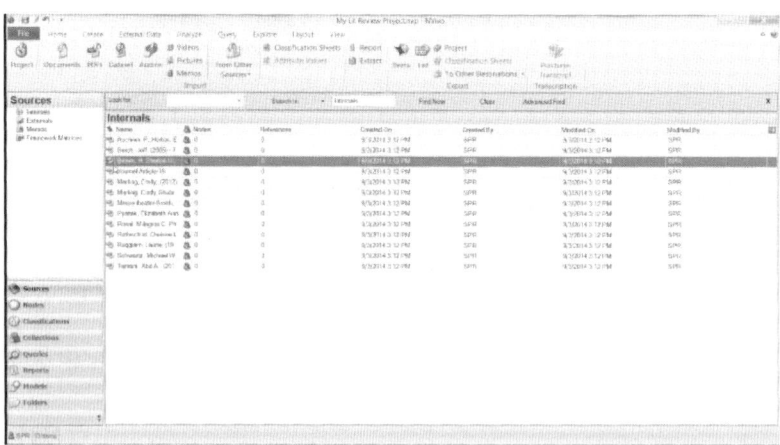

열어 보면 프로젝트 안에 아래와 같이 PDF 문서가 있는 것을 알
수 있다.

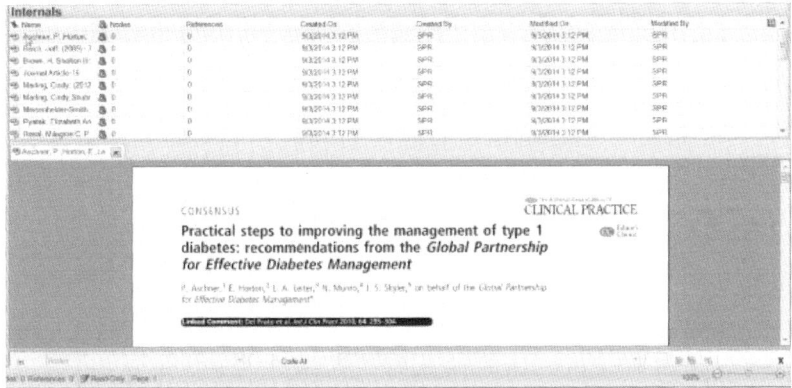

PDF 문서가 가능 하지 않을 경우 정보를 externals folder에 저장
을 할 수도 있다.

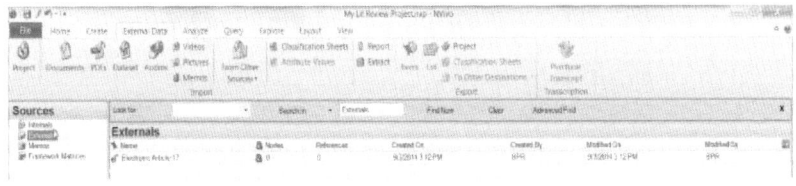

여기에 대해 NVivo은 공문서를 만들어 준다.

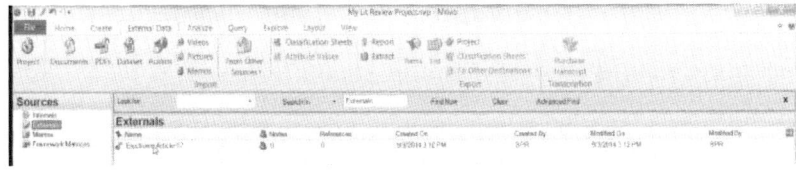

아래의 대행 문서를 볼 수 있다.

프로젝트 안에 소스가 없기는 하나 노트를 할 수가 있다. 다른 유형의 자료와 마찬가지로 노트를 작성하고 노트를 원래 코드로 다시 돌리기도 한다. 메모 생성을 하기도 하는데 메모 문서 중에 하나를 열어 보도록 하자.

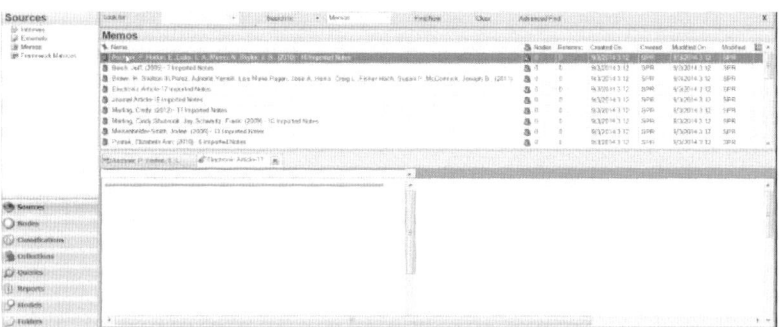

논문 초록과 같은 정보가 있으면 다운로드를 받을 수가 있다.

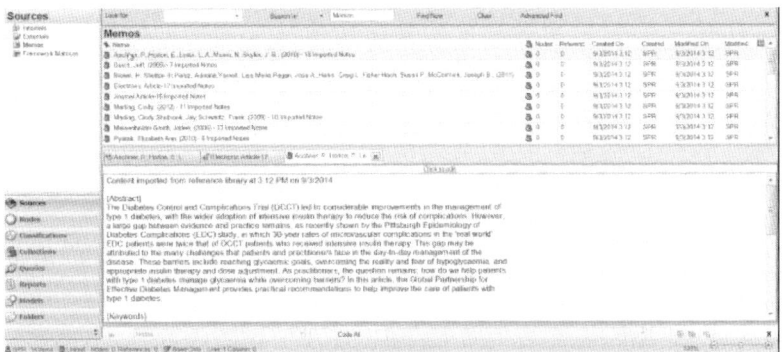

노트를 작성하면 그 내용이 저장이 되고 다시 작업을 할 필요가 없다. 이 내용은 메모 안에 있고 여기서 연구자는 아이디어를 떠올리고 이것을 기록하는 것이다.

이 경우는 파일에 PDF 파일이 첨부가 되어있기 때문에 읽기가 가능하고 따라서 텍스트에 하이라이트를 할 수 있다.

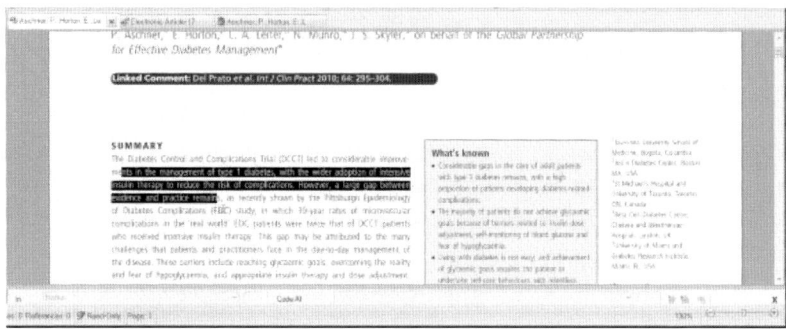

PDF와 생성한 메모 이외에도 Source Classification이 있다. Sources > PDF Properties의 오른쪽을 클릭

NVivo 10 자질 중에서 불러오기를 할 때, 초록이 있으면 250 단어까지 캡쳐를 하고 서술 지역에 위치에 초록 내용을 넣어준다.

또한 분류를 하기도 하는데 이 경우에는 저널이고

EndNote 파일 필드가 NVivo 10내에 들어와 있는 것을 아래와 같이 볼 수가 있다. 후에 찾기 기능을 사용하면 과거 특정한 시점에 작성된 논문을 찾을 수가 있다.

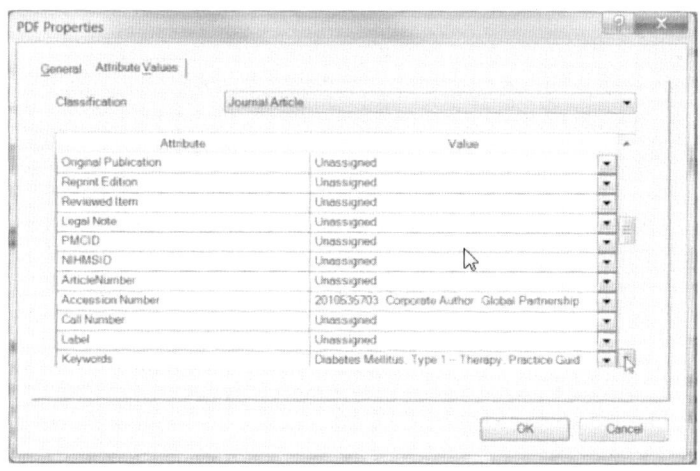

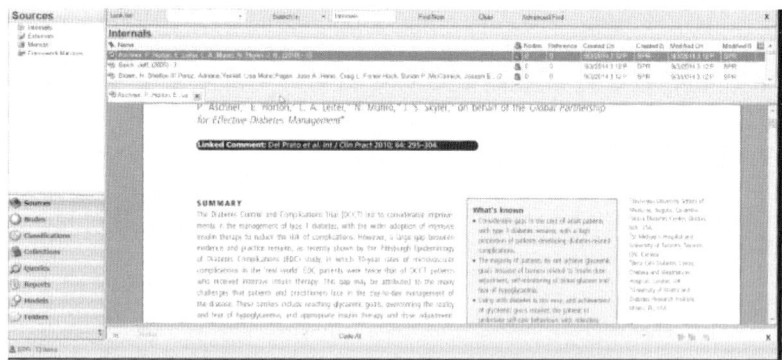

NVivo 10으로 정보를 불러오면 작업을 시작 할 수가 있다. 작업 방식을 정하는 것은 프로젝트를 어떻게 접근 할 것인가와 같은 스타일의 문제이다. 우리에게는 정해진 시간이 있다. 결국 많은 양의 논문을 읽어 나가고 이러한 정보를 어떻게 구조를 잡아 주고 나중에 여기에 대해 어떤 의미를 부여 할 것인가의 문제인 것이다.

경우에 따라서 이것은 본질적으로 매우 유기적인데 특정한 논문을 읽고 필요한 정보 조각을 찾게 되면 이것을 캡쳐를 하고 NVivo 10으로 쉽게 돌아와서 Node에서 작업을 할 수 있다.

Node를 클릭

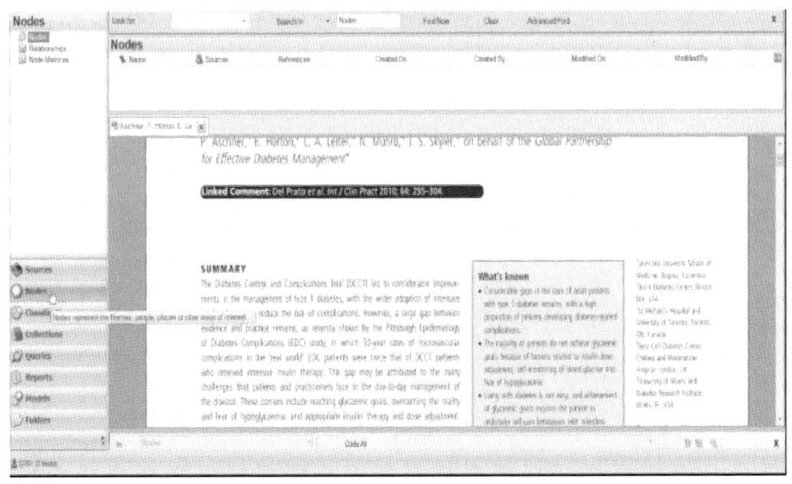

노드를 빈으로 생각해 볼 수도 있다. 특정한 논문을 복사하고 그 중에 읽다가 흥미로운 주제를 발견하고 해당하는 부분을 자르고 올바른 빈에 놓아두는 것과 같은 것이다. 원하면 수작업을 할 수도 있으나 글을 읽다가 필요한 정보의 조각을 발견하면 해당하는 부분을 아래와 같이 하이라이트를 한다.

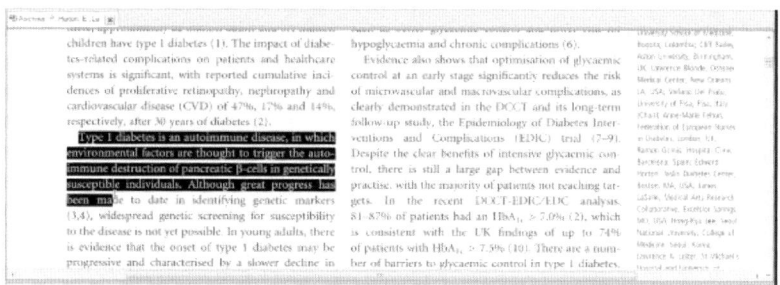

마우스의 오른쪽을 클릭하고 선택한 부분을 Code Selection > Code Selection At New Node를 선택 한다.

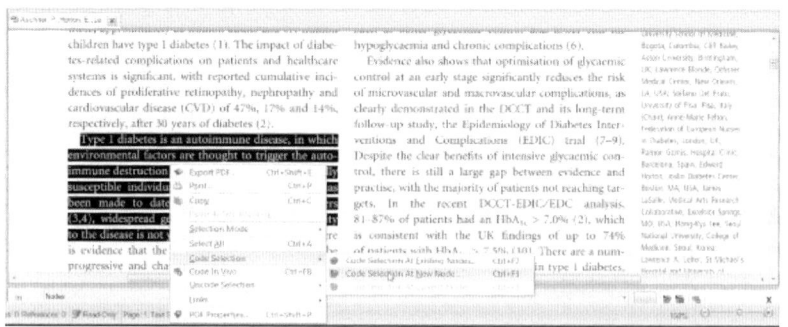

New Node > Name에 Type 1 입력 > OK 클릭

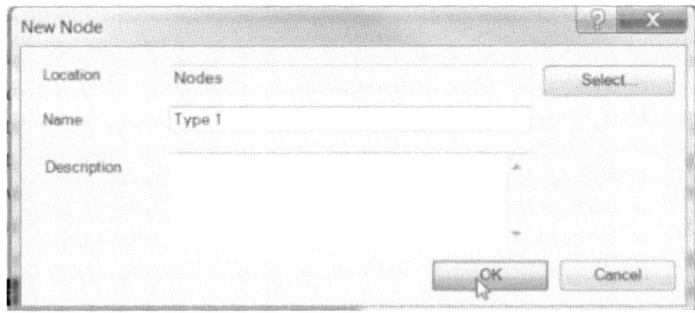

NVivo 10에서 노드가 생성이 되었다. Nodes를 클릭

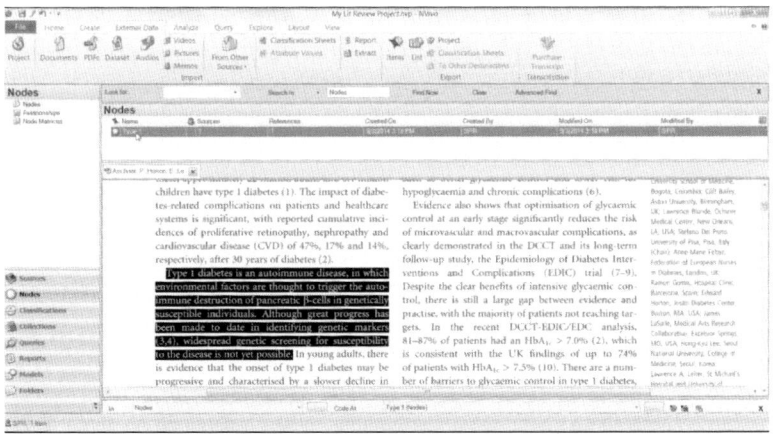

Nodes를 열어보면 소스를 토대로 NVivo 10이 자료를 구조화 시킨 것을 확인해 볼 수가 있다.

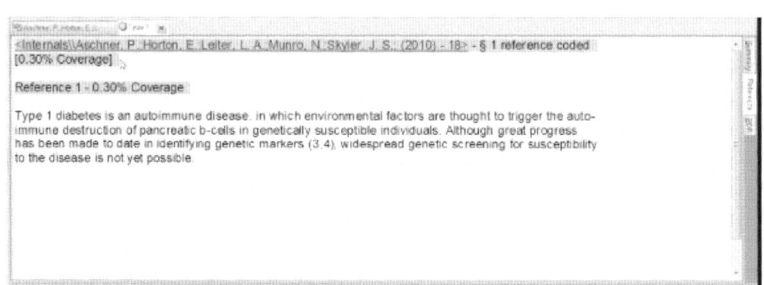

노드를 열면, 주어진 주제에 부합하는 모든 정보가 소스에 구조화되어 있는 것을 볼 수 있다. 이 기능을 사용하여 저자와 주제별로 분류된 내용을 살펴 볼 수 있다. 정보를 추가하면, 소스 별로 구조화되어 남게 된다. 소스의 원천, 소스에 reference가 몇 개 있는지를 알 수 있다. Percentage coverage를 보면 해당 노드에 대략 몇 개의 소스가 코딩이 되었는지를 알 수 있다. 또 다른 장점으로, 노드 내에서 분할자는 연결의 역할을 한다는 것이다.

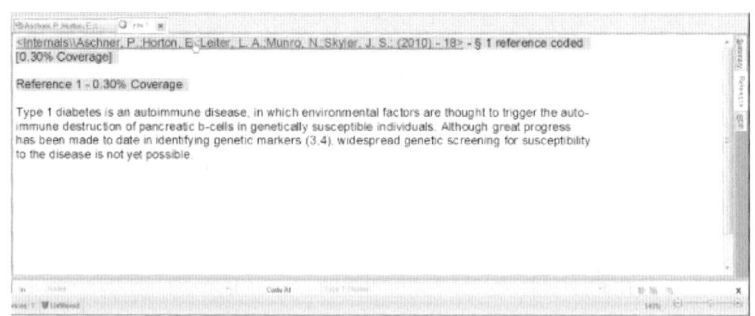

위의 분할자를 클릭을 하면, NVivo은 원래 논문로 돌아가고 해당 노드에 코딩을 한 모든 위치에 하이라이트를 해준다. 따라서 연구자는 항상 원문으로 신속하게 돌아갈 수가 있고, 좀 더 넓은 맥락에서, 원문의 내용을 살펴 볼 수 있다.

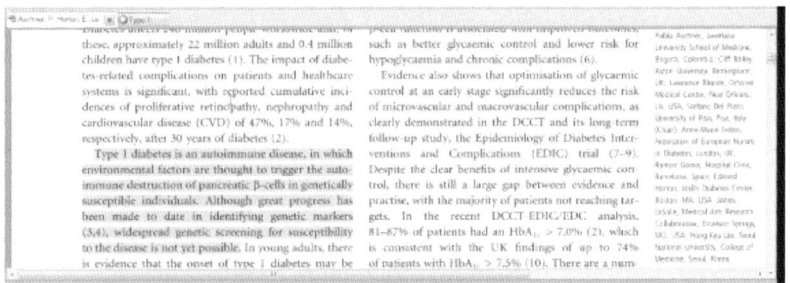

하이라이트를 끄려면, View > None 을 선택하면 된다.

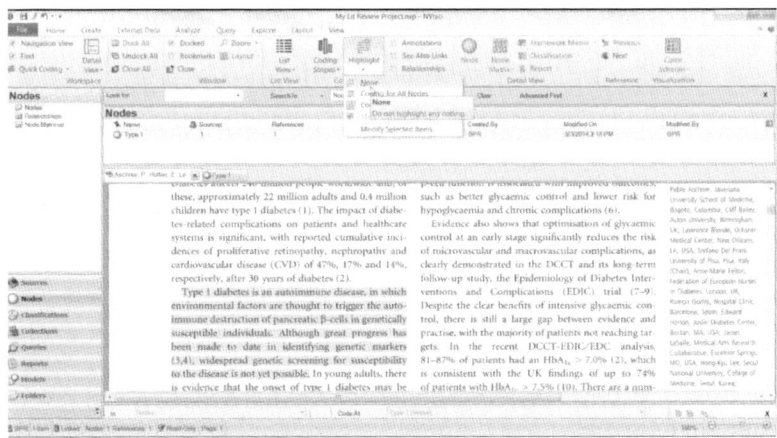

경우에 따라서는 노드나 빈을 먼저 생성해야 할 때도 있다. 예를 들면, type 1이 이미 생성이 되었으니,

Type2에 대한 정보를 접하게 되면, 해당 문서에서 Right click > Create a new node 클릭

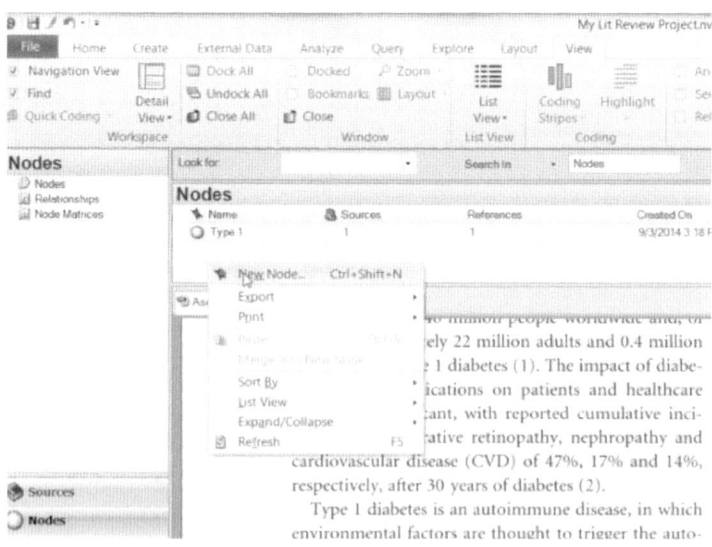

Name에 type 2를 입력 > OK를 클릭

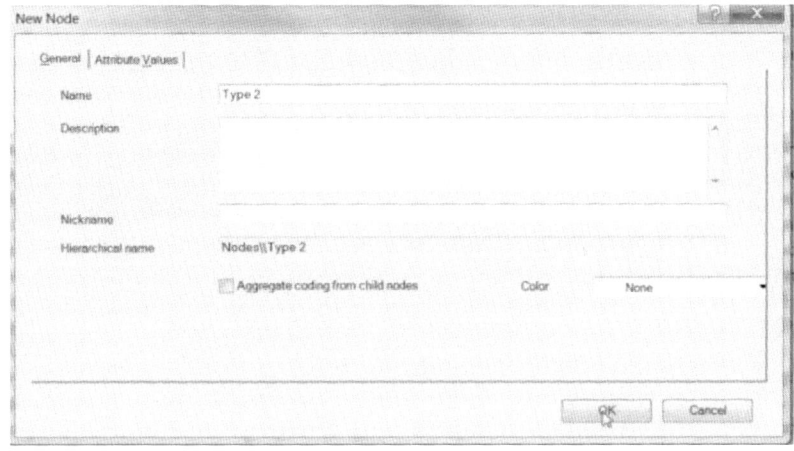

두 가지 종류의 당뇨병을 언급하고 있기 때문에 정보를 구조화 할
필요가 있다.

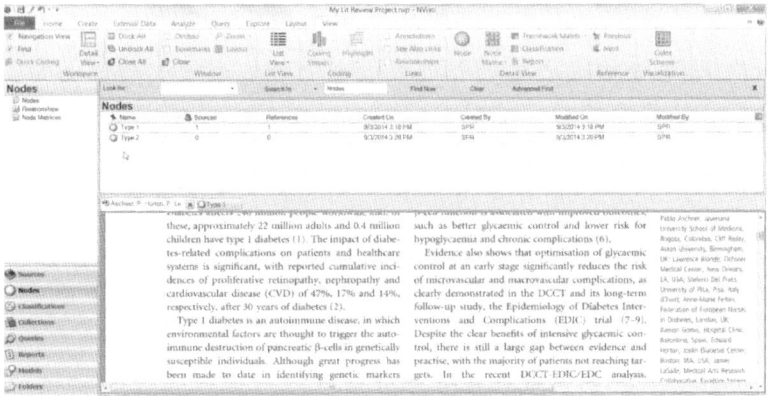

정보를 구조화 하려면 New Node를 클릭

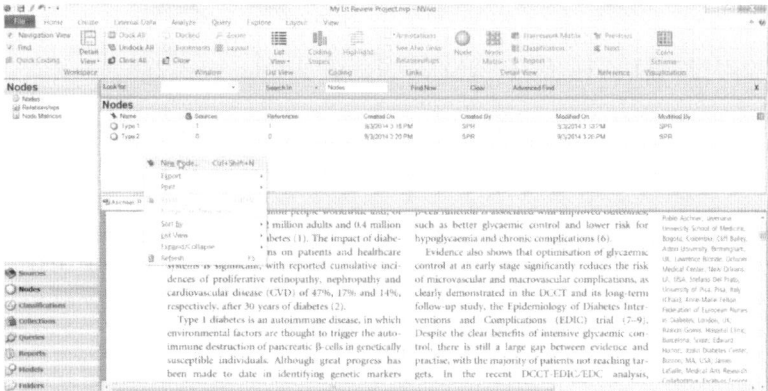

Name에 Types of Diabetes를 입력 > OK를 클릭

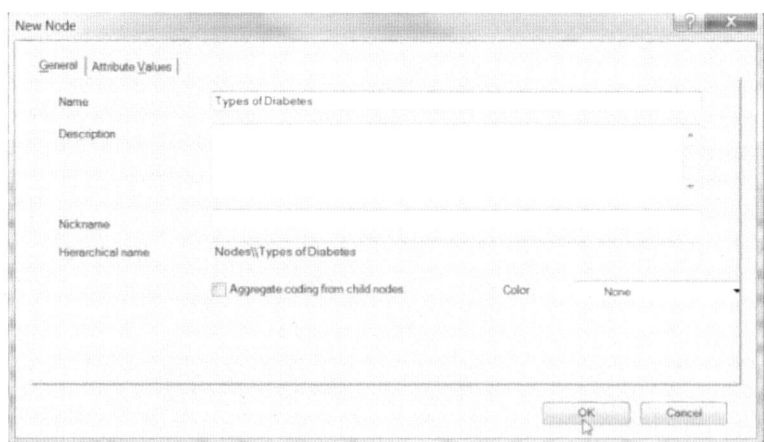

Type 1과 2 노드를 선택

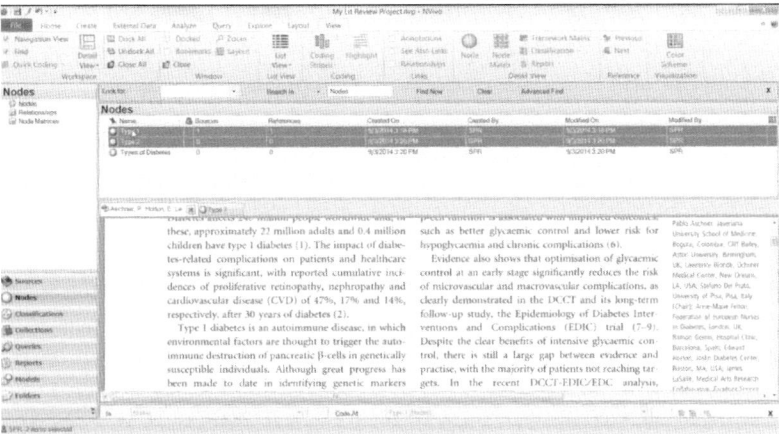

Types of diabetes로 끌고 내려 간다.

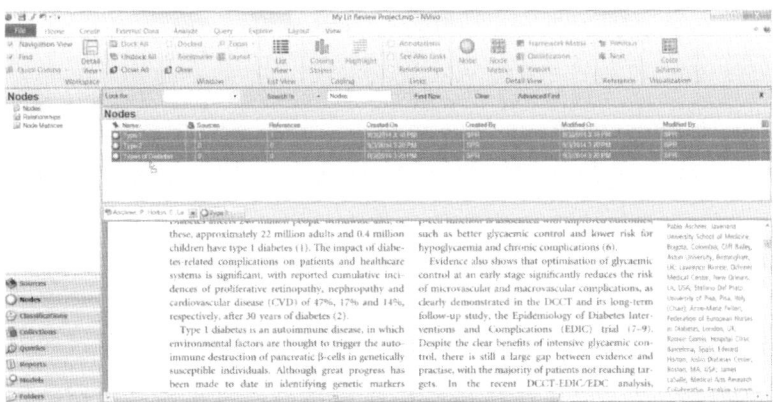

Types of diabetes에 놓으면 계층구조가 형성이 된다.

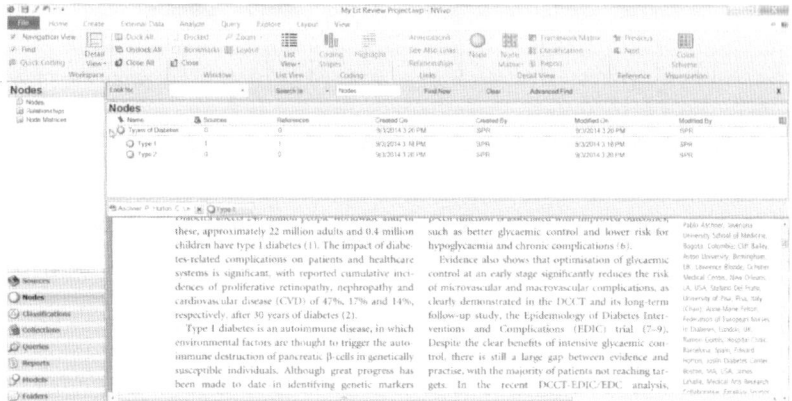

3) 텍스트 검색을 통한 논문 관련 문헌 탐구하기

경우에 따라서는 시간이 사치일수도 있다. 우리는 늘 시간에 쫓기고 핵심적인용어가 무엇인지, 중요한 정보는 무엇인지, 자료로부터 도출해 낼 수 있는 잠재적인 주제는 무엇인가에 대해 연구자 스스로 감을 잡고 싶을 때가 있다. 이런 경우 주로 검색을 통해 답을 얻는다.

첫째, 단어 빈도 검색에 대해 알아 보도록 하자.

질문: 주어진 문서에서 가장 빈번하게 사용된 말은 무엇인가?

Query를 클릭

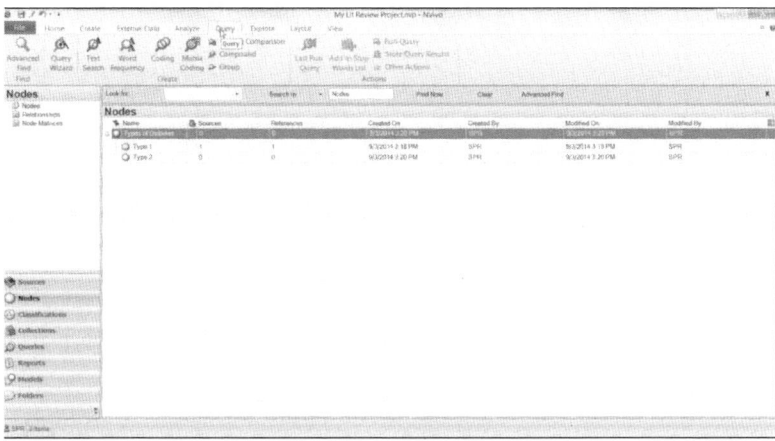

Word frequency를 클릭

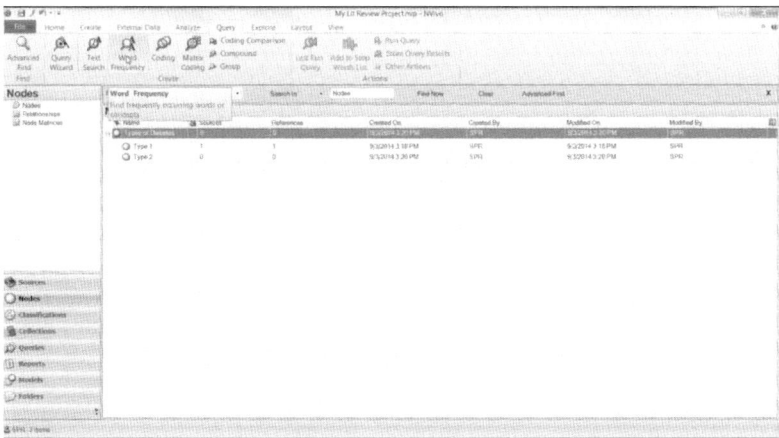

Word Frequency Query > Of 다음에 All Sources, Selected Items, Items in Selected Folders 중에서 All Sources를 선택

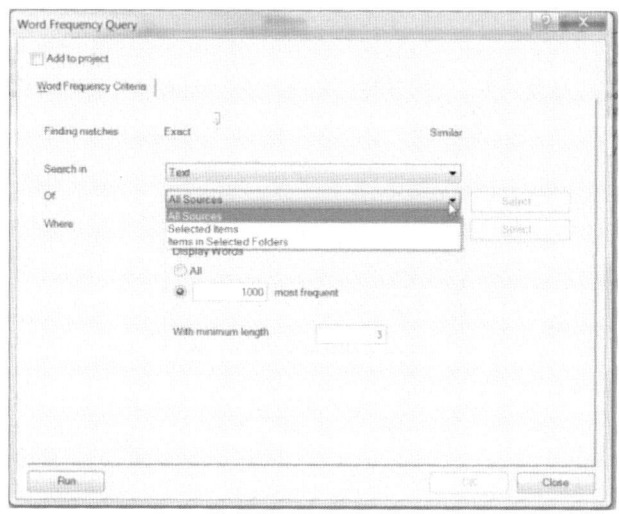

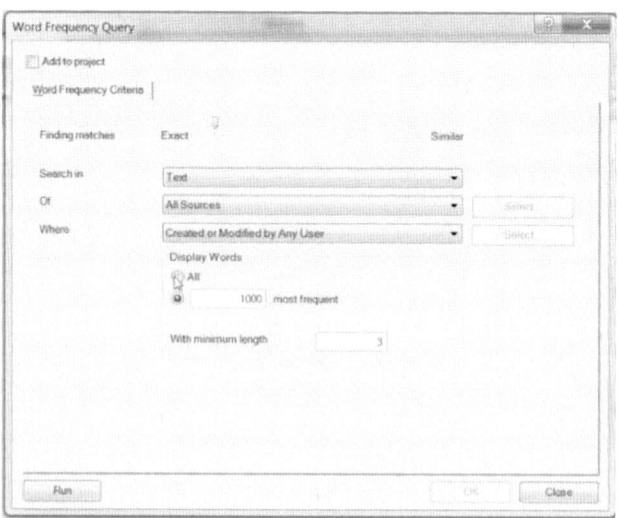

단어 전부를 보여 달라고 할 수도 있겠으나, 단어 목록이 있고 여기서 모든 단어라고는 하나, **and, but, or, is** 같은 작고 사소한 단어가 밀집되어 있기 때문에 이러한 단어는 자동으로 포함되지 않았다. 원한다면, 단어 중지 목록을 변경을 할 수 있다.

빈도수가 가장 높은 100 단어로 끊어서 살펴 보도록 하자.

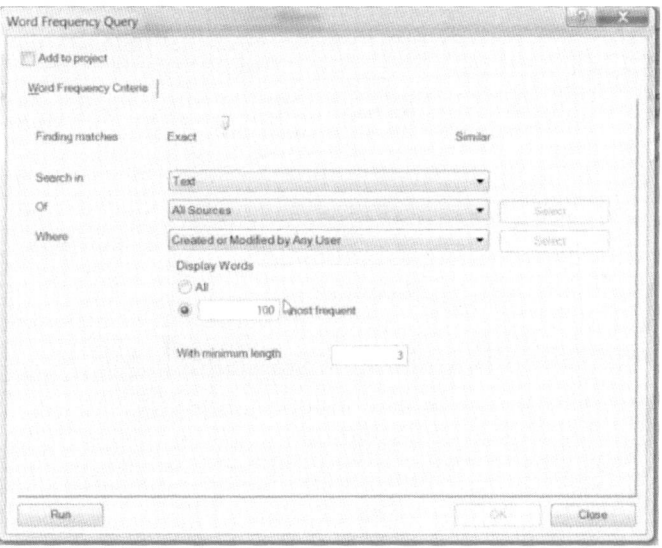

Run을 클릭

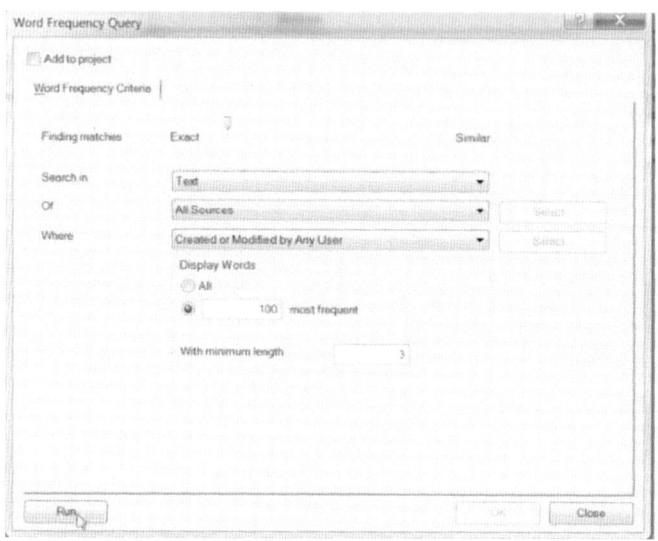

NVivo은 열의 수를 빈도수가 가장 높은 것부터 낮은 것까지 순서
대로 정렬을 해서 보여준다.

연구자가 아는 주제는 당뇨병 관리에 관한 것인데 이 자료가 연구에서 주로 다루려는 당뇨병 자체에 대해서는 전혀 통찰력을 주지 못하는 자료라고 생각 할 수도 있을 것이다. 평균은 통계에서 다루는 개념이다.

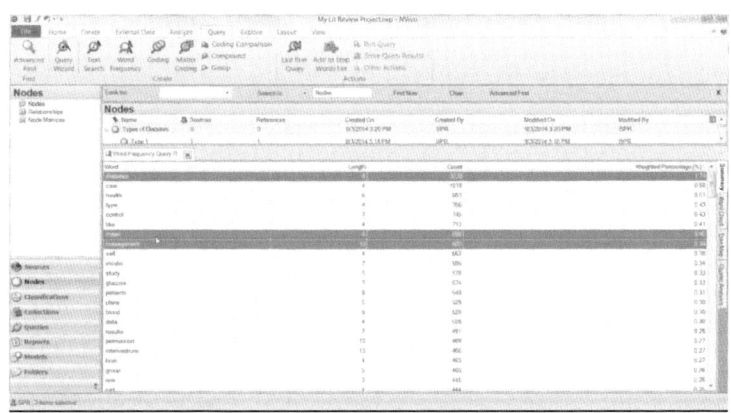

따라서 이런 단어들은 지금 곧바로 단어 중지 목록에 추가 할 수 있다.

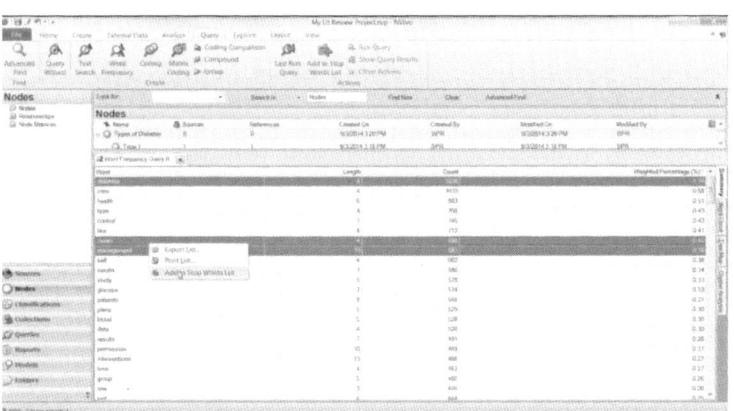

Add Stop Words > OK를 클릭

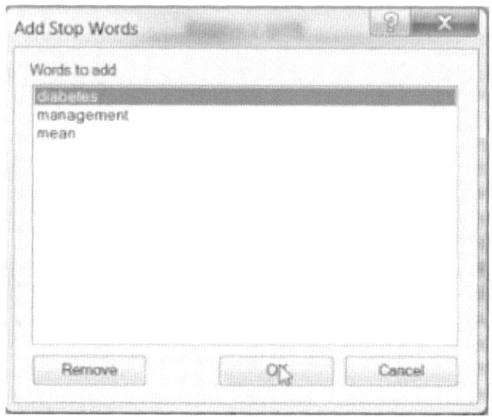

최근 마지막 검색으로 돌아간다.

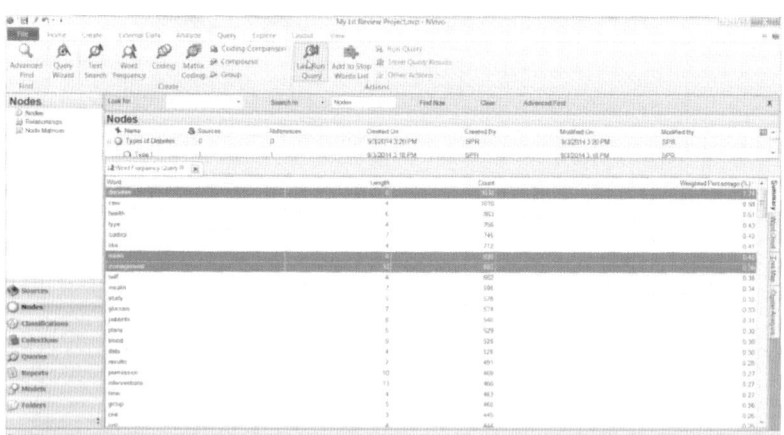

Word Frequency Query > Run을 클릭

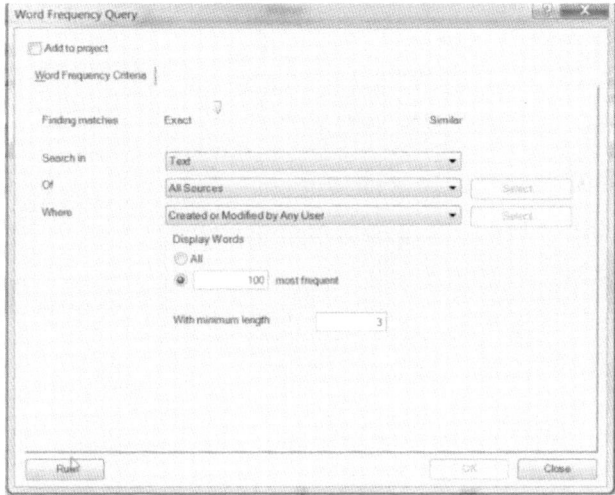

Word Frequency Query > Nodes에서 아래와 같은 결과를 볼 수가 있다.

위의 목록을 엑셀에 내보내기를 하고 작업을 할 수도 있다.

단어 빈도 검색을 하면, 가장 인기 있는 시각화 방법으로 워드 크
라우드를 손꼽을 수 있는데, 이를 통하여 가장 빈번하게 사용된 단
어에 대한 시각적인 이미지를 확보 할 수 있다. Word Frequency
Query > Word Cloud를 클릭

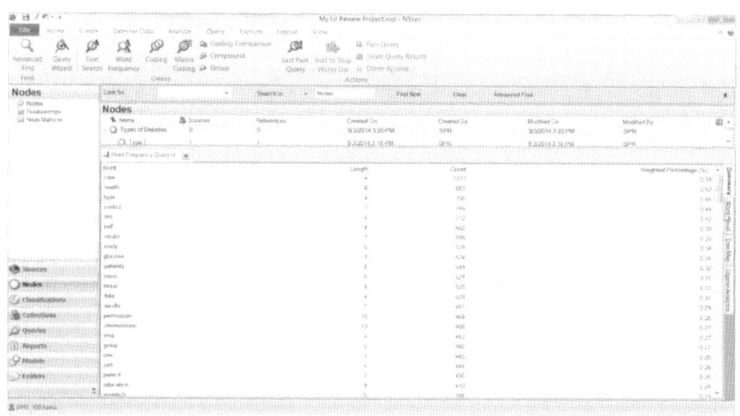

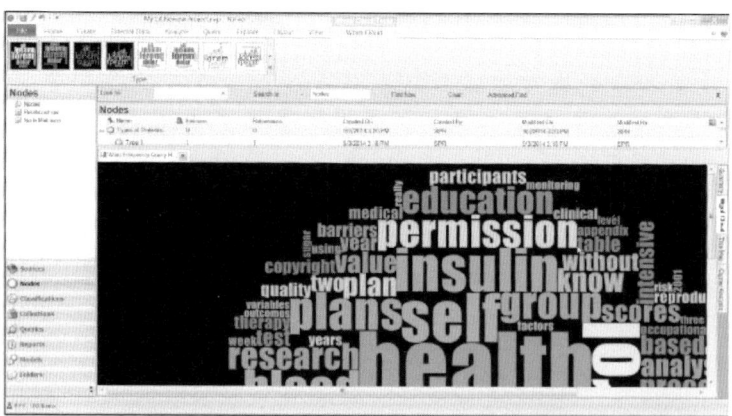

원한다면 마우스 오른쪽을 클릭해서 이미지를 탐색 할 수도 있다. 논문 심사위원, 고객, 정부 심사 위원회 앞에서 발표를 한다고 할 때, 이 자료를 파워 포인트 자료로 내보내기를 할 수 있다. 핵심적인 용어에 대해 청중의 주의를 끌기에 충분할 것이다. 워드 크라우드 효과를 사용하는 외에도 태그 크라우드를 사용해 볼 수도 있을 것이다.

Word Cloud > File 하단

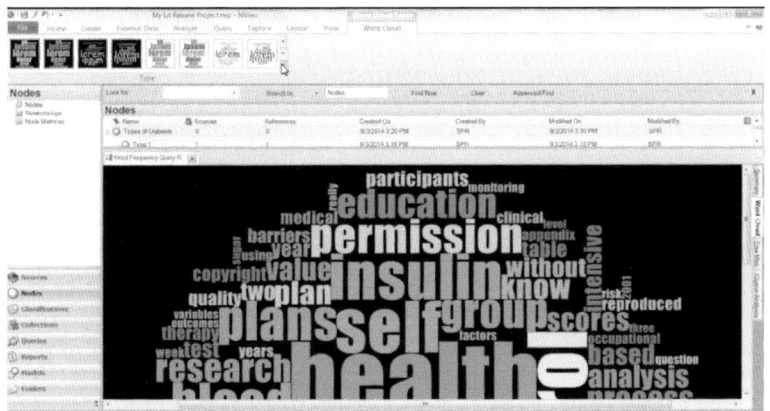

하단의 태그 크라우드 선택

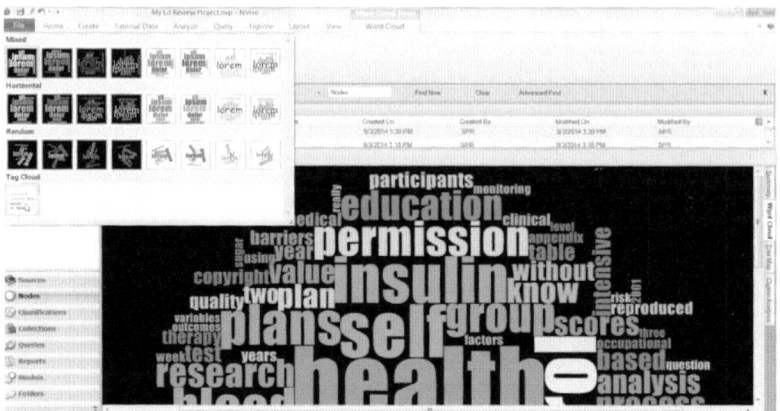

태그 크라우드는 상위 100개의 고 빈도 단어를 제시해 준다.

알파벳 순서대로 전시가 된다. 폰트의 크기나 고딕체는 연구자가 고 빈도 어 사용을 신속하게 알아 볼 수 있는데 도움이 된다.

다른 경우도 있을 수 있는데, 연구자가 아는 키워드가 있고 이 키워드를 찾고 주어진 정보로 작업을 하기를 원한다고 가정해 보자.

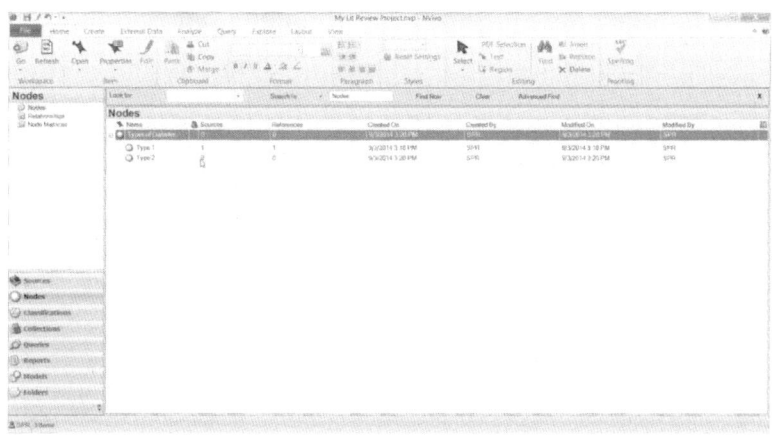

워드 크라우드에서 연구자가 본 단어이거나 연구자가 불러온 단어인 경우에 텍스트 검색을 하면 맥락 속에서 이러한 단어를 찾을 수 있고 뽑아낼 수 있다.

Text Search 선택

노드를 처음 만들 때 이 기능을 사용하는 연구자들이 많은 것으로
알고 있다. 예를 들면, 연구자는 인슐린 사용에 관한 관리 테크닉에
대해 찾아 보고자 한다. 단어 인슐린을 입력 한다.

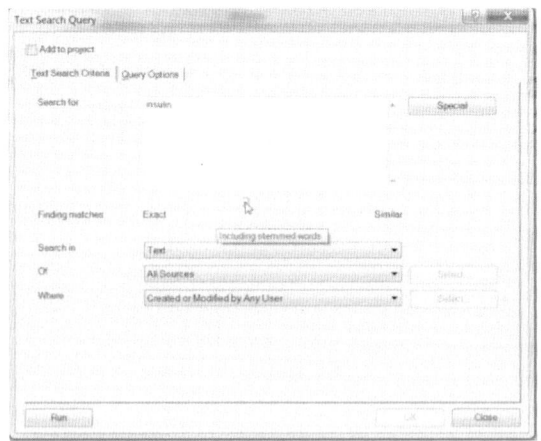

Finding matches에서 파생어를 보여 달라고 지정한다. 인슐린이 있을 수 도 있다.

Text Search Query > Query Options를 클릭

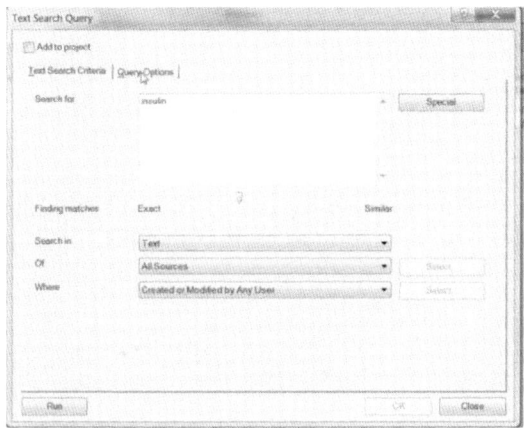

Text Search Query > Results Option > Preview Only를 선택

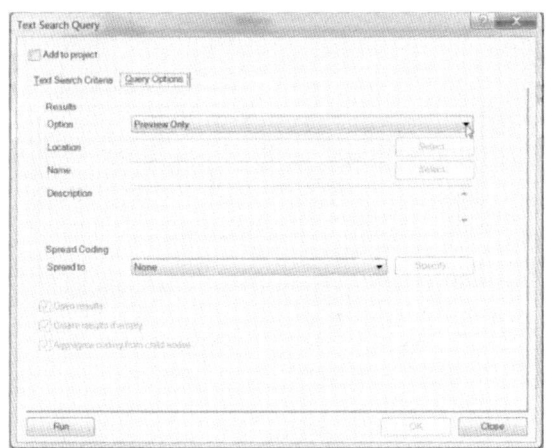

Preview Only를 하는 이유는 독자의 주의를 끌 수 있는 아주 특별한 도구가 있기 때문이고 텍스트 검색 미리 보기와 코딩 펼치기를 none으로 해야만 이 도구의 사용이 가능하기 때문이다.

이 기능은 나중에 이것을 노드로 바꿀 수 있다는 것을 의미한다.

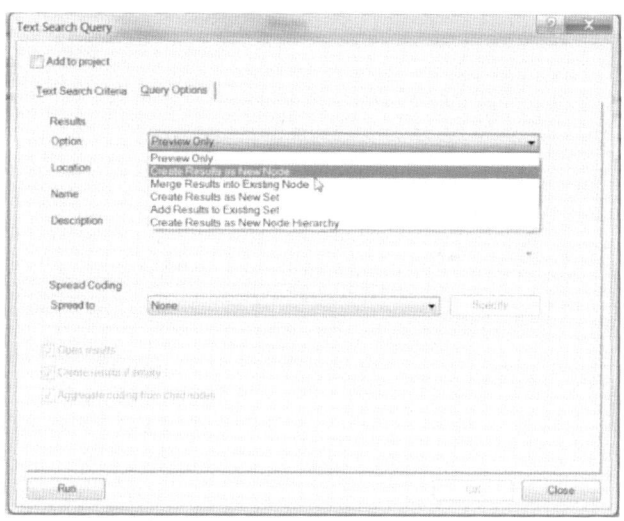

이렇게 해서 노드 모으기를 시작 할 수 있다. 미리 보기 모드로 시작해 보도록 하자. Text Search Query > Run을 클릭

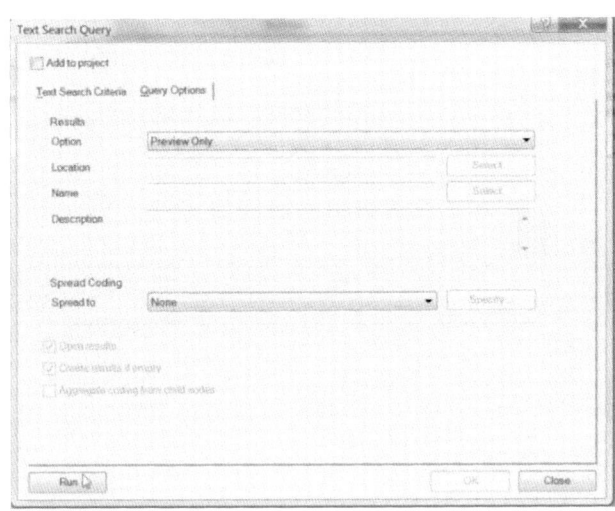

　　NVivo 10은 단어 형태의 일부분이 있는 문서와 reference 수를 알
려준다. 해당 문서 목록을 아래와 같이 볼 수가 있다.

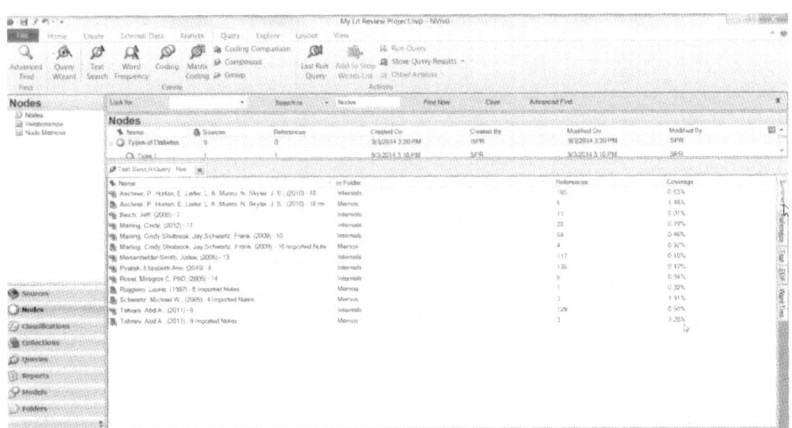

References에서 references를 볼 수 있다. 나중에 이것도 노드로 바꿀 수 있다.

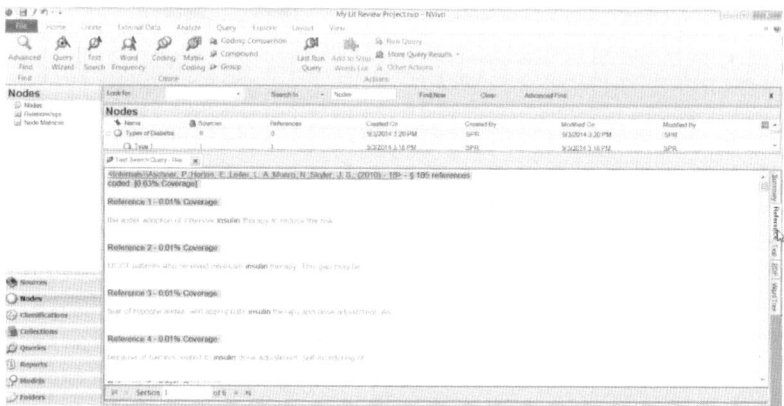

저자가 여러분들의 주의를 끌고 싶은 것은 NVivo 10의 워드 트리 기능이다.

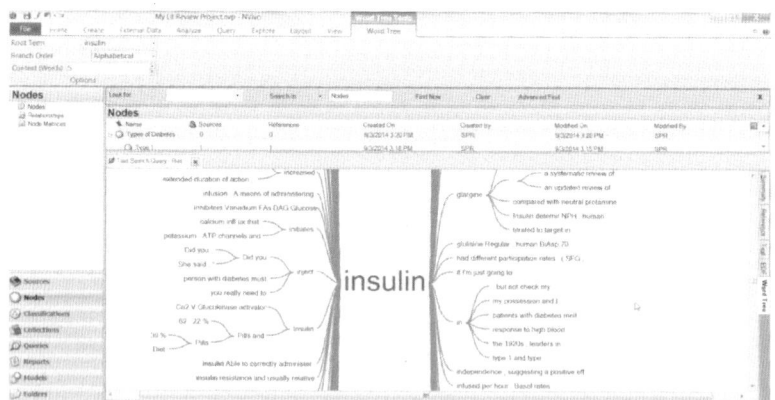

워드 트리는 문서에서 고 빈도 단어를 파악하고 고 빈도 형태의
단어에서 시작하여 이러한 단어를 분석의 중심에 두고 발견한 각 소
스 마다 에서 나오는 다섯 단어를 제시한다. 이것은 자료에 대해 큰
그림을 그릴 수 있는 좋은 방법이다. 단어가 어떻게 사용 되었는지,
발견되는 패턴은 무엇인지, 잠재적인 패턴의 토대로 시작하고 이러
한 단어가 어떻게 사용 되었는지를 볼 수가 있을까?

특정한 단어의 전후에 나타나는 단어를 볼 수 있으며, 연구자가
주목하고 싶은 특정한 단어, 예를 들면, 아래의 그림에서, intensive
가 insulin 으로 가는 예를 많이 볼 수 있다.

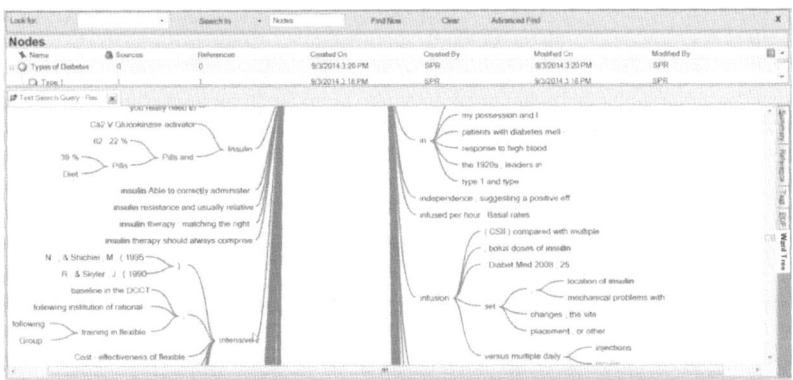

해당하는 부분에서 오른쪽을 클릭한다.

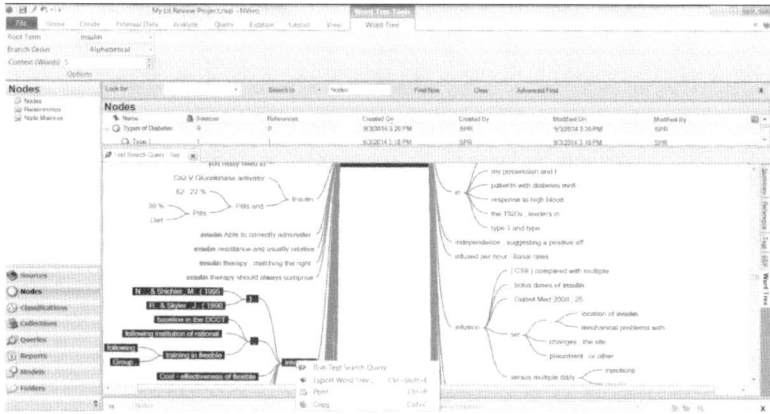

Text Search Query를 실행 한다.

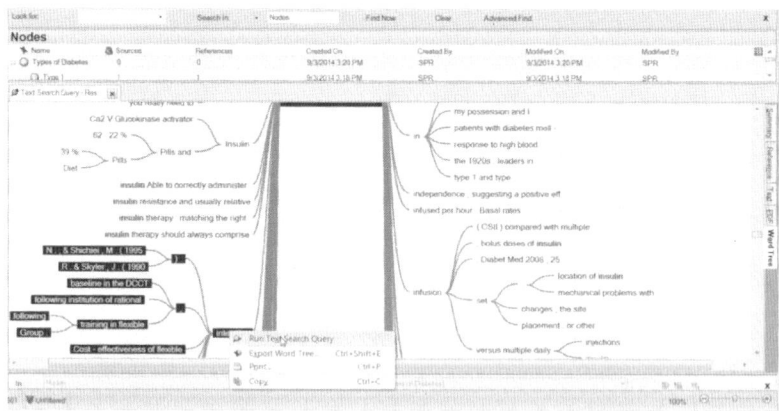

NVivo 10에서 같은 자료로 돌아간다.

Intensive insulin이라는 용어가 사용된 예를 아래와 같이 볼 수가
있다.

맥락 전체를 보여주는 원래의 소스로 돌아갈 수 있는 링크가 항상 있다.

여기서 또 다른 과업을 수행하여 보자. 여기의 예에서는 insulin이 라는 단어를 사용 하였으나,

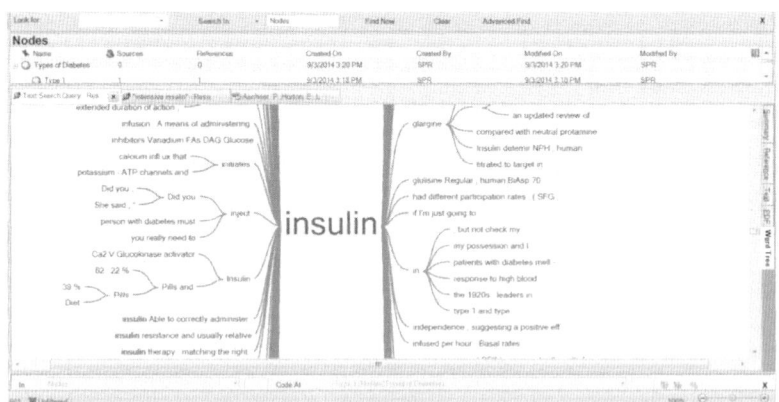

또 다른 형태로 이 말이 사용 되었는지에 대해 연구자가 궁금하게 생각하고 직접 확인해 보기를 원할 수도 있다.

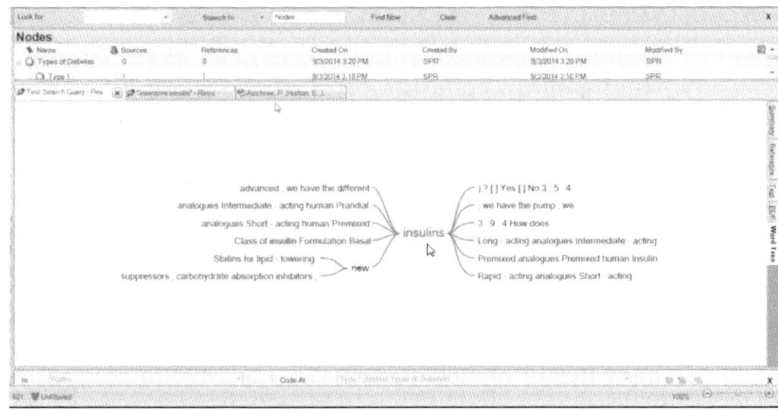

이런 경우에 노드를 만들 수가 있다. 검색 옵션으로 검색 결과를 노드로 저장을 하게 하는 기능이 있다.

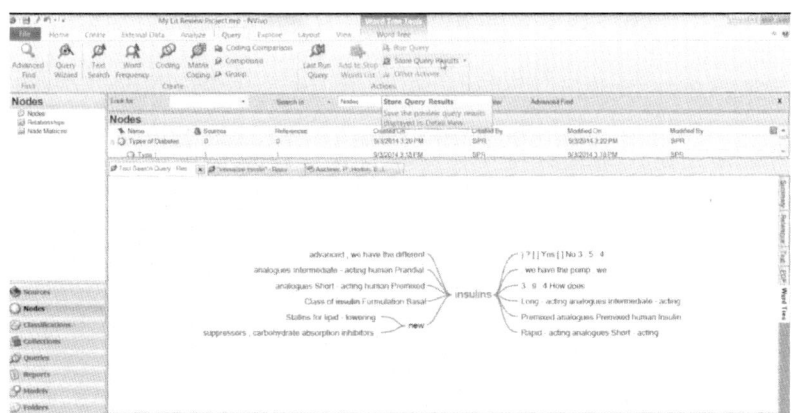

그러나 저자는 이것을 미리 보기로만 했고 작업하는 내용을 노드로 바꾸는 것이 아니라 단일어만 코딩을 하였다.

직전까지 코딩 한 곳으로 돌아가 보자.

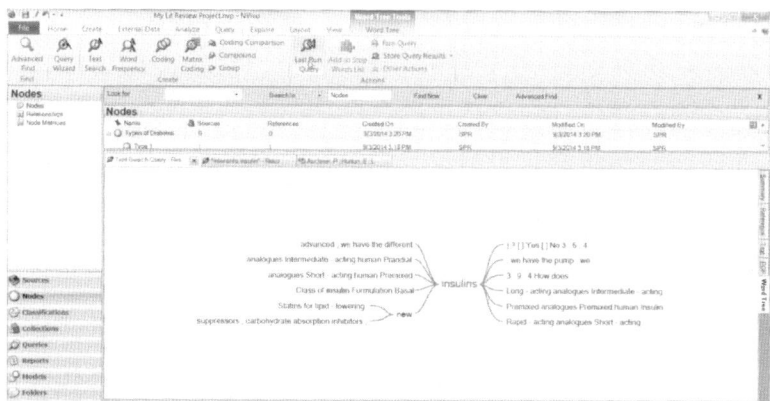

Query options 를 클릭

결과를 새로운 노드 생성하기로 바꾼다.

Select를 클릭

Nodes > Results에 저장

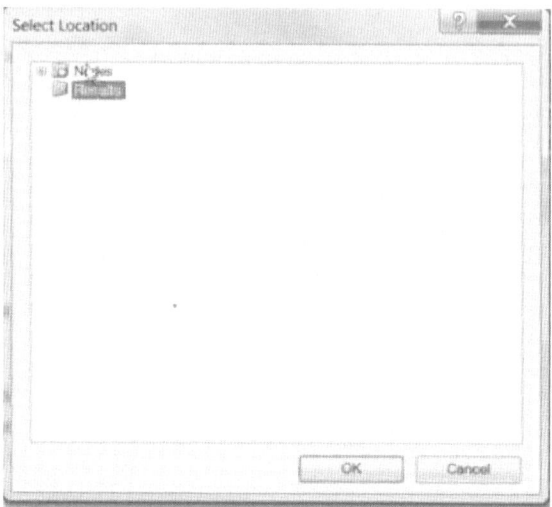

OK를 클릭.

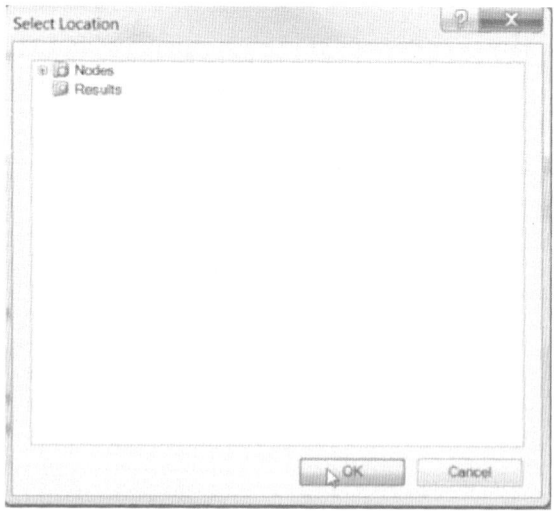

Text Search Query > Name > insulin을 입력

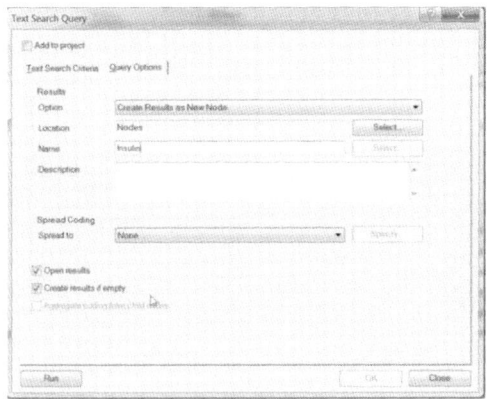

NVivo 10에서 원하는 단어를 찾았을 때, Narrow Coding을 지정
하면 찾은 단어를 코딩도 하겠지만 특정한 단어의 전후 다섯 단어를
포함시켜 줌으로서 좀 더 넓은 맥락을 통하여 해당단어를 보여준다
는 것을 의미한다.

Text Search Query > Spread Coding Spread to > Narrow Coding

Run을 클릭 한다.

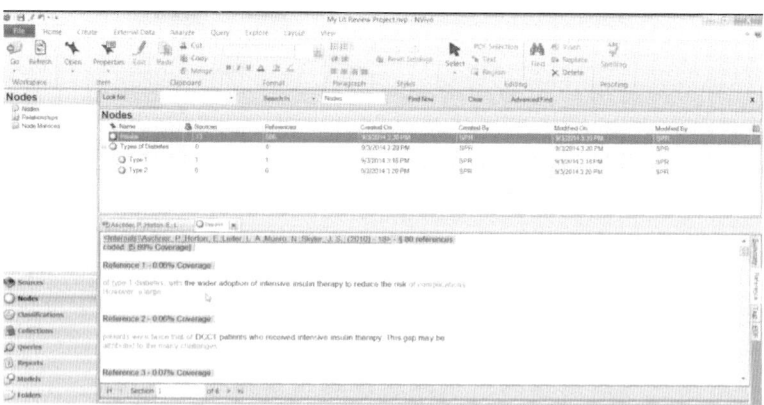

노드를 보면, insulin 노드를 만들었다는 것을 확인을 할 수 있다.

506 개의 references가 small view에 기록이 되어 있다.

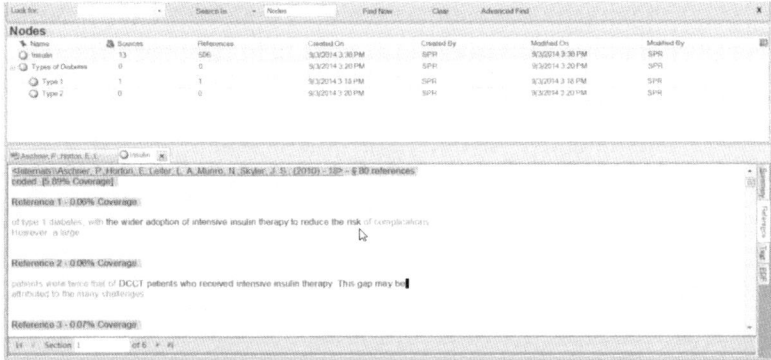

원하지 않는 자료인 경우에 해당하는 자료를 하이라이트를 한다.

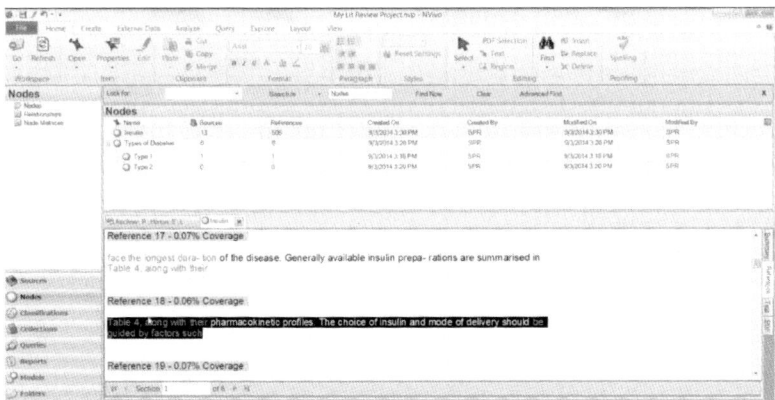

Nodes > Uncode Selection > Uncode Selection At Existing Nodes
를 선택

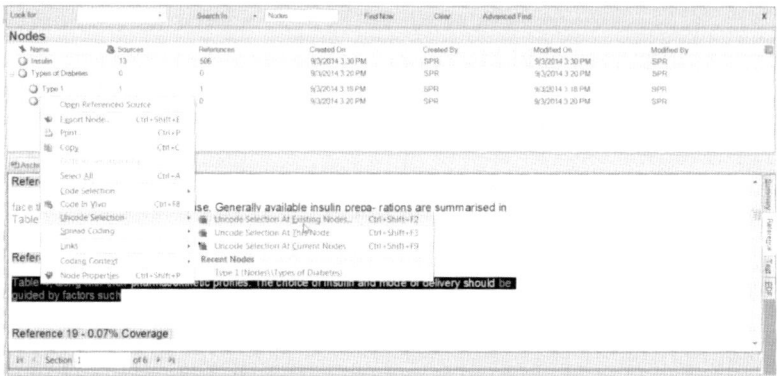

적절하지 않은 reference를 제거를 할 수 있다.

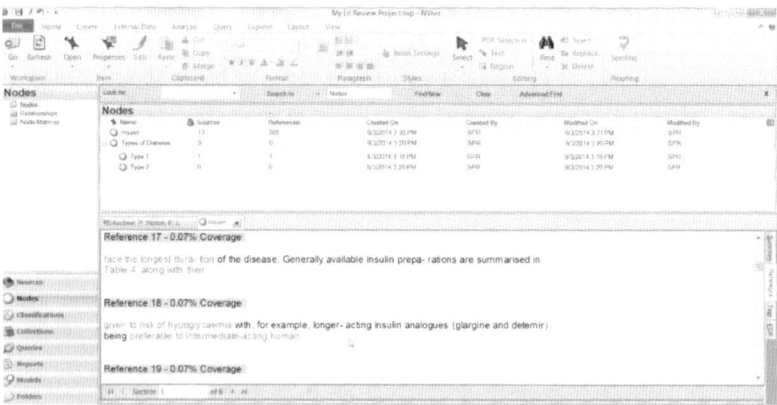

노드를 만드는 출발점에서 많은 연구자가 선택하는 방식이다. 원래의 자료 로 돌아 가서 전체 맥락을 보면 항상 링크가 있고

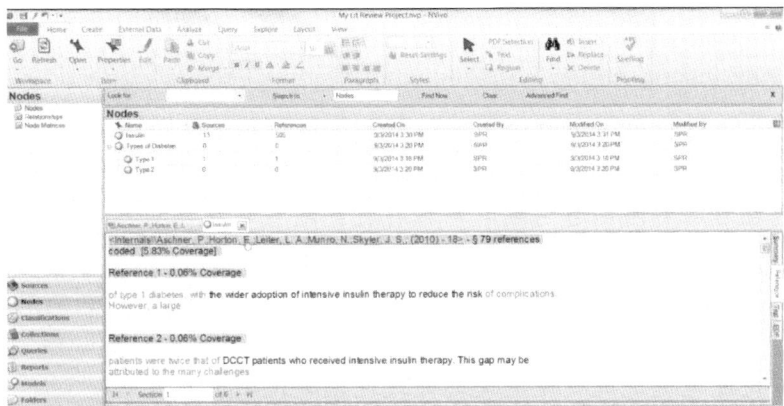

코딩을 한 자료의 양을 늘리고 코딩도 할 수 있다.

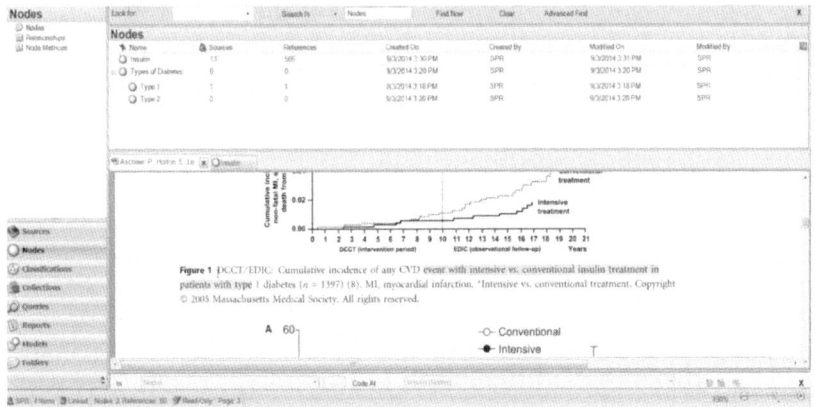

Insulin노드를 선택하면 자료의 양을 늘릴 수 있다.

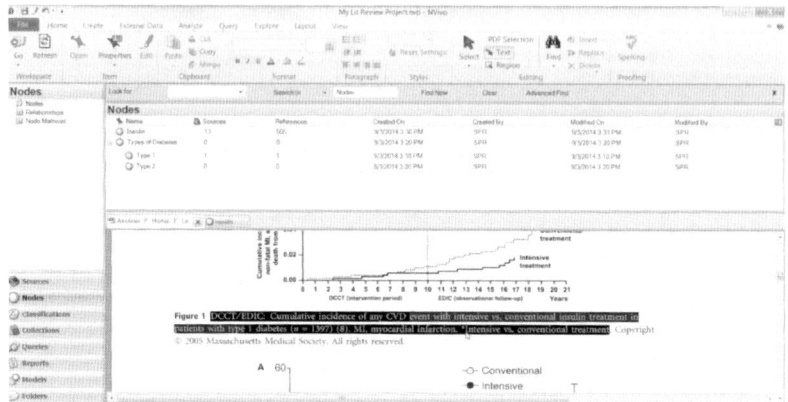

Nodes > Code Selection > Insuline (Nodes)를 클릭

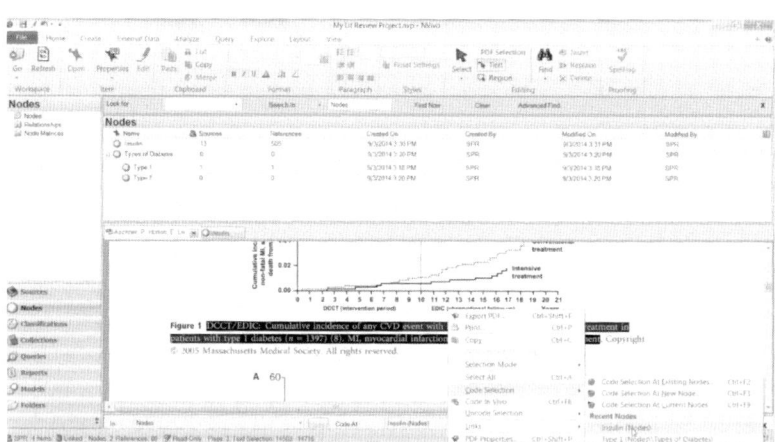

아래와 같이 자료의 양이 증가한 것을 알 수 있다.

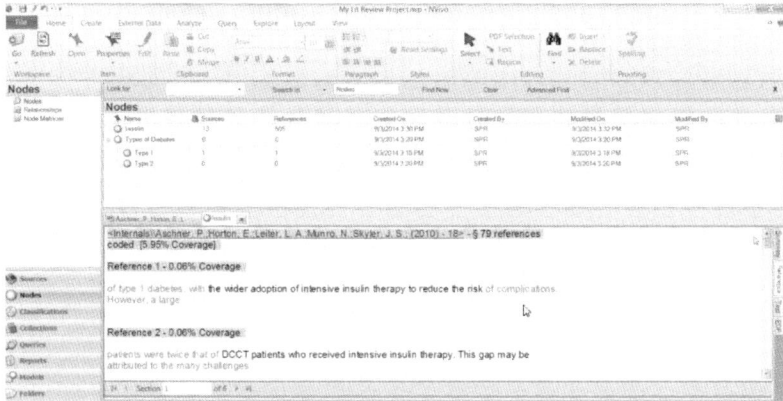

여러 개의 다른 노드를 만들어 보자. 같은 방법을 사용하여 여러 가지 다른 도구를 활용하는 방법에 대해 알아보도록 하자.

Text Search를 클릭

Search for > Medication을 입력

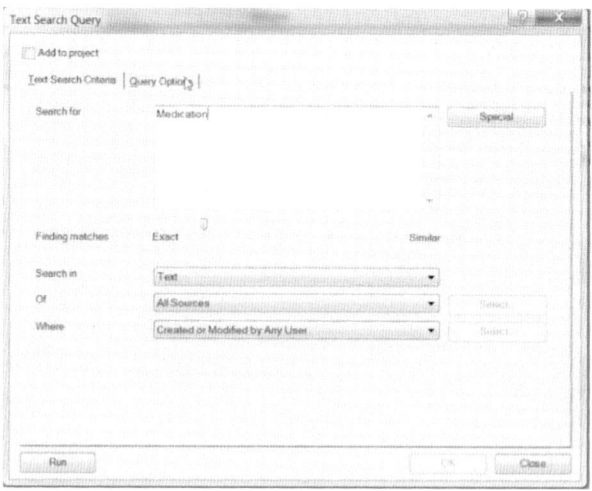

Query Options를 클릭

Results Option > Create Results as New Nodes를 선택

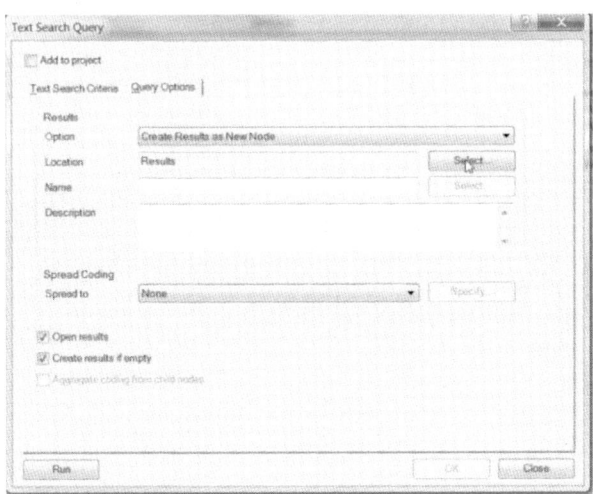

Location > Results > Select를 클릭

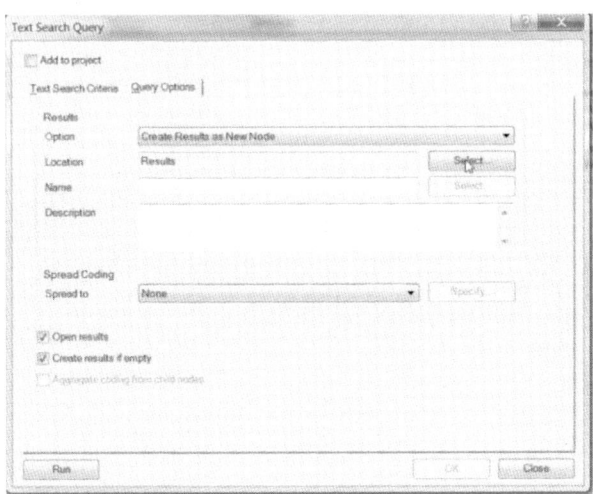

Select Location > Results

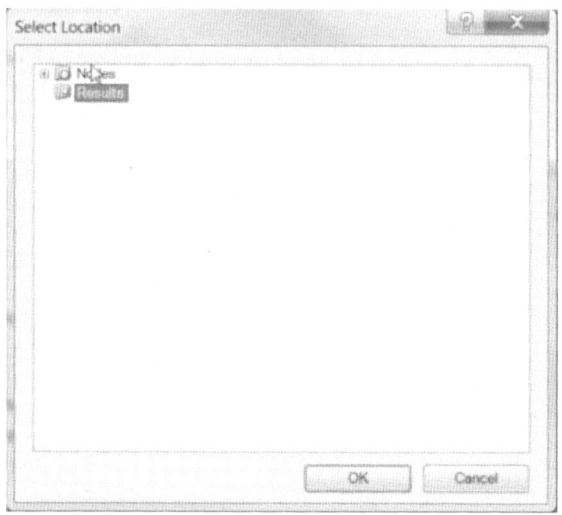

Select Location > Results > OK를 클릭

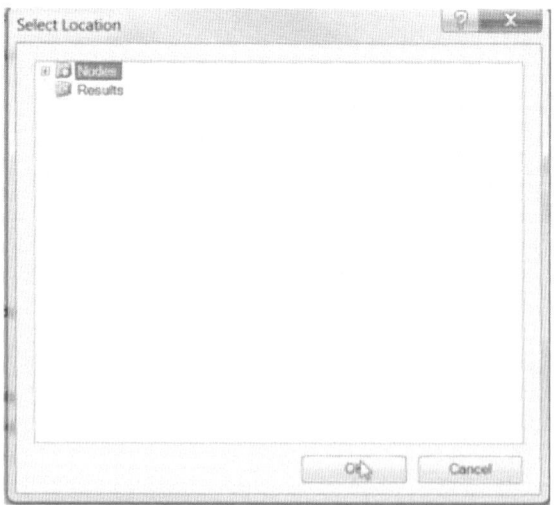

Name > medication을 입력

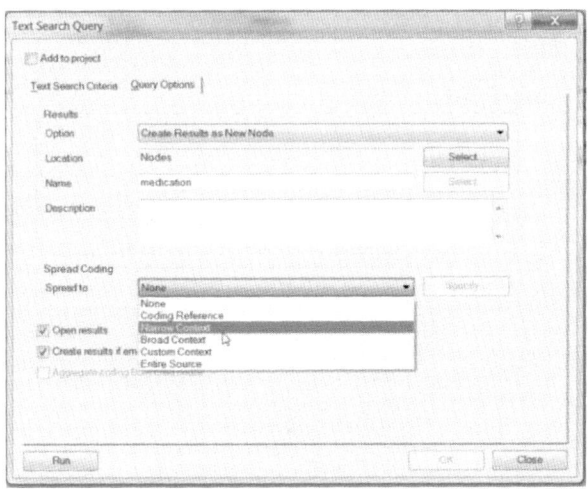

Spread Coding Spread to > Narrow Context를 선택

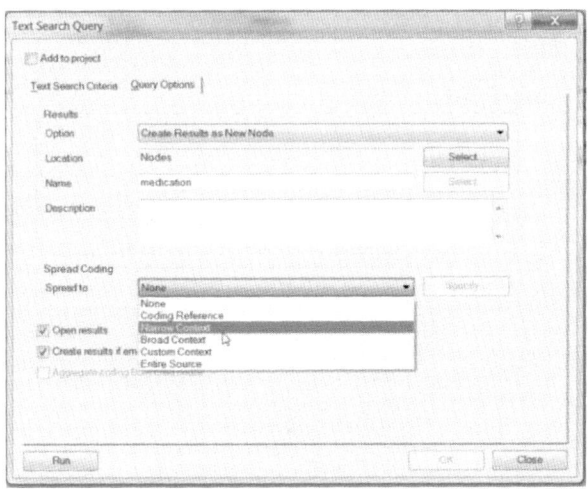

Run을 클릭

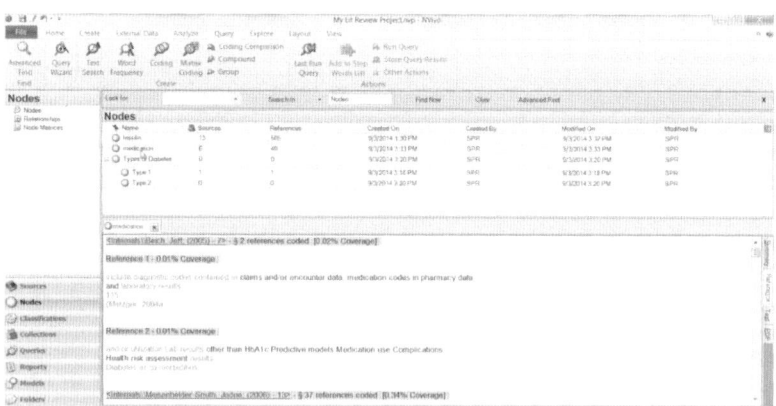

아래와 같이 medication node가 생성이 된 것을 알 수 있다.

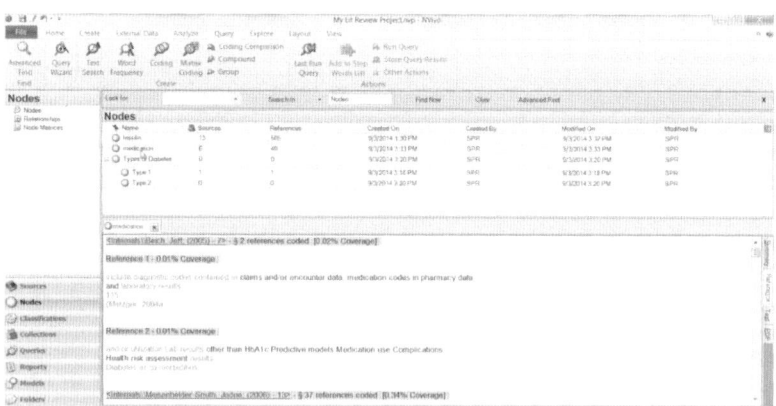

신속하게 코딩을 하는 또 다른 방법을 알아보자. Text Search를 클릭한다.

Text Search Query > diet or exercise를 입력

Text Search Query > Query options

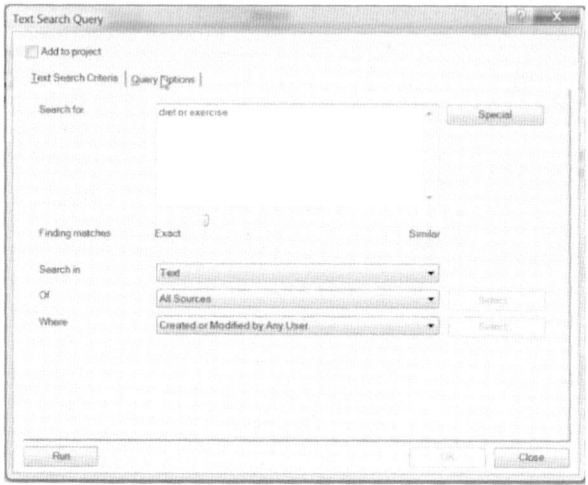

Text Search Query > Results Option > Create Results as a New
Node를 클릭

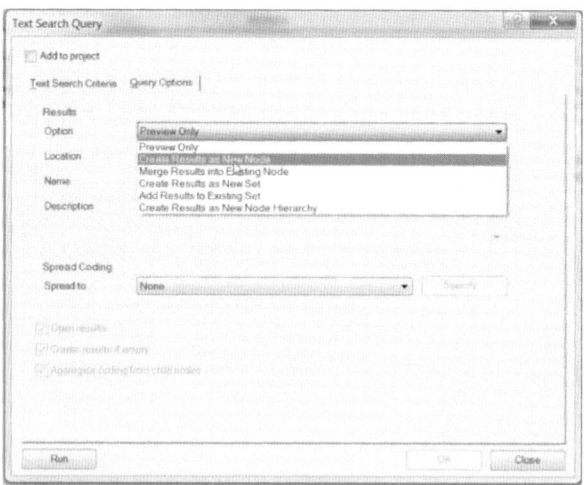

Text Search Query > Select를 클릭

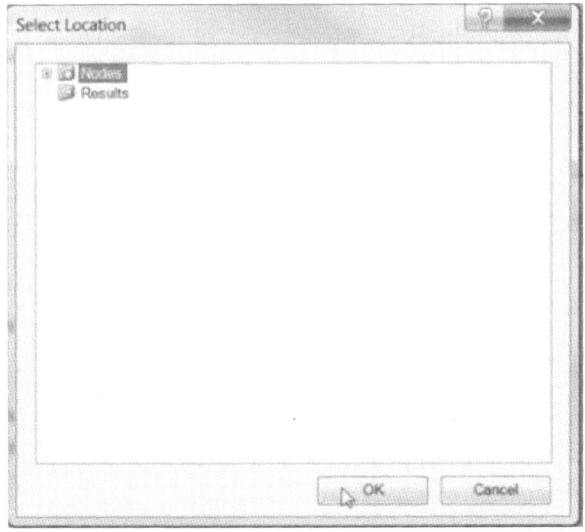

Select Location > Nodes > OK를 클릭

Text Search Query > Name > diet or exercise를 입력.

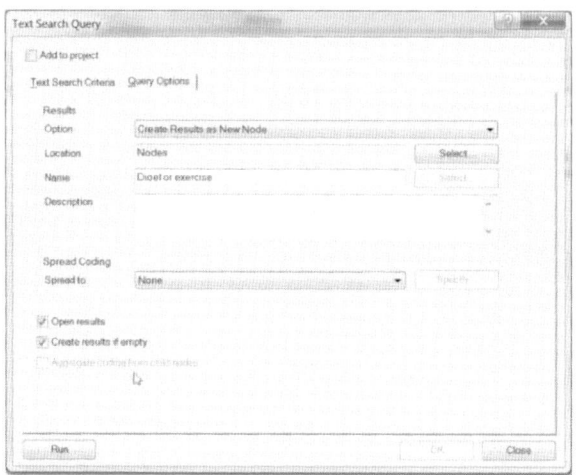

Text Search Coding > Spread Coading > Spread to > Select narrow context를 클릭

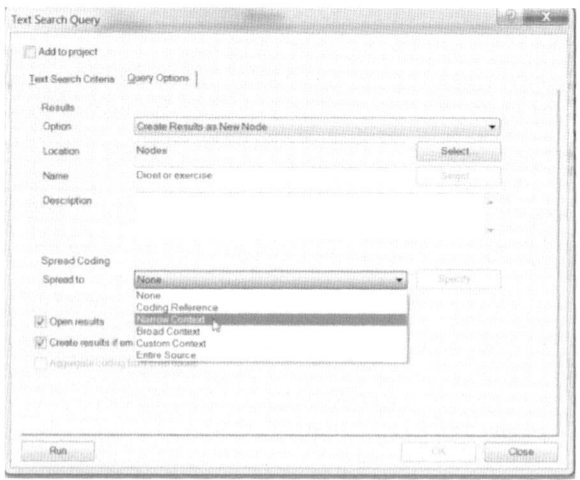

Run을 클릭

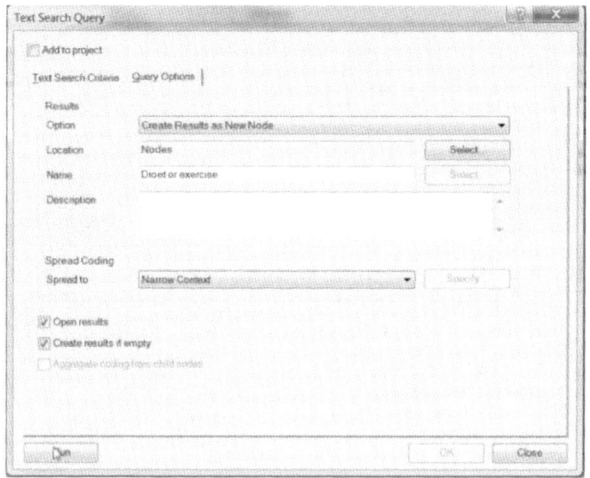

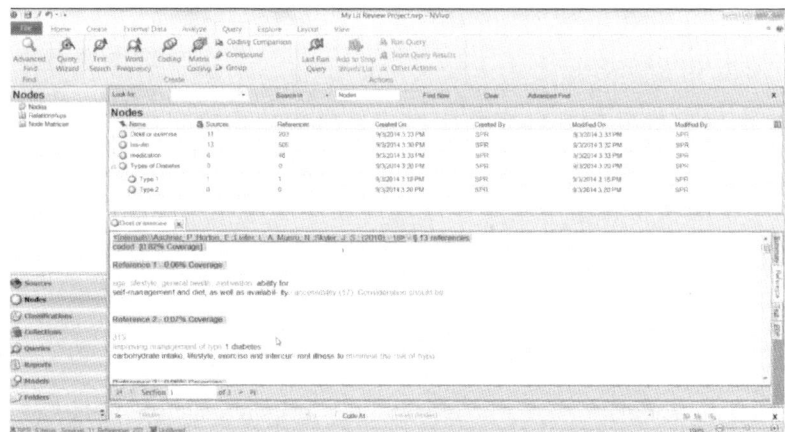

이 작업을 하는 이유는 여러 가지 다른 도구를 활용하여 여러 개의 노드를 만들고자 함이다. 주어진 자료에서 저자간 비교를 하기를

원한다면, 논문을 초기에 불러 올 때, 저자와 날짜로 지정하면 저자 각자의 노드를 생성하고 불러오는 모든 논문은 노드로 할당이 된다. 또는 외부 문서에 노트한 내용을 저장하려면,

File > New Folder를 클릭

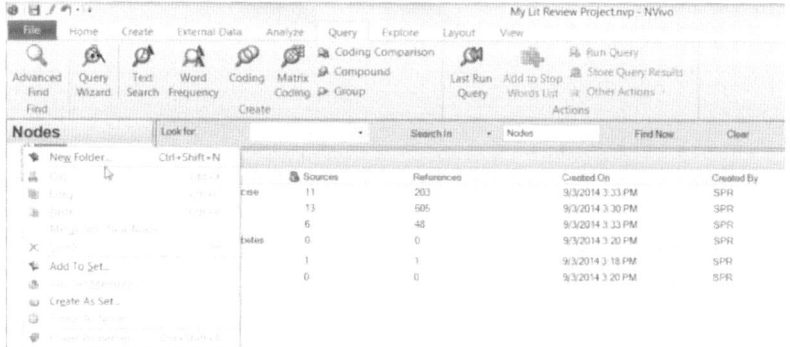

New Folder > authors 입력 > OK 를 클릭

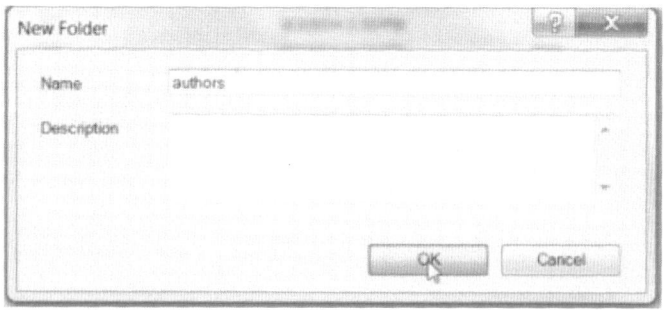

아래와 같이 저자명을 볼 수 있다.

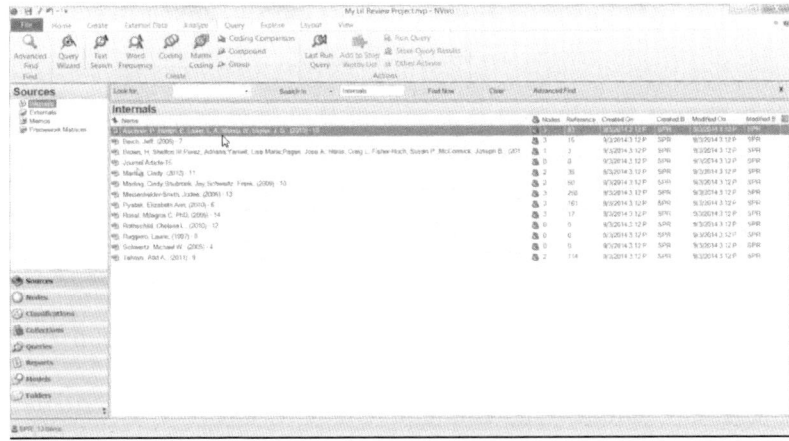

PDF 파일을 전체 선택

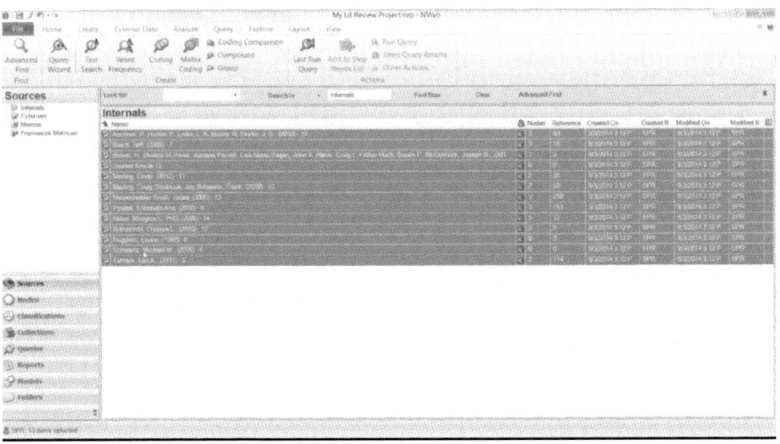

Create As > Create As Case Nodes를 클릭하면 각각의 논문에 대한 노드를 만들고 코딩을 할 수 있다.

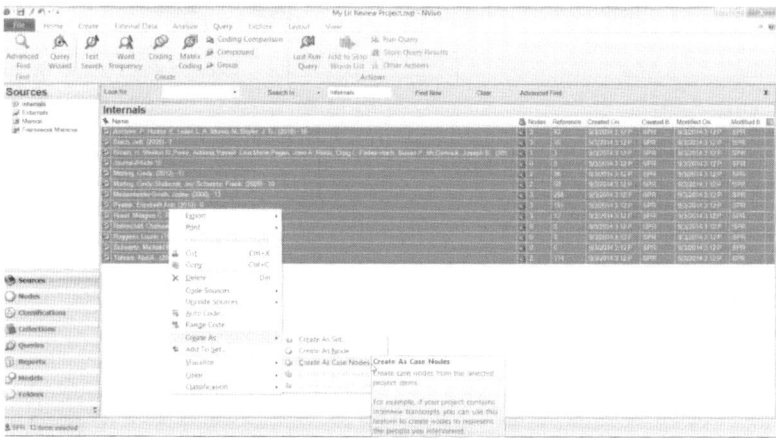

Nodes > authors > OK를 클릭

Nodes를 클릭

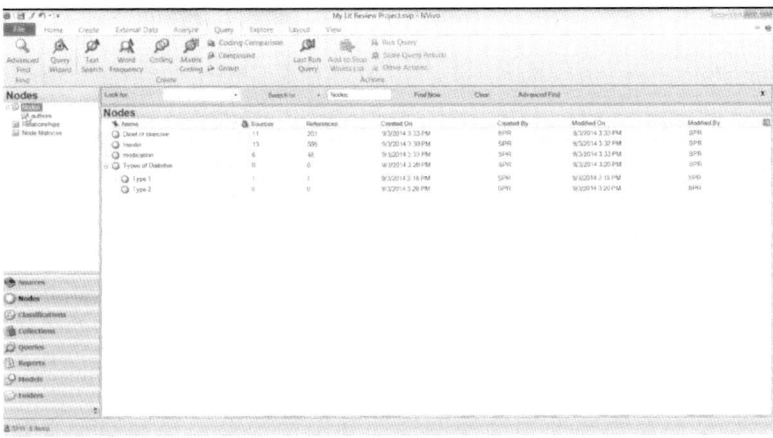

각각의 저자에 대한 노드를 아래와 같이 볼 수 있다.

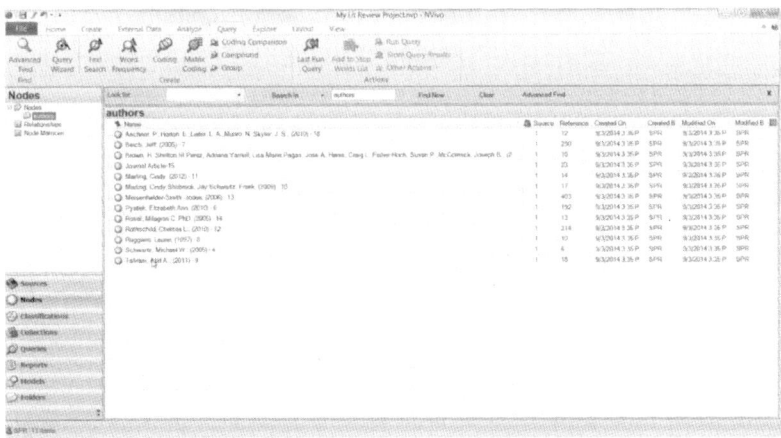

동일한 저자 명의 논문이 둘일 경우 노드 하나를 만들고 잘라서 합치기를 한다. Nodes > Cut

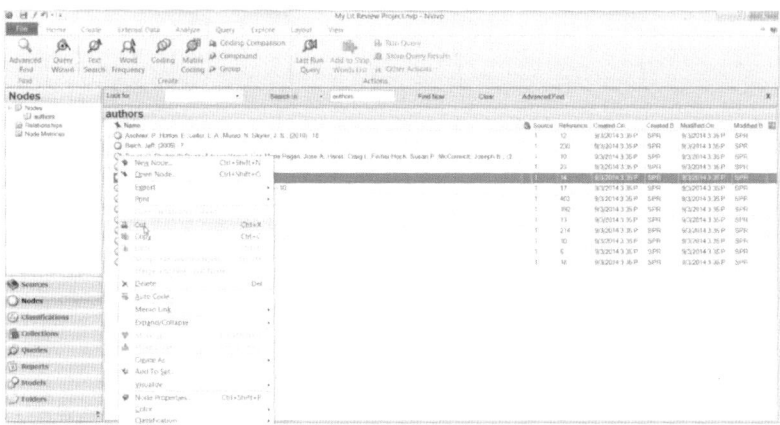

Nodes > Cut > Merge Into Selected Node를 선택

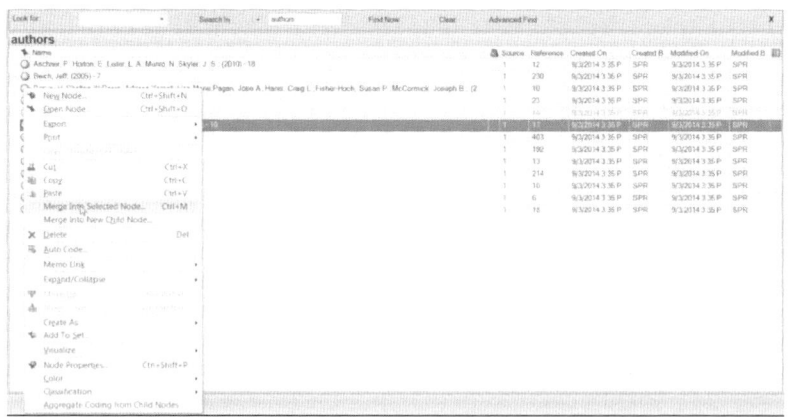

OK를 클릭

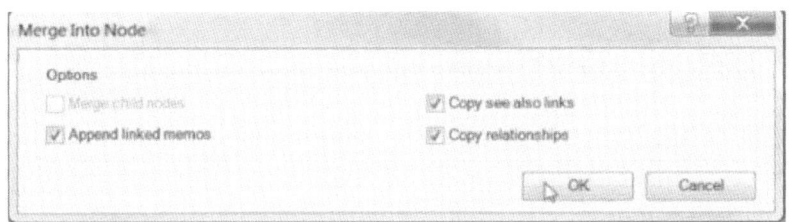

이렇게 하면 저자와 관련해서 작업한 내용을 모을 수가 있다.

이렇게 하면 여러 가지 작업을 수행해 나갈 수가 있다.
Matrix Coding을 선택

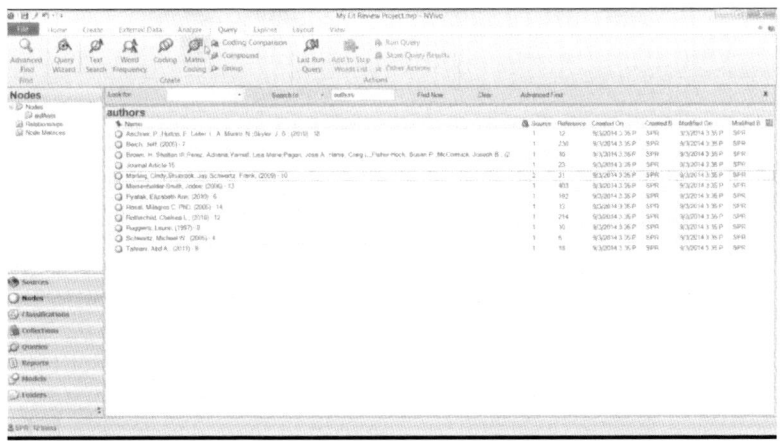

전술하였듯이 연구자는 서로 다른 주제에 대해 논문과 저자간에 관심 있는 내용을 살펴 보는 것으로 연구를 주로 시작 한다.

Rows를 클릭

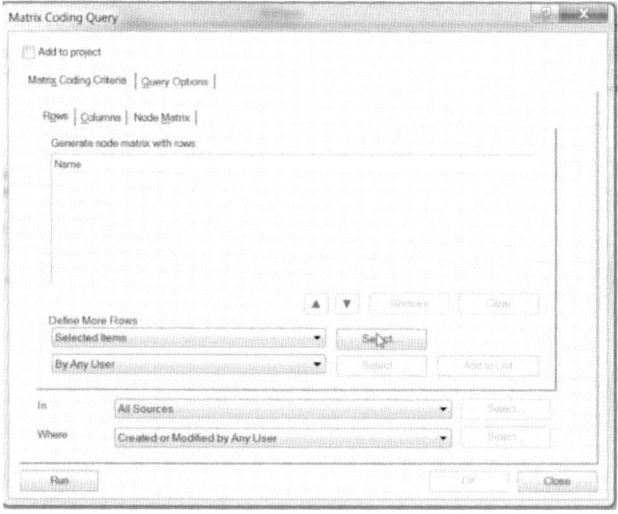

Select를 클릭

Nodes > authors > 저자를 체크 마크한다.

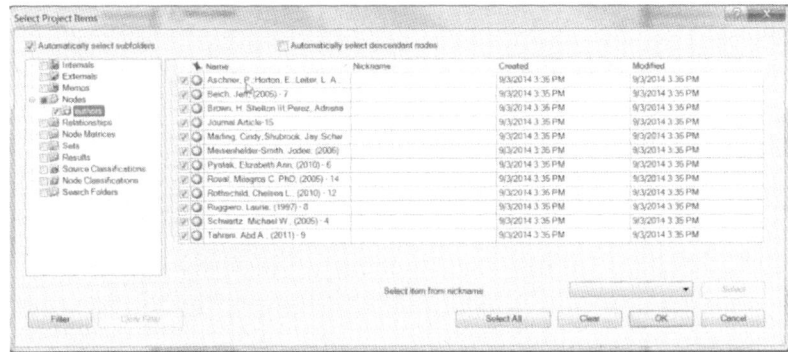

OK를 클릭

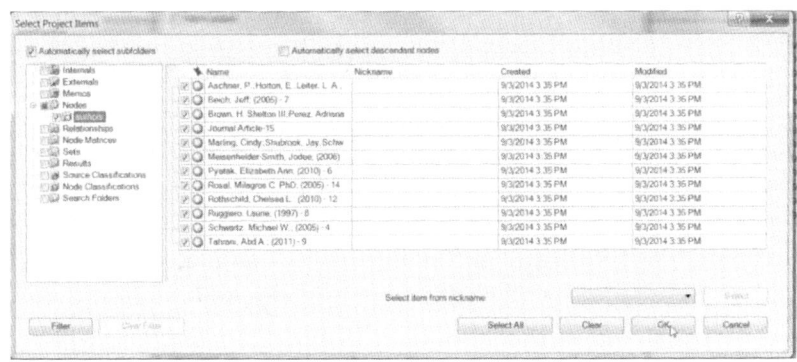

Add to list를 클릭

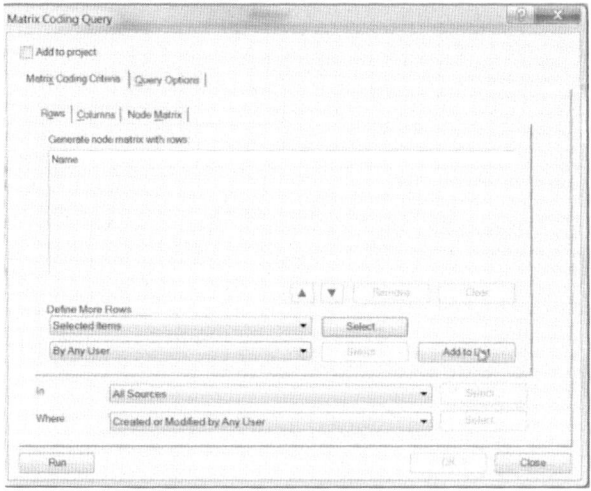

연구자가 관심 있는 주제를 논문의 저자가 어떻게 이야기하고 있
는지를 알고 싶을 때 Columns을 클릭한다.

Select를 클릭

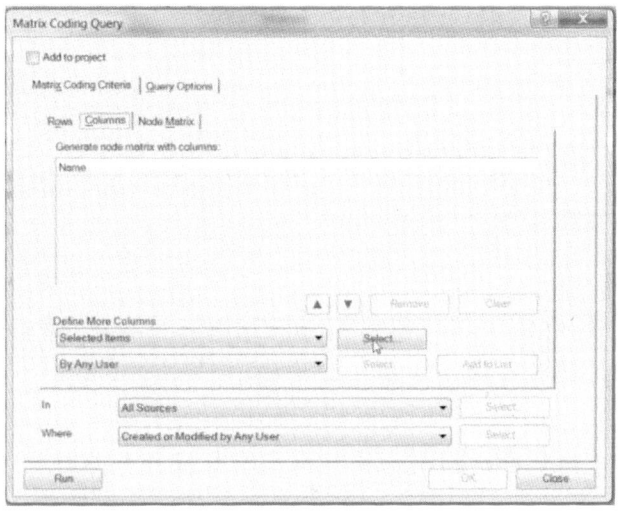

Nodes > Diet or exercise, insulin, 그리고 medication 을 선택 >
OK 를 클릭

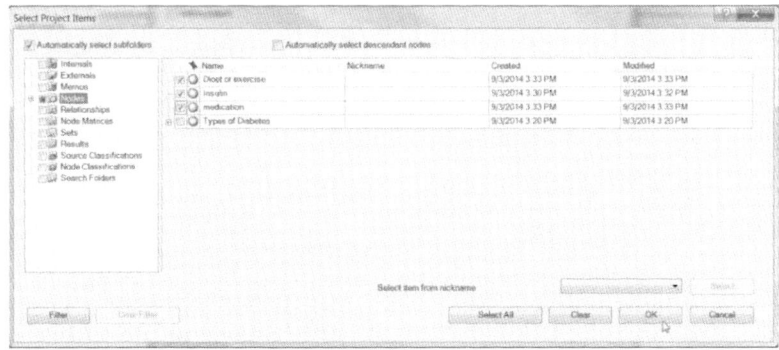

Matrix Coding Query > Add to list 클릭

Run을 클릭

각각의 주제 아래에 각각의 저자에 대한 reference의 수를 볼 수 있다. 여러 가지 방법 중에서 이 방법을 언급하는 경향이 많은 저자가 누구인지, 방법을 전부 언급하는 저자가 있는지, 언급되지 않은 다이어트 방법은 있는지 등을 알 수 있다.

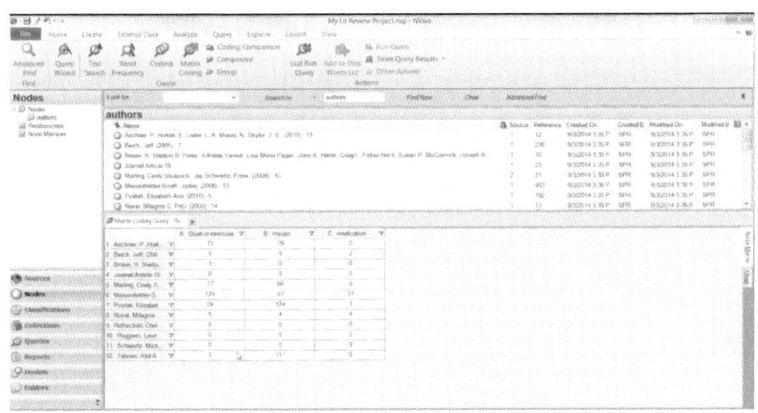

시각적 자료를 선호하면, 높낮이를 보여주는 음영을 노드 메트릭스로 만들 볼 수도 있다. Node Matrix를 클릭 한다.

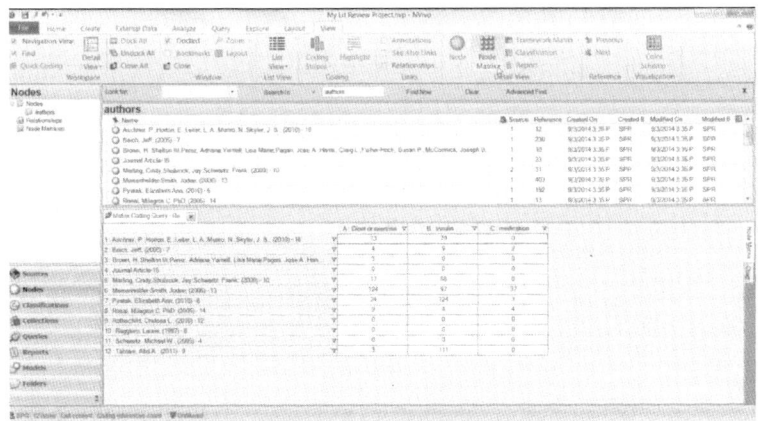

아래와 같이 결과를 볼 수 있다.

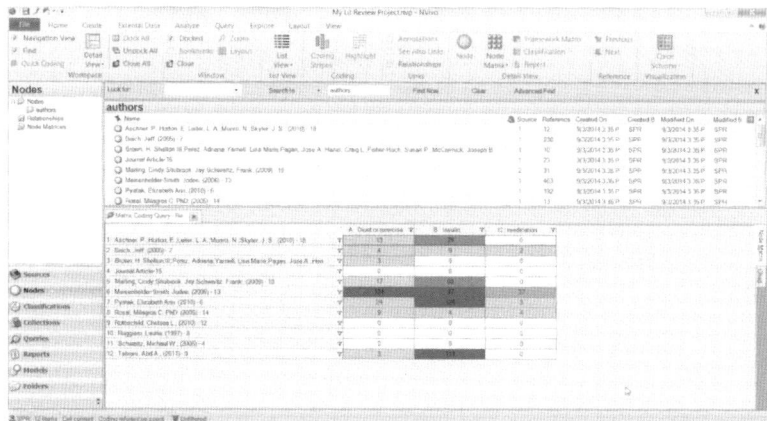

메트릭스와 관련하여 연구자가 선호하는 점은 잠재적인 패턴이 무엇인지를 찾아 볼 수 있다는 점이다. 숫자 뒤에 있는 자료를 볼 수가 있다.

Cell을 두 번 클릭한다.

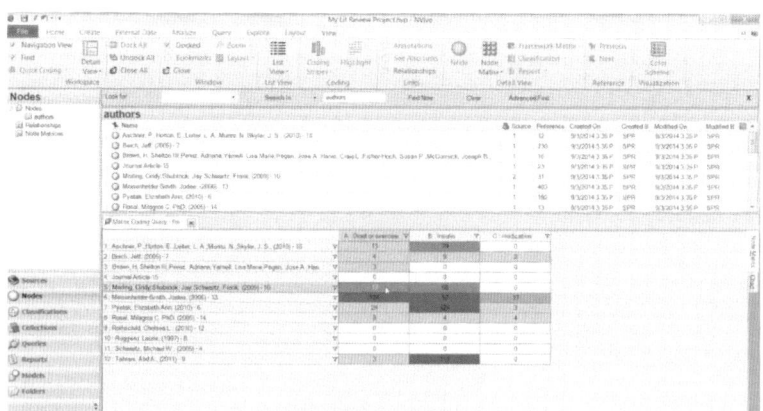

아래와 같이 reference를 볼 수 있다.

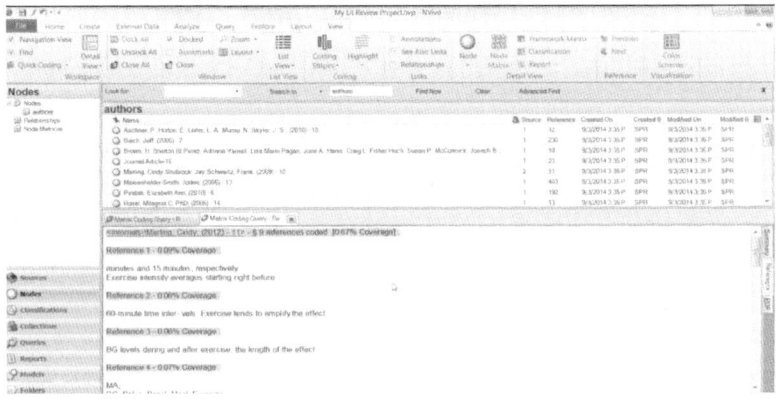

아래와 같은 결과를 볼 수 있다. 다른 곳에 가서 별도로 무엇을 찾을 필요가 없다. 별도의 노트북이 필요하지도 않다. 논문을 일일이 다 읽어 볼 필요도 없다. 바로 여기에 있다.

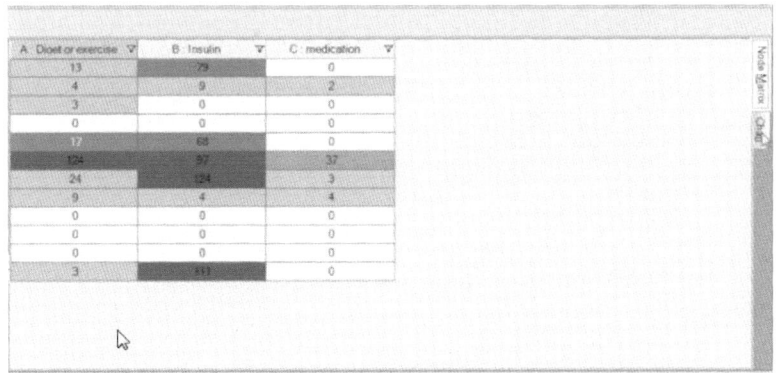

시각적인 것을 선호하는 사람을 위하여 NVivo는 3 D 챠트도 제
공한다.

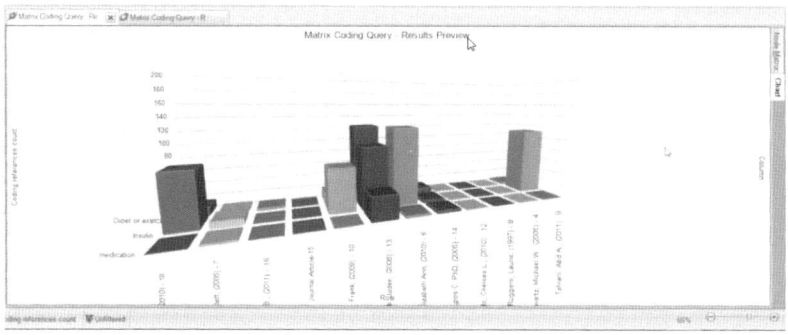

원하면 다른 옵션을 선택 할 수도 있다.

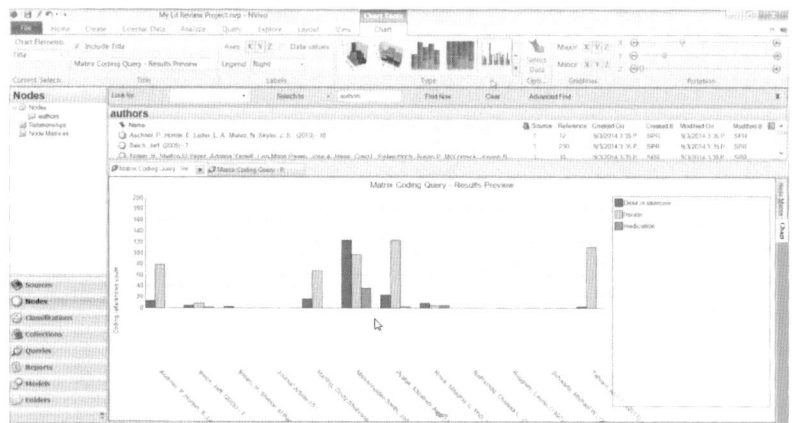

차트를 보면, 정상과 골짜기를 볼 수가 있다.

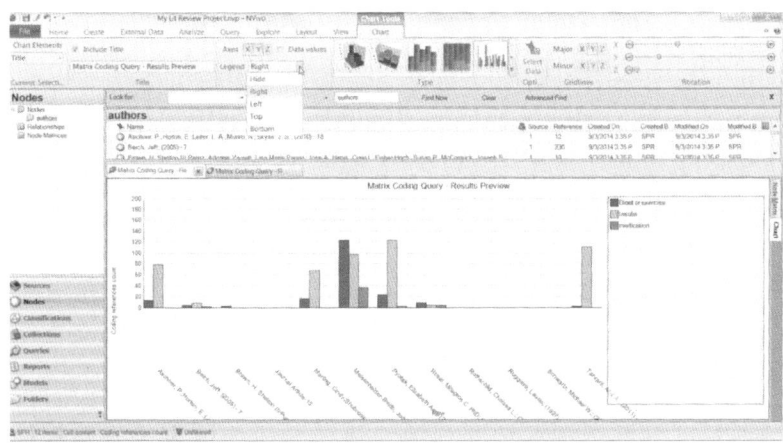

오른쪽 마우스를 클릭하고 이 차트를 내보내기를 하고 본인의 논문 발표나 기타 발표 때 사용을 할 수 있다.

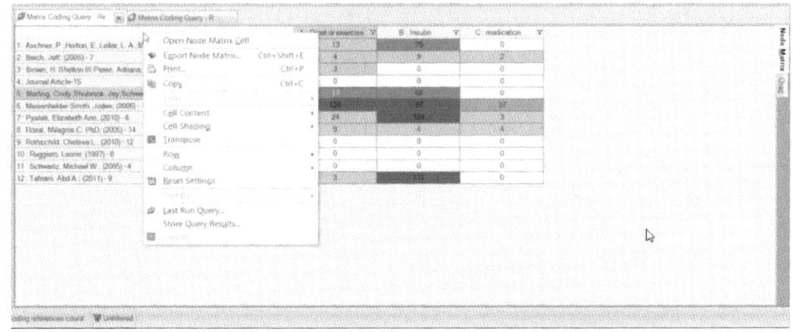

매트릭스를 내보내기를 할 수도 있다. 예를 들면, 찾은 내용을 엑셀로 내보내기를 하고, 차트나 기타 특정한 부분을 조정을 할 수 있

다. 이 밖에도 다른 옵션이 있으며 애초 값으로 지정이 된 것은 코딩 reference이다. 그러나 Words Coded나 Row Percentage에서 다른 것들도 볼 수 있는데,

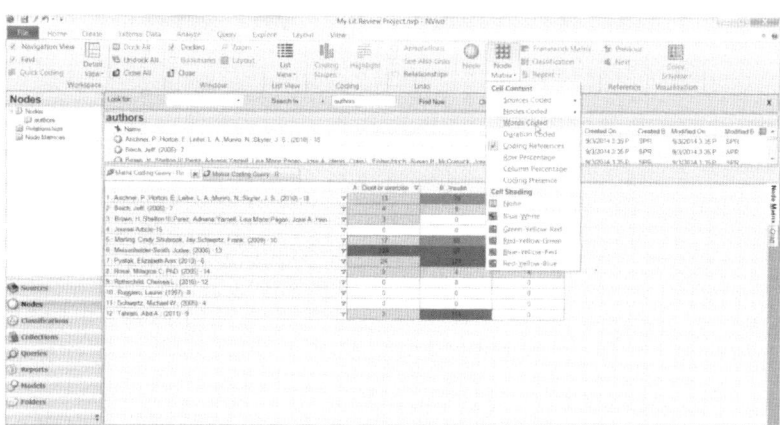

열 퍼센트가 한 예가 될 수 있다.

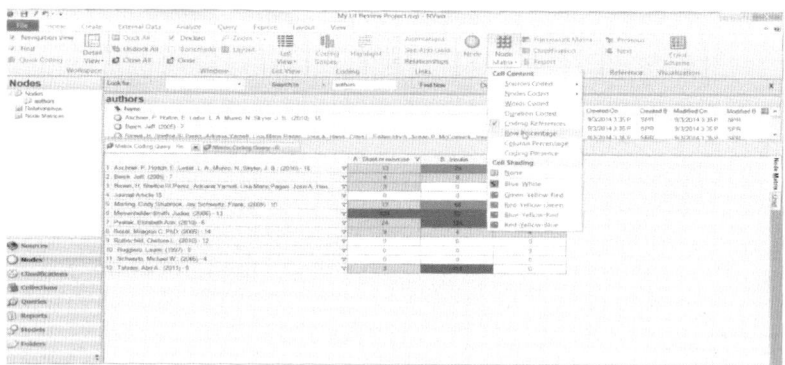

열 퍼센트가 한 예가 될 수 있다. 퍼센트에서 볼 수 있는 것은 특정한 열에 코딩이 된 모든 자료에서 각각의 셀에서 나타나는 퍼센트는 무엇이냐는 것이다. 다시 말하면, 자료의 퍼센트를 볼 수 있는데, 이 경우에는 특정한 관리 방법과 관련해서 언급하는 학자의 자료에는 몇 퍼센트인지를 볼 수가 있다. 행도 마찬가지로 특정한 행에 코딩이 된 모든 자료에 대해 각 셀에 나타나는 퍼센트를 볼 수 있다.

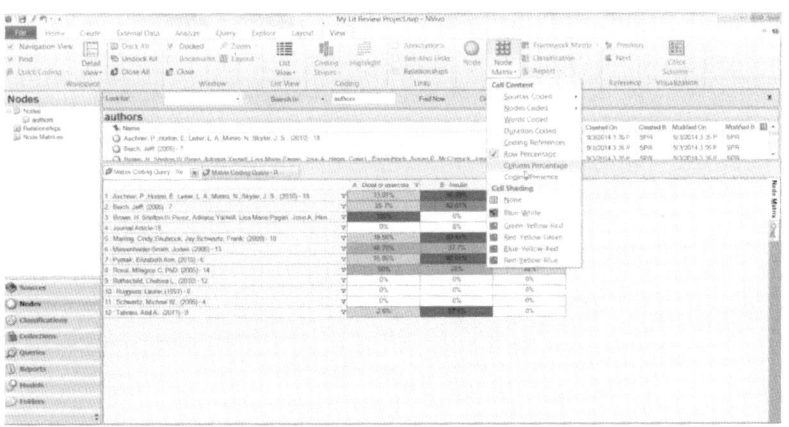

관련 문헌에서 특정한 주제에 대해 공백을 찾고 연구 필요성을 언급할 때도 매우 긴요하게 사용 할 수 있는 도구이다.

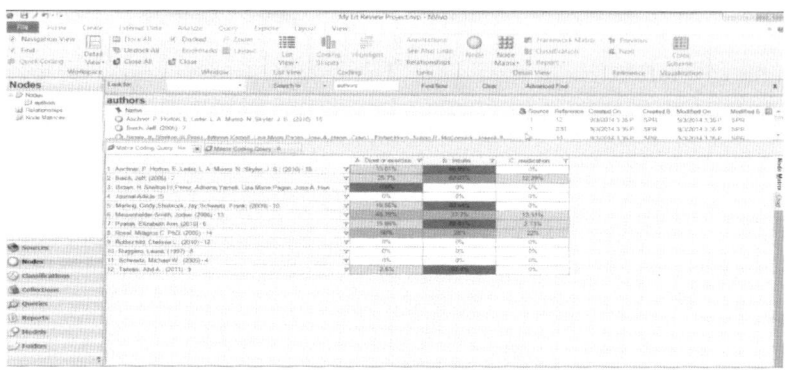

1) 논문 글쓰기를 위한 자료의 글쓰기

여러분들과 나누고 싶은 또 다른 도구는 매트릭스인데, 이것은 소스 옵션에서 주로 숫자에 초점을 두는 경향이 많다. 아래의 그림은 소스에 있는 framework matrix 를 보여주고 있는데, 텍스트에 기반을 두고 있다.

논문을 작성 할 준비가 되었을 때 framework matrix를 만든다.

Sources > Framework Matrices

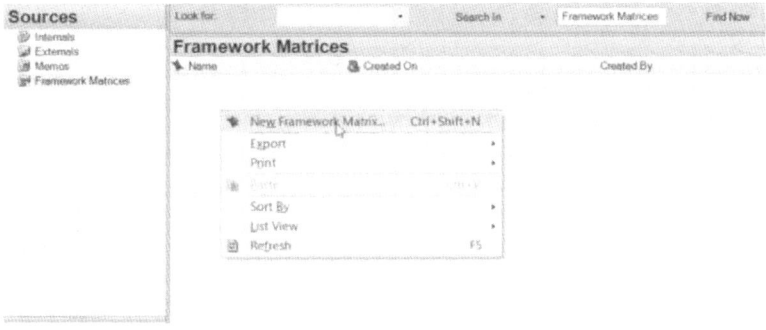

New Framework Matrix > author comparison 입력

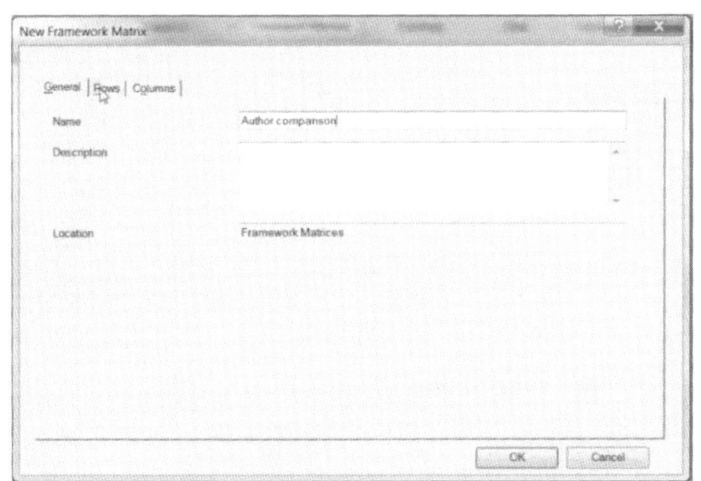

Framework matrix에서 Row는 case nodes를 지정을 해 주어야 한다.

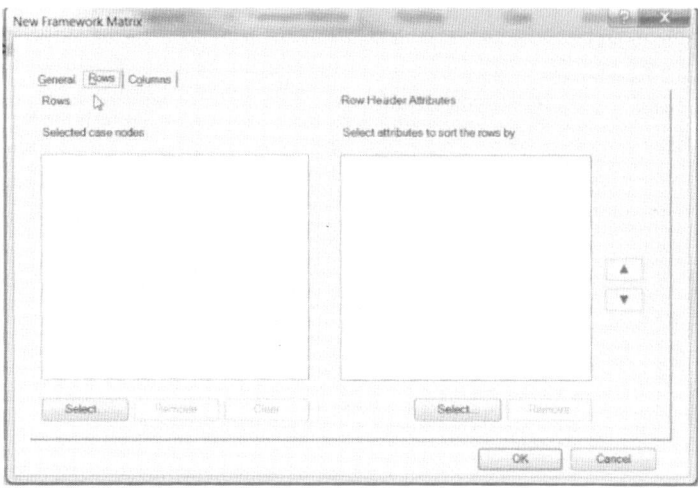

Framework Matrix > Row > Select를 클릭

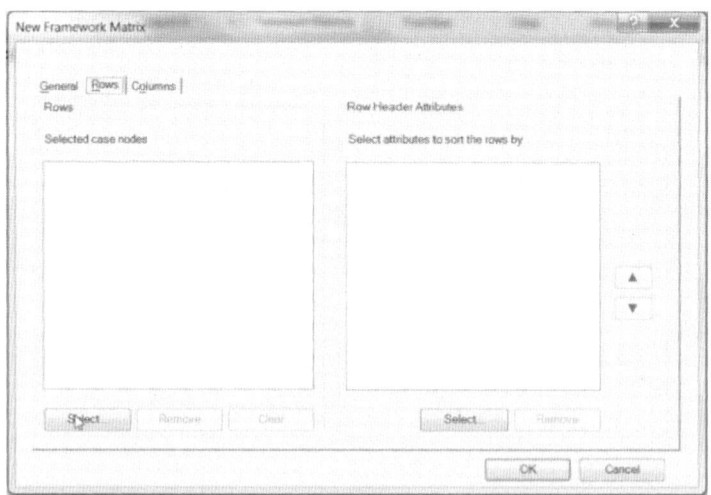

Nodes > authors > OK를 클릭

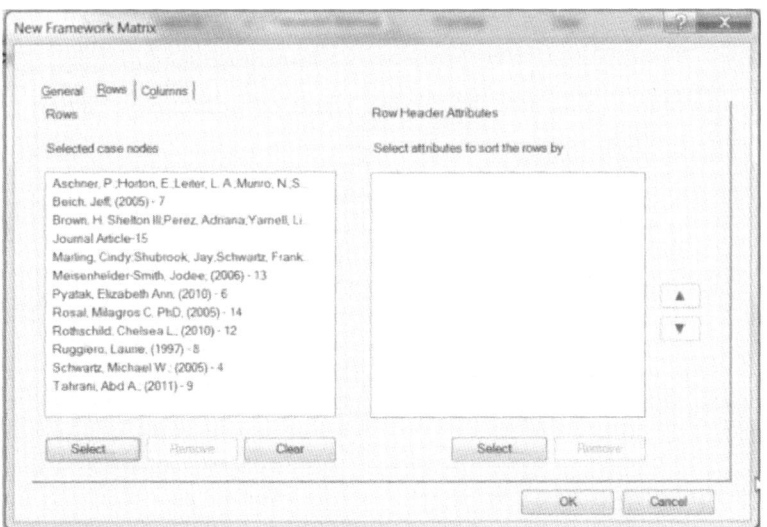

아래와 같은 결과를 얻을 수 있다.

New Framework Matrix > Columns > Select를 클릭

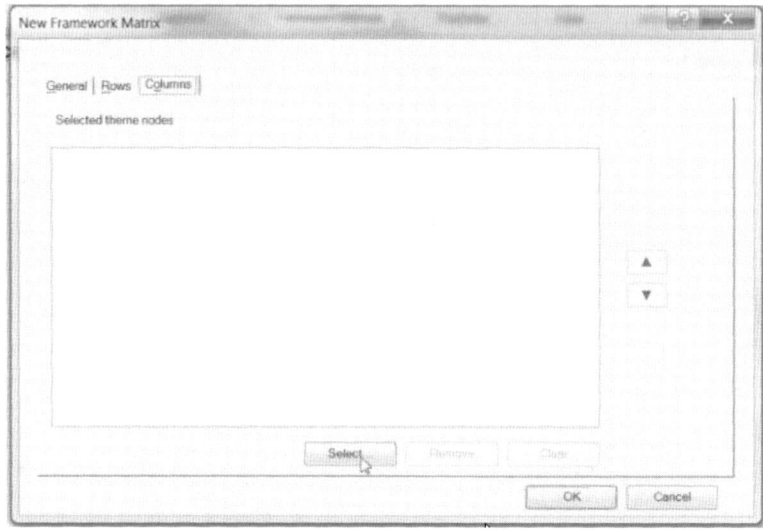

행은 비교 하고자 하는 주제를 말한다. Case에서 관리 방법 체크 마크하고 OK를 클릭 한다.

New Framework Matrix > General > OK를 클릭

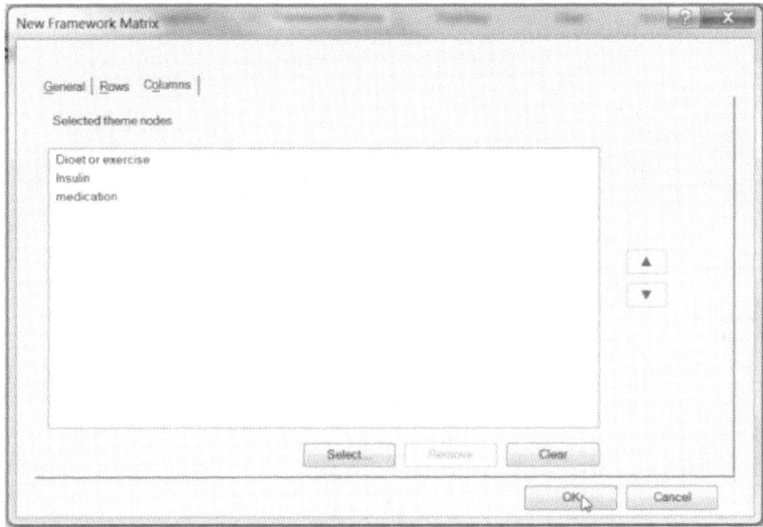

Nvivo에서 매트릭스가 생성이 된다.

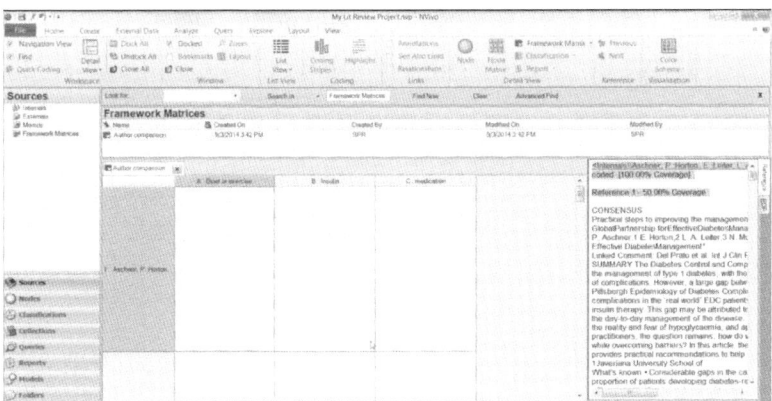

저자는 저자가 위의 논문에서 각각의 주제별로 언급한 저자를 코
딩을 한 자료와 셀에 옮기려고 한다.

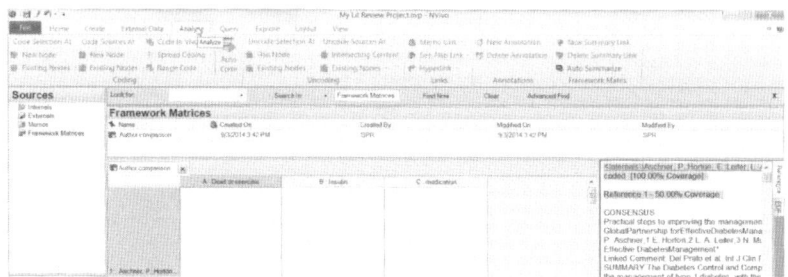

Analyze > Auto Summarize를 클릭

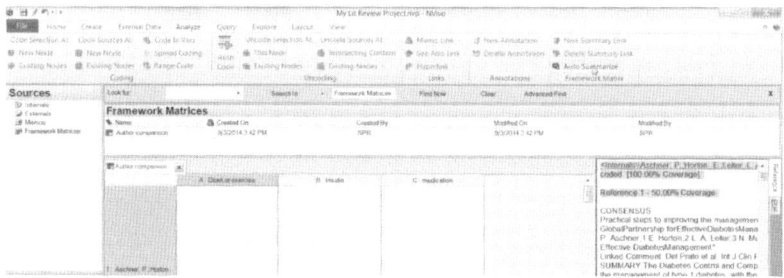

NVivo는 저자 코딩한 자료를 취하고 코딩이 속하는 각각의 셀로
이동을 시킨다.

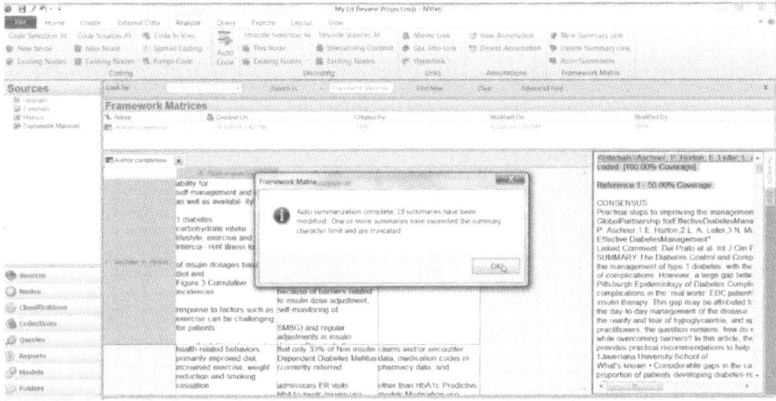

아래와 같은 훌륭한 그래픽 조직자를 볼 수 있다.

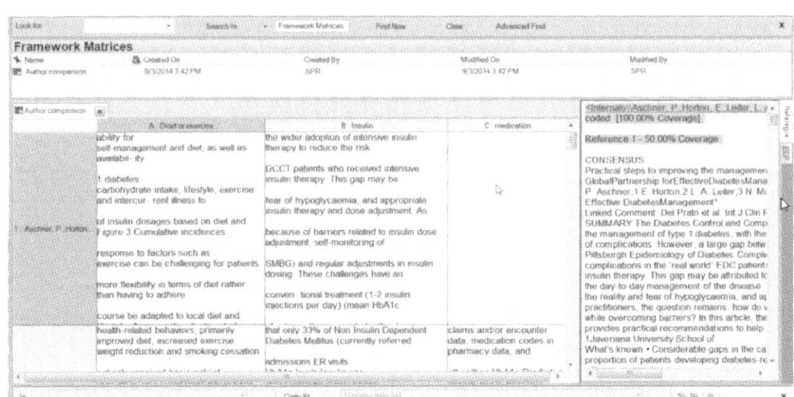

열을 보면, 특정한 저자가 특정한 주제에 대해서 말한 것을 볼 수 있다. 행을 내려 가 보면, 여러 연구자가 같은 주제에 대해서 어떻게 말했는지를 볼 수 있다.

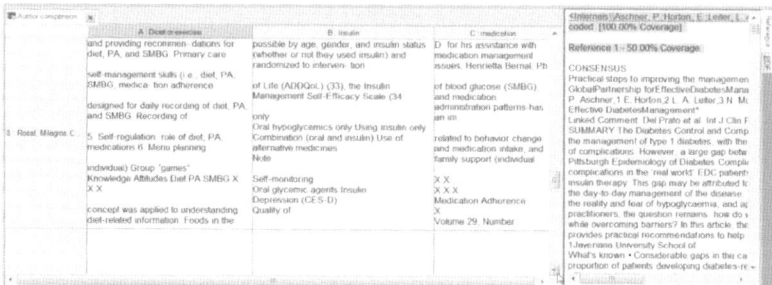

논문 작성을 할 때 이 기능은 마치 연구자가 천국에 있는 것 같은 착각을 일으켜 준다.

셀 내부에 노트를 작성할 수도 있다.

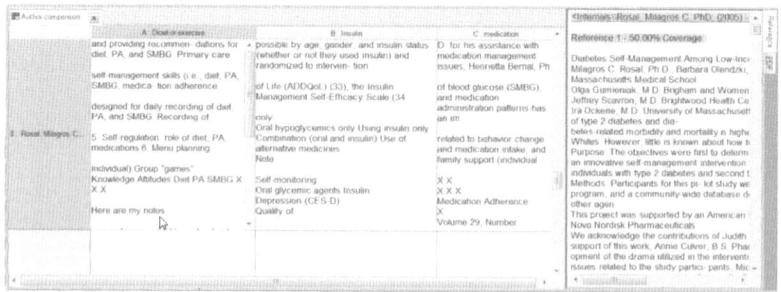

여기에 연구자 메모를 작성할 수가 있다. 저자가 습관적으로 하는 일은 노트하는 내용을 추가 할 때 마다 색깔을 바꾸는 것이다.

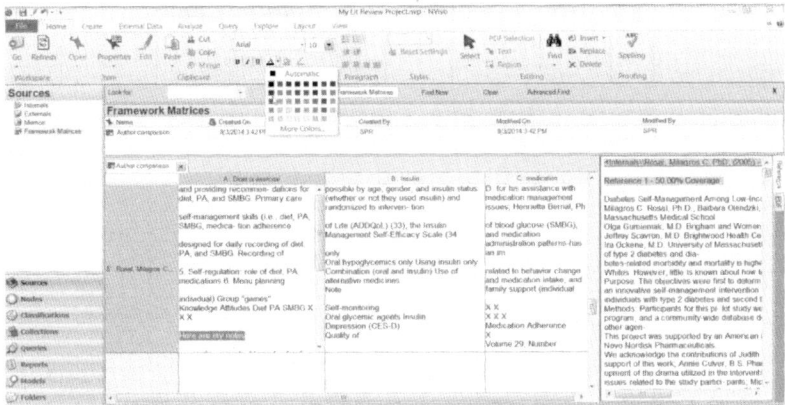

이렇게 하면 필요할 때마다 특정한 저자에 대해 노트한 내용이 무엇인지를 찾을 수 있다.

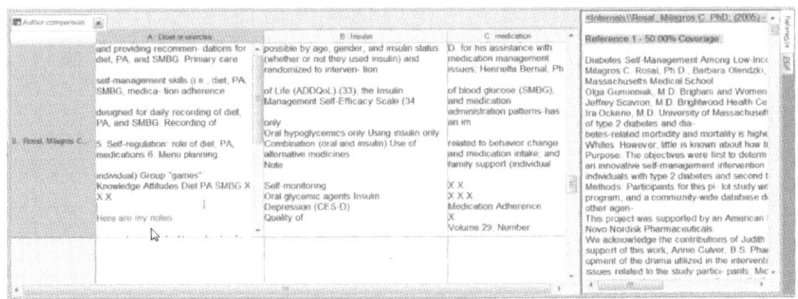

연구자는 이 framework을 내보내기를 할 수도 있다.

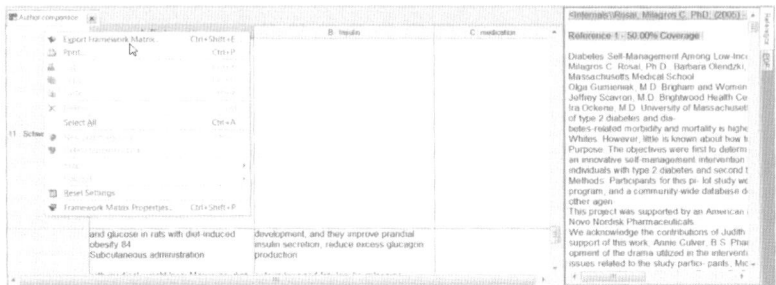

저자의 컴퓨터로 내보내기를 할 수도 있고, 엑셀 스프레드 시트로
보낼 수 도 있다.

내보내기가 끝나면 저자의 컴퓨터 바탕화면에 author comparison
이 나와 있는 것을 확인해 볼 수가 있다.

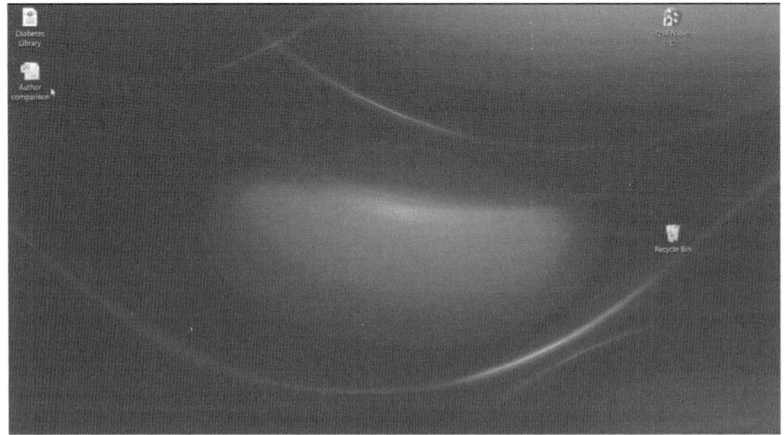

아래의 그림은 자료가 엑셀 스프레드 시트로 옮겨온 것을 보여주고 있다.

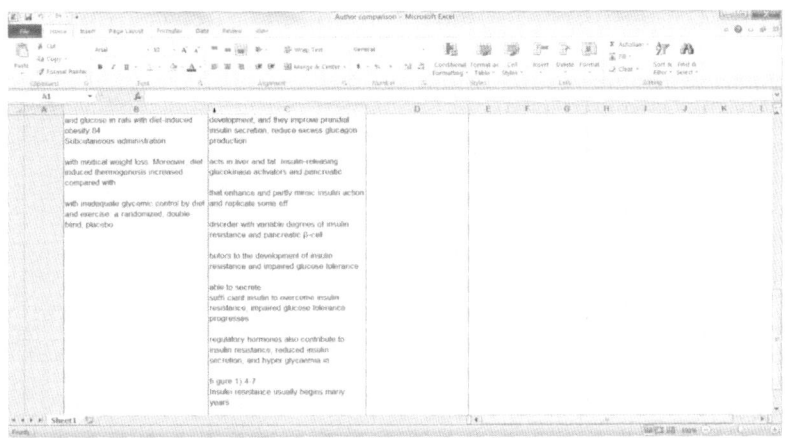

원하는 대로 조정이 가능하다. 자르고 붙이기를 하는 것이 용이할 것 같으나, 더 중요한 것은, NVivo가 없는 동료에게 전술한 정보에 대해 그들의 고견을 듣고자 할 때, 엑셀 스프레드 시트를 보내고, 동료가 발견한 잠재적인 패턴이나 경향에 대해 피드백을 제공해 줄 수 있을 것이다. 이러한 내용을 토대로 논문 작성을 시작 할 수 있다. 글을 쓰고, 논문 인용 자료를 만드는 동안, 이 시점에서 EndNote와 Word를 함께 사용 할 수 있다. 좀 더 효율적으로 정보를 구조화 하고 관리 할 수 있는 힘을 NVivo가 줄 것이다.

5. NVivo 11이 Zotero를 만날 때

1) NVivo 11 starter, plus, pro **차이점 비교**

여기서는 NVivo 11 starter, plus, pro를 이용하여 문헌조사를 수행
하는데 있어 높은 수준의 내용을 중심으로 포괄적으로 그 내용을 다
루어 보도록 하자.

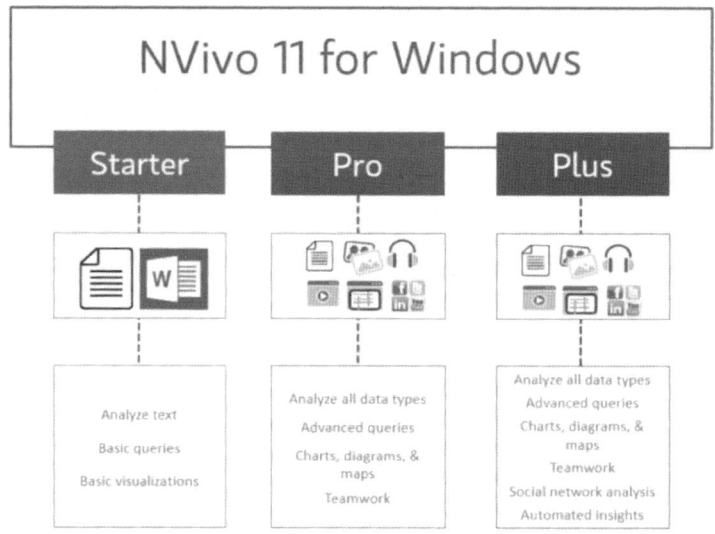

문헌조사를 할 때에 논문의 핵심적인 내용과 영향력 있는 저자를
찾아나가는 것은 분명 쉬운 일은 아니다. NVivo 11는 효과적으로
관리를 해주는 참고 문헌 소프트웨어나 PDF 파일을 불러오고 테그
를 쉽게하고 비평적인 안목으로 인용을 하고 여러 논문에서 아이디
어를 찾아나가는데 도움이 된다. NVivo 11에는 starter, pro, 그리고

plus 세가지 종류의 버전이 있고 NVivo 11으로 Refworks, Zotero 그리고 Mandalay로 부터 자료를 불러올 수 있다. 이 세가지 이디션은 PDF나 다른 문서 자료를 구조화하는데 도움이 되고 NVivo 11 pro 와 plus는 단일의 편리한 장소에 논문간 인용 정보를 관리 할 수가 있다.

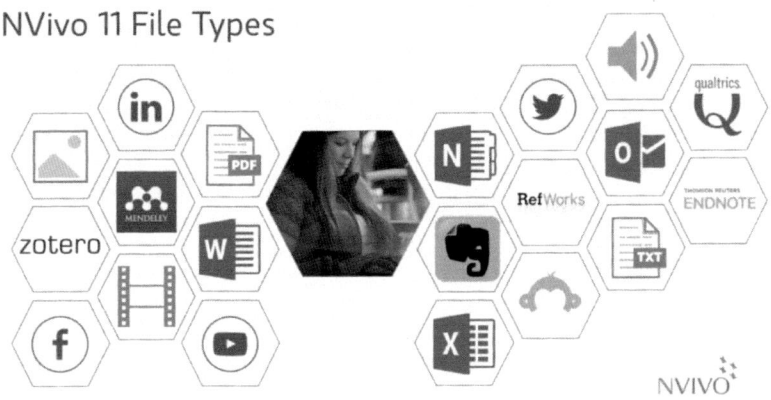

2) NVivo 11의 핵심 기능 요약

NVivo 11 pro와 plus는 Refworks, Mendeley, Zotero, 그리고 EndNote와 같은 논문 관리 소프트웨어로부터 첨부된 PDF를 포함한 도서관 자료를 불러올 뿐만 아니라 PDF 자료를 직접 불러 올 수도 있다. NVivo 11로 문헌 자료를 불러오면, 여러 논문의 핵심 용어를 신속하게 파악하기 위하여 NVivo 11를 사용 할 수 있다. 아래의 워드 크라우드는 자료와 직접 연결이 되어 있다. NVivo 11에서는 이러한 용어가 어떻게 사용 되었는지를 알아 볼 수 있다.

워드 트리는 중요 단어나 구를 식별하는데 도움이 된다. 단어나 구를 정교하게 찾아주는 텍스트 검색을 사용하여 주로 식별한다.

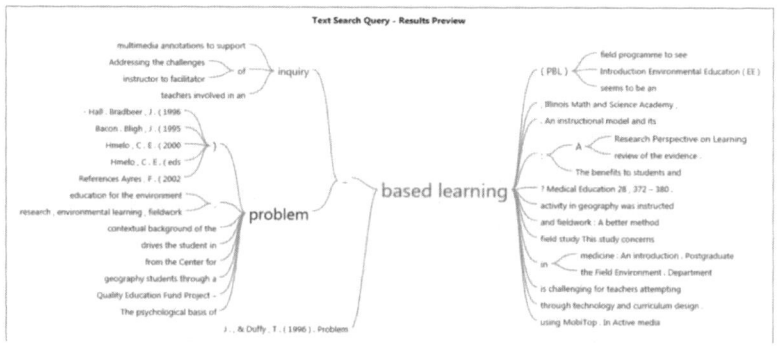

Framework matrix 는 논문이나 저자간 핵심 주제의 요약을 용이하게 하고 연구자의 노드 뿐만 아니라 논문 관련 문헌에서 여러 주

제를 쉽게 비교해 준다.

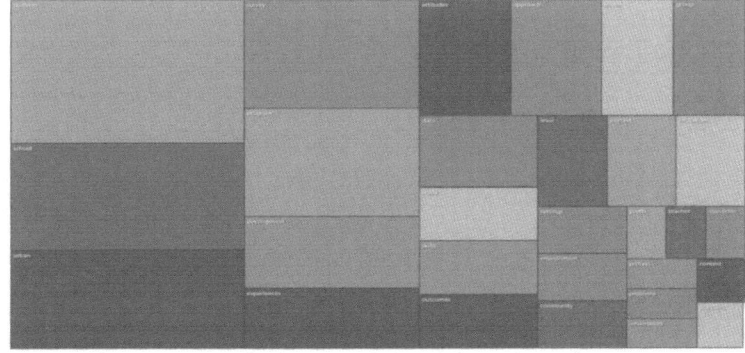

계층구조 챠트는 코딩이나 속성 값에서 나타나는 패턴을 시각화 하는데 도움이 된다. 트리 맵 이라고 부르는 계층 챠트인데 논문의 코딩을 시각화한다. 어떤 주제가 두드러지게 나타나는지와 계층구조 챠트를 사용하여 여러 가지 논문을 쉽게 읽어 볼 수 있다.

아래의 그림은 햇살무늬로 불리우는 또 다른 유형의 계층구조 차트로 문헌간에 나타나는 경향을 시각적으로 표현을 해준다. 문헌 관련 자료를 출판연도별로 분리를 하고 있다. 외곽의 선의 숫자는 매년 논문 발간 숫자를 의미한다.

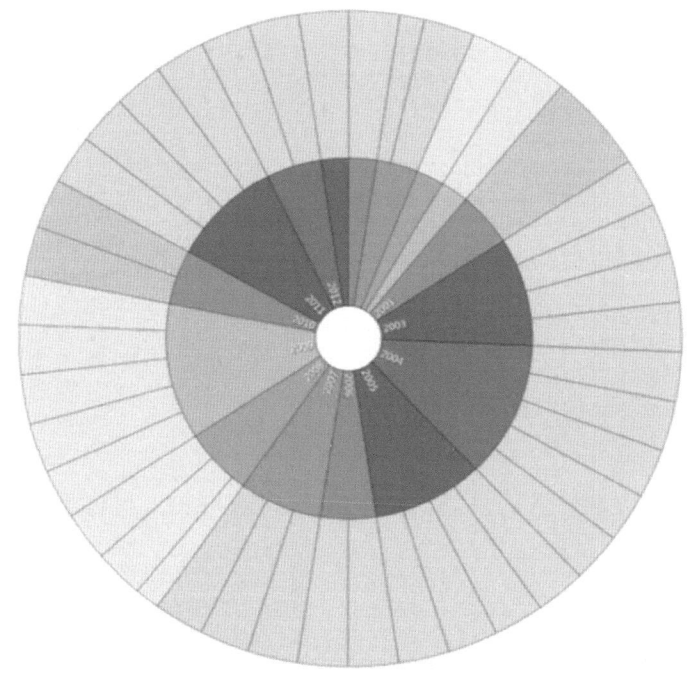

이것은 역동적 시각화이며 논문 저자를 보려면 줌 인을 할 수 있다. 예를 들면, 아래의 도표는 2005 년에 발간된 모든 논문을 의미한다.

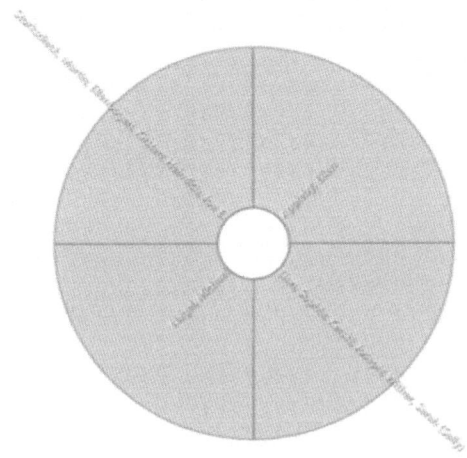

Explore diagrams는 프로젝트 항목간의 연결된 내용을 탐구하는데 도움이 된다. 예를 들면, 주어진 주제로 코딩이 된 자동 논문을 모두 볼 수가 있다.

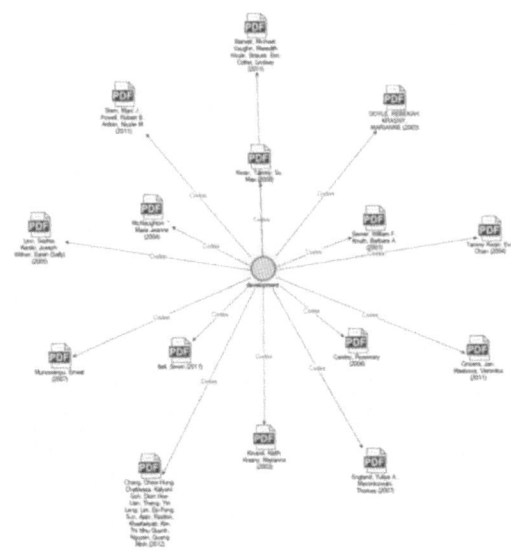

지금 부터는 문헌 조사를 수행 할 때 유용한 NVivo 11 도구에 대해 자세히 살펴 보기로 하자. 먼저 논문 자료 관리 소프트 웨어에서 관련 논문을 불러 오는 방법에 대해 알아 보기로 하자. 여기서는 주로 Zotero 를 사용할 것이며, 문헌 노드의 핵심적인 개념을 신속하게 이해하는데 도움이 되는 단어 빈도나 문서 검색을 NVivo 11 를 이용하는 다루는 방법을 설명하겠다. 문헌 노드는 다양한 문헌 소스에 대한 정보를 뭉쳐 놓은 질적 자료의 양동이를 말한다. 이것은 논문 간에 아이디어나 개념이 어떻게 분명하게 나타나는 지를 쉽게 볼 수 있게 해주며, 주제별 자동 코딩을 다룰 수도 있다. 이것은 NVivo 11 plus 에서만 사용이 가능하기는 하나 적절한 내용을 찾아 논문간에 이동을 하고 두 개의 노드를 코딩을 할 수도 있다. 마지막으로 Framework matrix 로 작업을 하고 계층구조 차트나 다이어그램 탐구하기와 같은 문헌에 나타나는 경향을 시각화하기 위한 도구에 대해서 살펴 보도록 하자. 다음으로 각각의 NVivo 11 개별 프로젝트로 이동을 하고 동일하게 기본적인 과정을따라 나간다. NVivo 11 에서 첫 번째 과업은 자료를 모으고 NVivo 11 과제를 만들고 자료를 NVivo 11 로 불러 오는 것이다. 그리고 나서는 정교한 코딩을 거쳐 자료를 분석하고 탐구하며 자료를 아는데 도움이 되는 시각화를 생성하고 다른 학자들과 연구 결과를 논의한다. NVivo 11 의 공 프로젝트로 이동하도록 하자.

여기서는 환경 교육관련 문헌으로 작업을 하기로 하는데, Zotero 에 있는 자료를 NVivo 11로 불러와 보기로 하자. 어떤 소프트웨어를 사용하느냐에 따라 형식이 서로 다르겠으나 여기서는 Zotero에 초점을 두고 담론을 전개해 나가겠다.

아래의 그림은 **NVivo 11** 시작 창을 보여주고 있다. 여기로 Zotero 자료를 불러 오도록 하겠다.

Zotero로 가면 아래와 같은 창을 볼 수 있다.

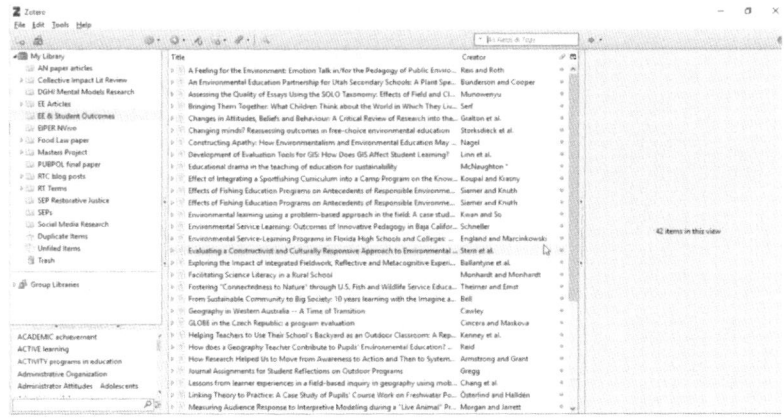

내보내기를 하고자 하는 모든 것을 아래와 같이 선택하고 RSS 포 멧으로 파일을 정한다.

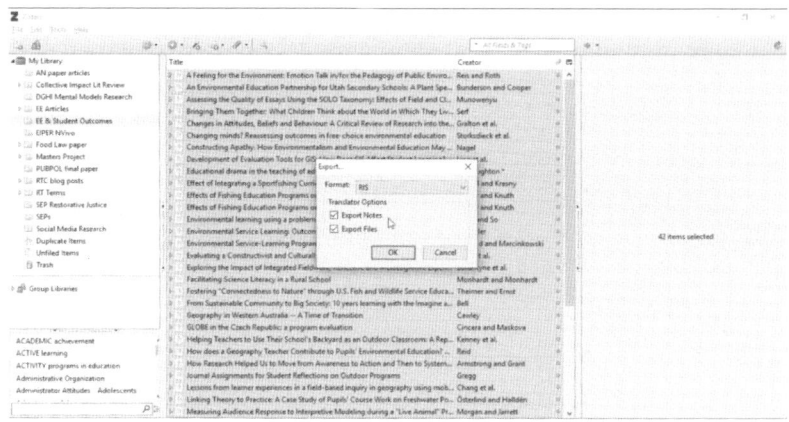

자료 내보내기를 하였고 NVivo 11로 불러 오려면 Query > From Other Sources > From Zotero를 선택한다.

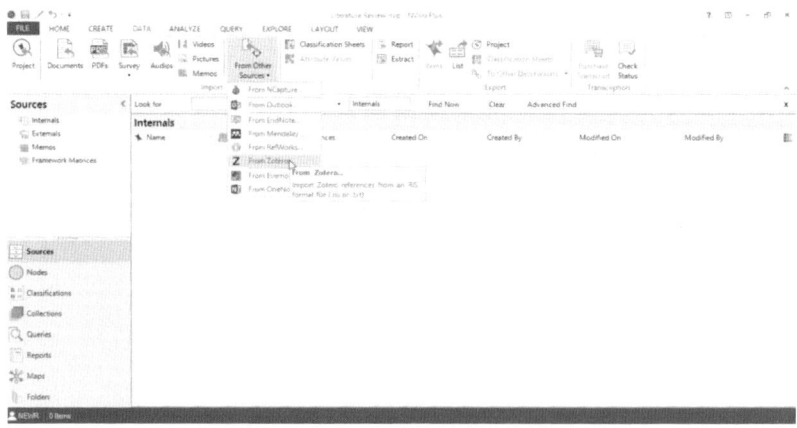

Import from Zotero > NVivo 11 Sample Data를 클릭 한다.

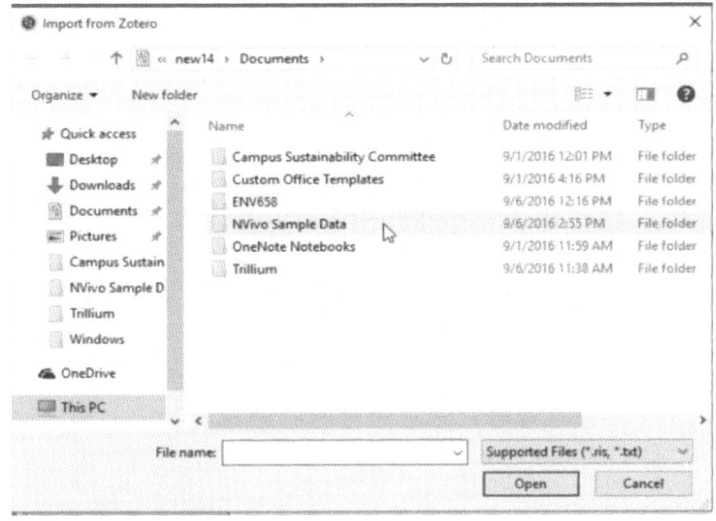

Import from Zotero > Desktop으로 이동

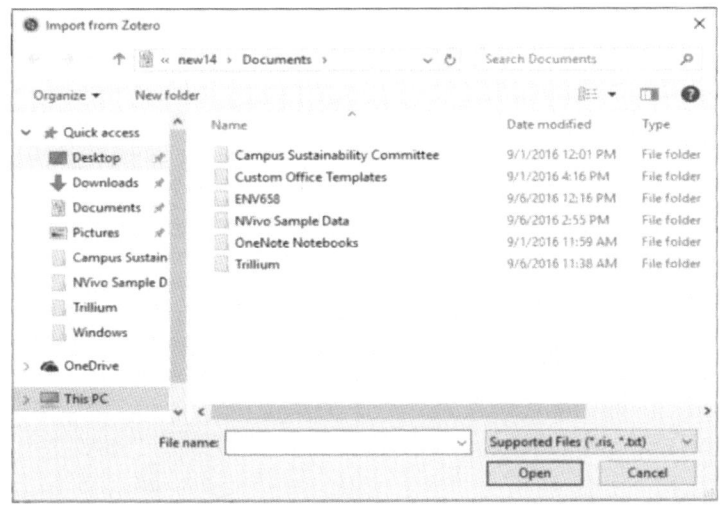

Import from Zotero > Desktop > Exported Items

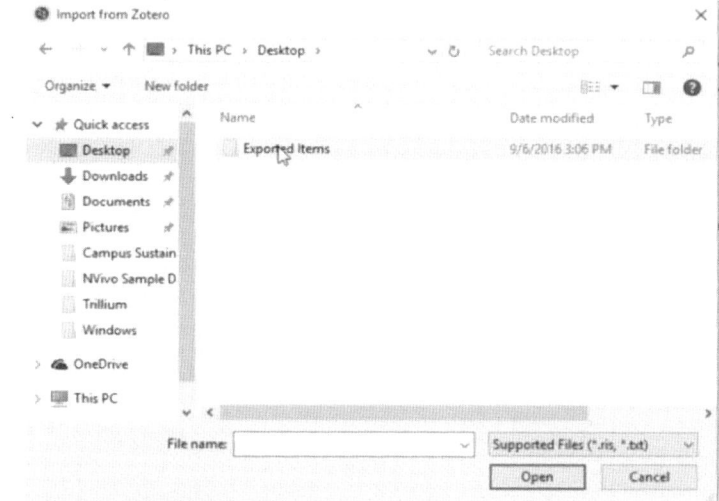

Import from Zotero > Desktop > Exported Items (저자의 컴퓨터의 경우)

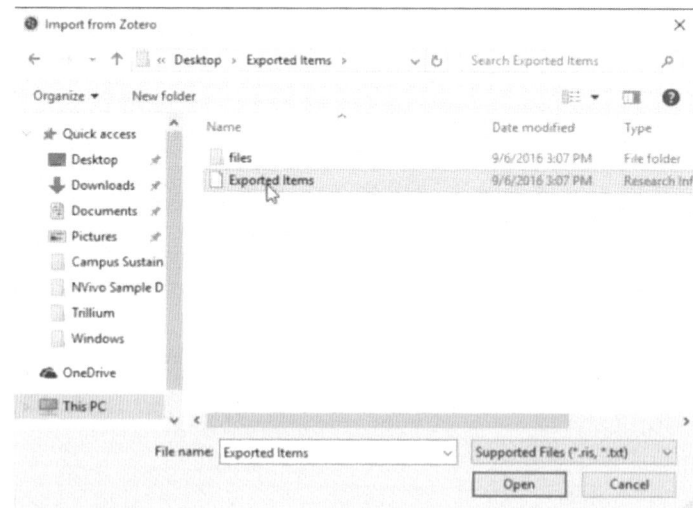

Import from Zotero > Desktop > Exported Items > Open 을 클릭 한다.

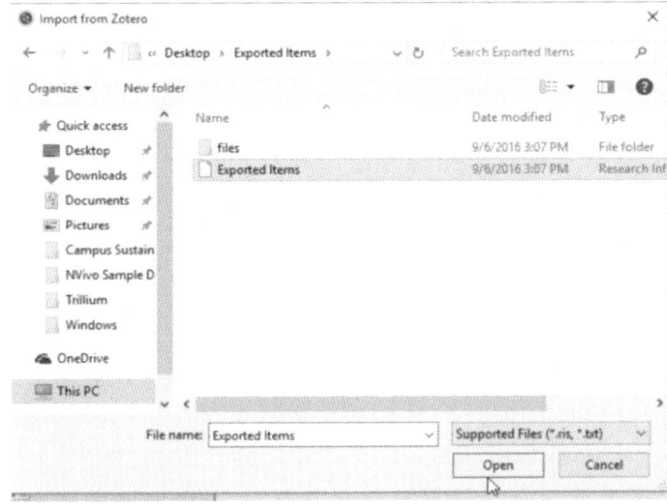

3) Zotero에서 관련 논문을 NVivo로 불러오기

지금부터 환경 교육과 관련된 문헌으로 작업을 진행해 보도록 하자.

Zotero에서 온 자료를 보면 사람들이 의견을 제시하고 있는데, Name Source의 옵션으로 제목, 저자와 년도를 선택할 수 있다. APA 스타일로 작업을 하는 경우 저자와 년도를 선택할 것을 권장한다.

그리고 나면, 자료의 위치를 알게 된다.

Zotero에 PDF 파일이 첨부가 되어 있으면, NVivo 11에서는 internal로 그 자료가 들어온다. NVivo 11로 자료를 불러오면 internals에 저장이 되며 다양한 종류의 자료를 여기에 불러올 수가 있다. 인용 자료에 아무것도 첨부된 것이 없으면, 논문 접근 권한이 없고 external이라고 부르는 외부 문서를 만들 수가 있다.

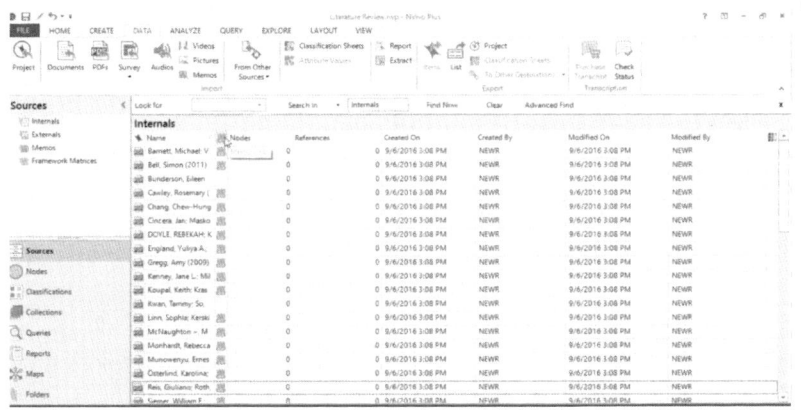

Sources > Internal 선택. NVivo 11에 있는 모든 PDF 파일을 아래와 같이 볼 수 있다. 특정 파일을 선택하고 열어 보면 아래와 같은 결과 창을 볼 수 있다.

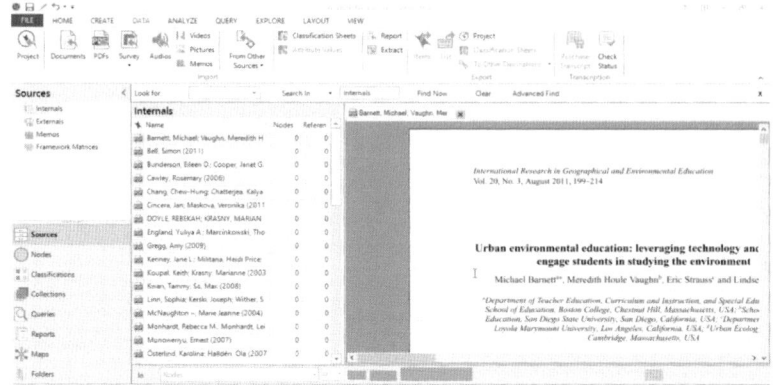

해당하는 논문을 아래와 같이 하이라이트를 하고 코딩을 할 수 있다.

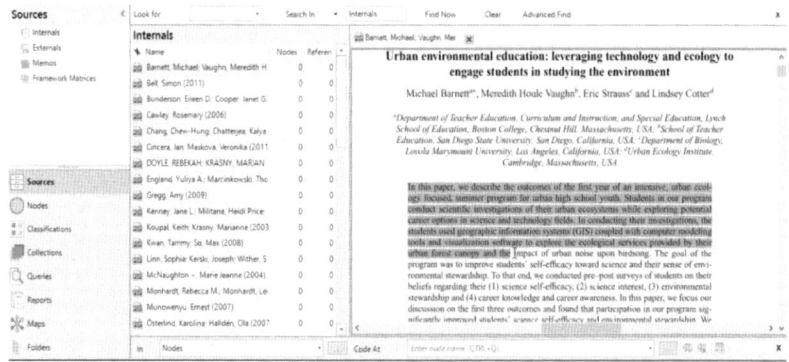

아래와 같이 참고 문헌에 PDF가 첨부 되어있지 않을 경우에는

NVivo 11는 아래와 같은 external이라고 부르는 대행 문서를 만들어 준다.

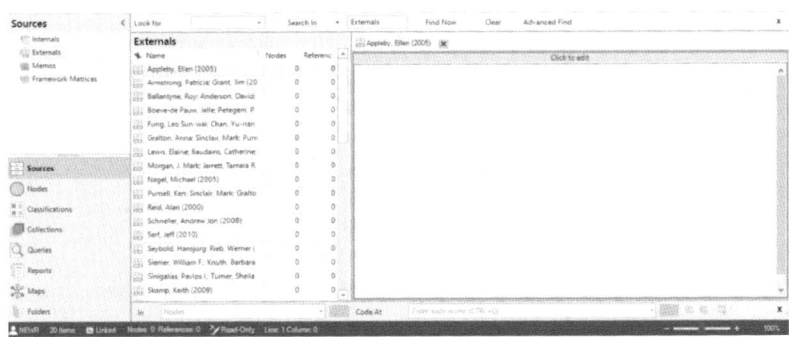

여기에 문서 작업을 할 수가 있는데 예를 들면, 자료에 접근은 가능하나 책이 하드커버이고 이 책을 전부 복사를 해서 NVivo 11로 불러오지 않을 것이라면 종이나 문서처럼 논문에 관련된 정보나 인용하고자 하는 내용을 입력을 할 수가 있다.

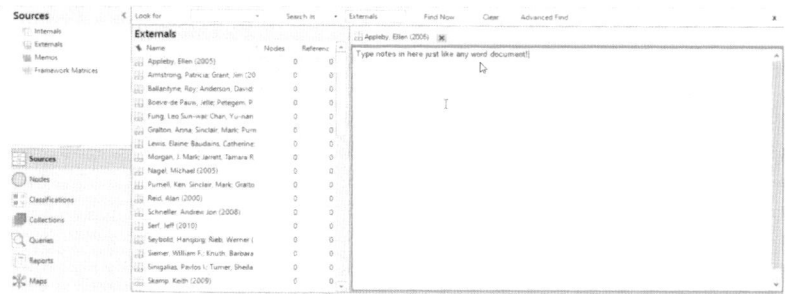

Zotero에 초록과 키워드 또는 인용 자료에 코딩을 한 모든 노드와 같은 추가 정보가 있을 경우에 메모로 연결을 할 수가 있고 아래와 같은 노란색 아이콘으로 표시된 것을 클릭하면 모두 볼 수가 있다. 수와 internals가 있다.

연결된 메모를 보려면 Sources > Internal > text 선택 > Memo link > Open Linked Memo를 클릭 한다.

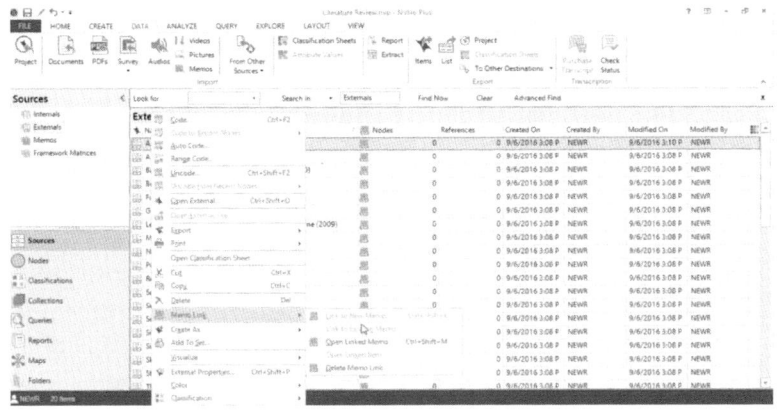

아래와 같이 자료에 연결된 메모를 볼 수가 있다. 논문의 초록을 볼 수가 있는데, 키워드나 다시 한번 접근할 필요성이 있는 노드에 대한 추적을 해 볼 필요성이 있을 경우 내용을 확인해 볼 수 있다는 점에서 매우 유용하다. External 과 마찬가지로 추가 정보를 편집하거나 입력을 할 수도 있다.

4) NVivo 11을 활용한 단어 빈도나 문서 검색

단어 빈도 검색은 문헌에서 사용된 고 빈도 단어를 산출하여 자료에 등장하는 주제를 식별하는데 도움이 된다. Word Frequency를 선택 한다.

Word Frequency > 원하는 text를 선택

Word Frequency > 원하는 text를 선택 > Run Query를 클릭

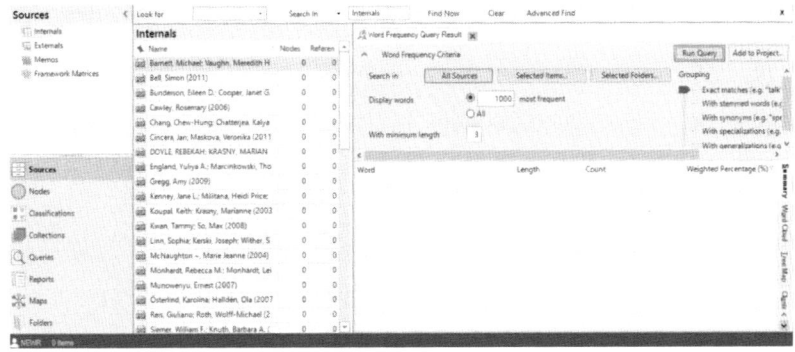

아래와 같이 가장 빈번하게 사용된 단어 목록을 볼 수가 있다.

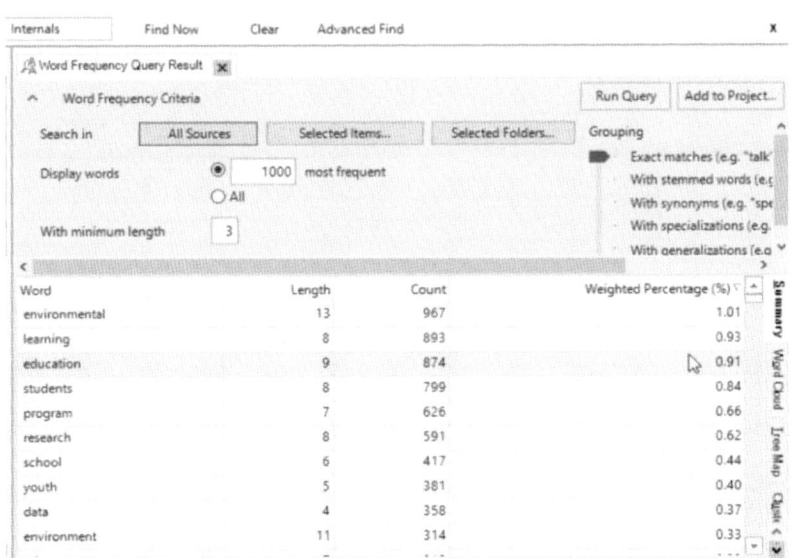

목록 중에서 제거하기를 원하는 단어가 있을 경우 단어 필터는 특히 도움이 되지 못하며 단어 중지 목록을 사용 할 것을 권장한다. Word Frequency Query Results > 원하는 단어 선택 > 오른쪽 마우스 클릭 > Add to Stop Words List 클릭

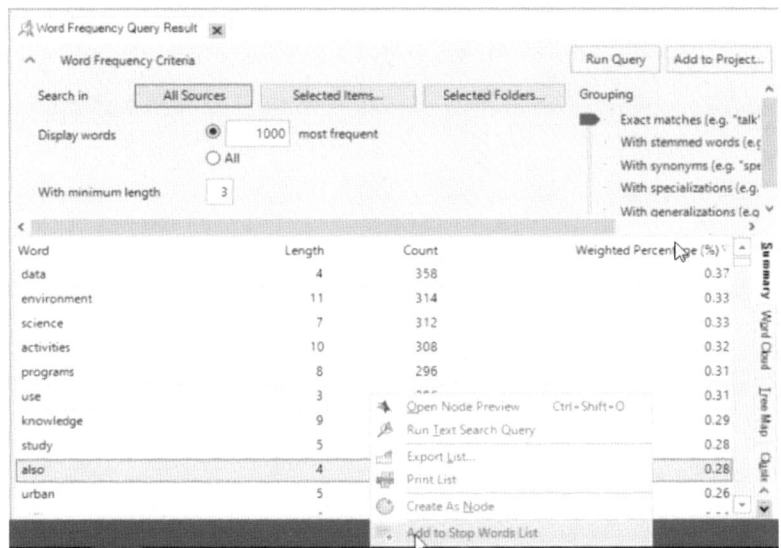

Add to Stop Words > OK를 클릭

검색으로 돌아와서 보면 단어 중지 목록에 포함 시킨 단어는 사라진 것을 알 수 있다.

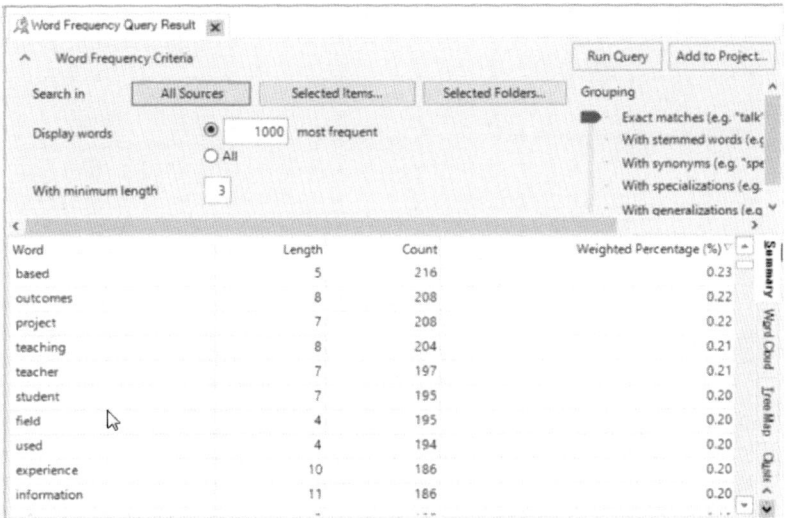

단어 빈도 검색에서는 자동으로 단어를 그룹으로 묶어주는 기능이 있는데 아래를 보면 애초 값으로 정확하게 일치하는 단어를 선택하라고 되어 있다.

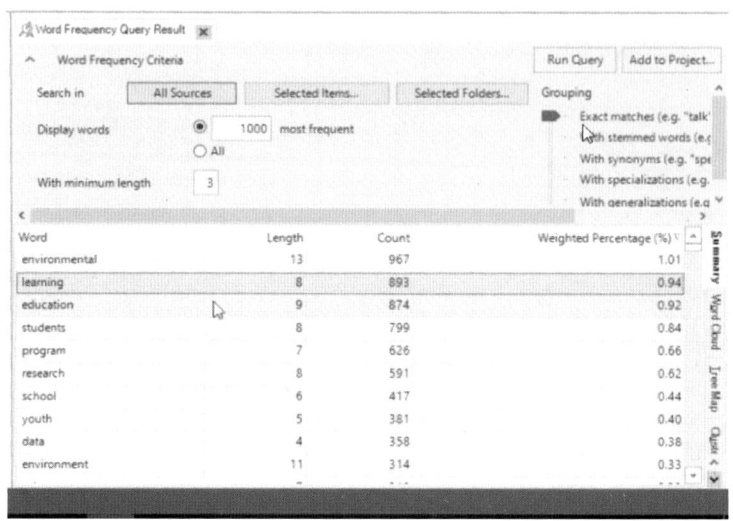

learning 을 learned 나 learn 과는 다른 단어로 취급하고 있는 것을
알 수 있다.

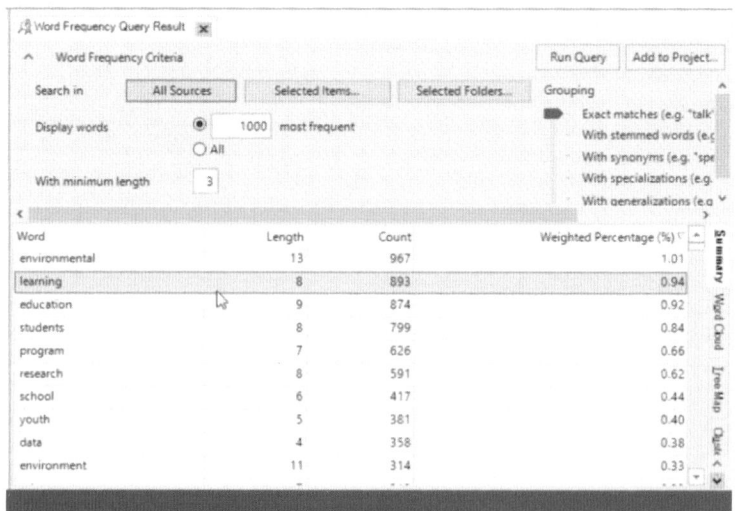

Grouping slide bar를 with stemmed words로 내려서 맞추고 Run Query를 하면 유사한 단어끼리 묶어준 결과를 볼 수가 있다.

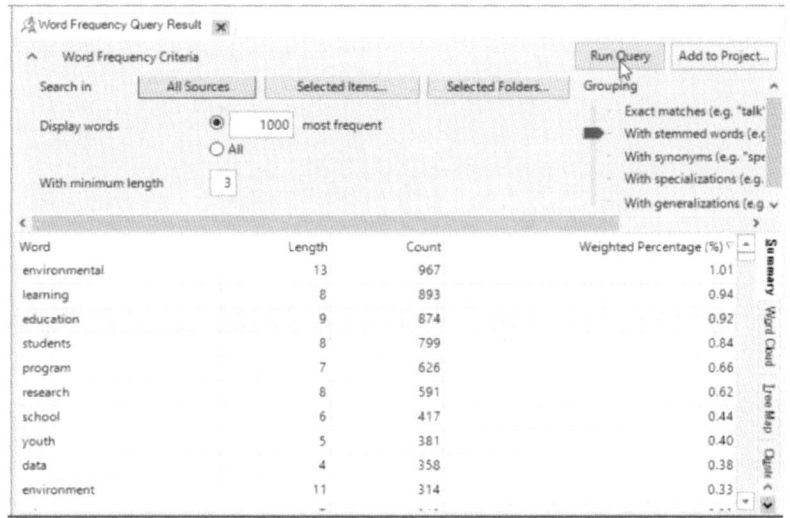

자료에 대해 다른 관점에서 볼 수가 있겠는데, 목록 상단에 이전 과는 다른 단어가 올라와 있는 것을 알 수 있다.

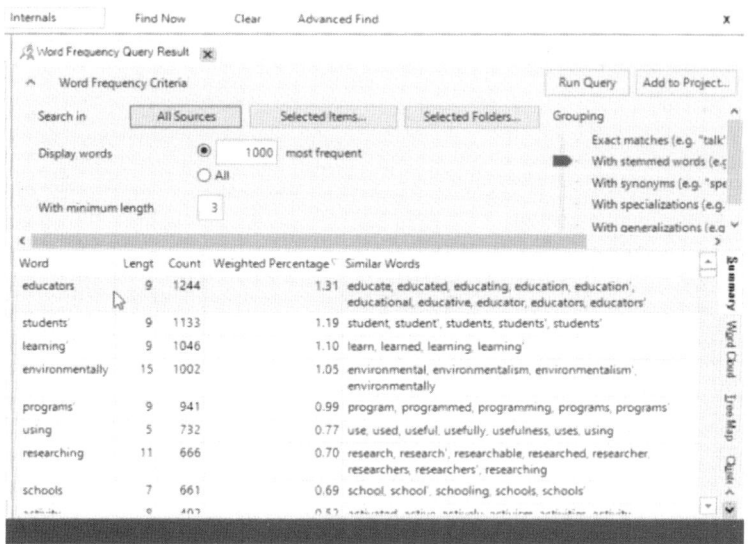

아래와 같이 함께 묶인 단어 목록을 볼 수가 있다.

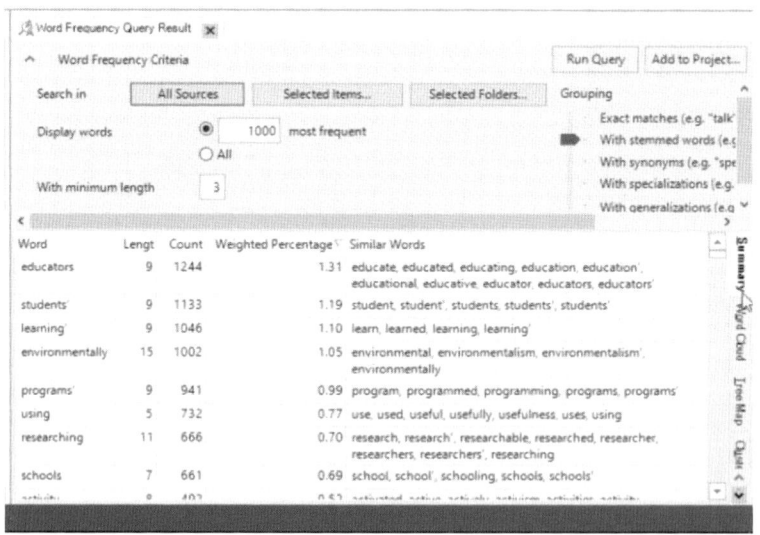

워드 크라우드를 클릭하면, 워드크라우드 검색 결과를 시각화한
자료를 아래와 같이 볼 수 있다.

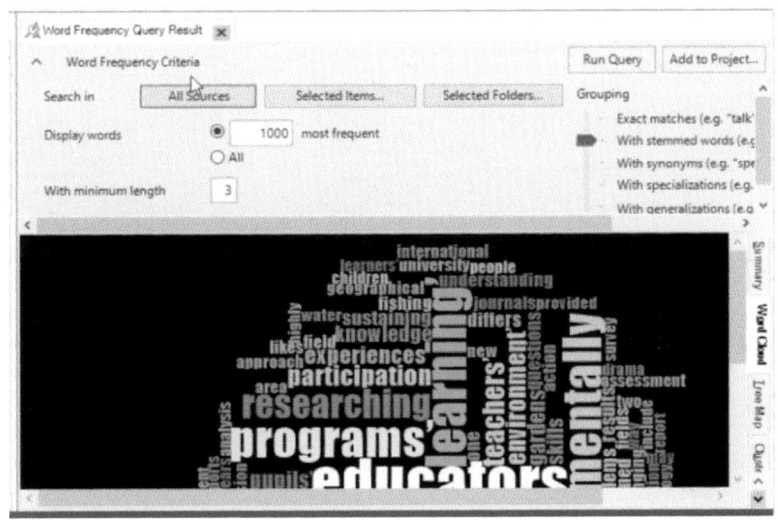

단어의 크기가 클수록 빈도가 높다는 것을 의미한다. 단어 크라우
드 모양은 조절을 할 수가 있다.

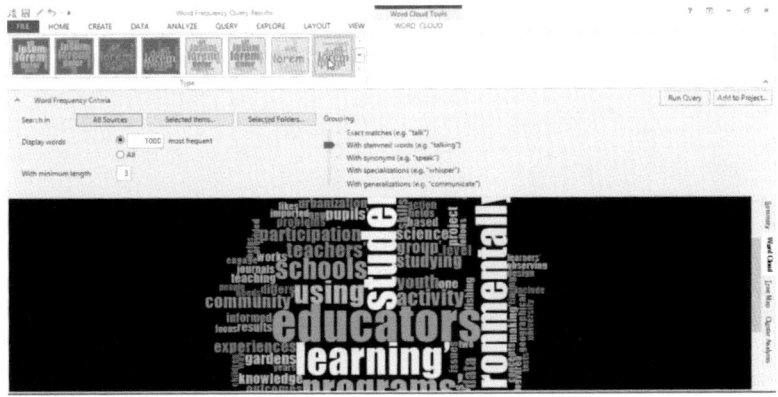

폰트 색깔을 원하면 바꿀 수도 있다.

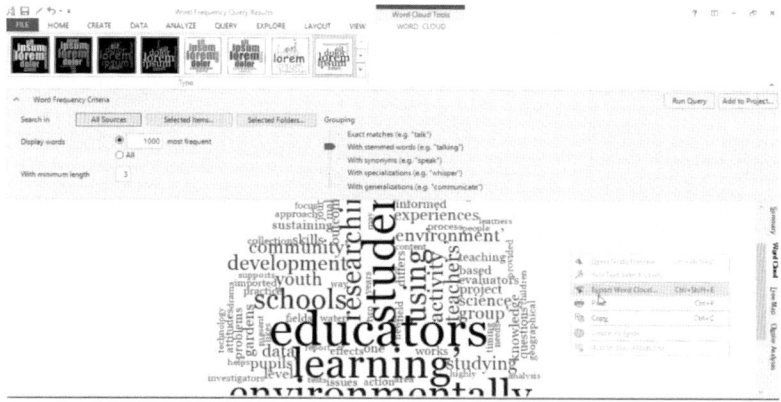

결과를 저장하려면 Save As > File name > 원하는 내용을 입력한다.

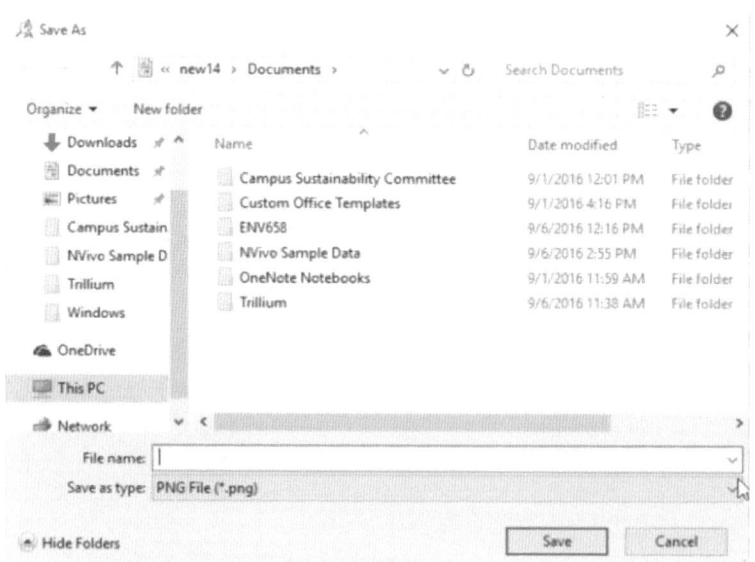

NVivo 11에 정적 이미지로 저장을 할 수 있고 발표나 보고서에 이 내용을 넣을 수도 있다. 자료와 직접 연결이 되어 있기 때문에 단어 빈도 검색에서 텍스트 검색을 수행하여 단어의 사용에 대해 탐구를 해 볼 수가 있다. 예를 들면, 인터뷰에서 사람들이 학습에 대해서 말하는 내용에 대해 연구자가 배운 점이나 자료에서 어떤 학습 이론이나 학습 유형이 나타났는지를 탐구해 볼 수 있을 것이다.

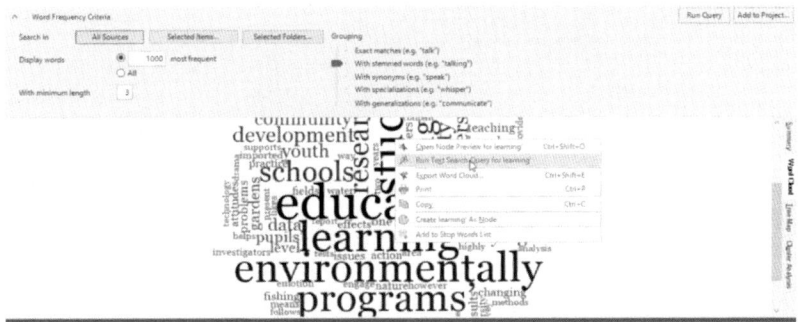

위와 같이 NVivo 11가 자동으로 학습과 이와 연관된 단어를 찾아 준다.

메모와 내가 가지고 있는 모든 소스에 대해 살펴 보자.

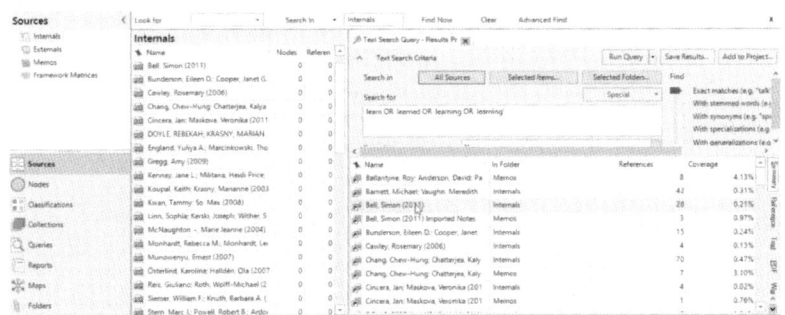

pdf 파일만 보기를 원하면 해당하는 pdf 파일 전부를 클릭 한다.

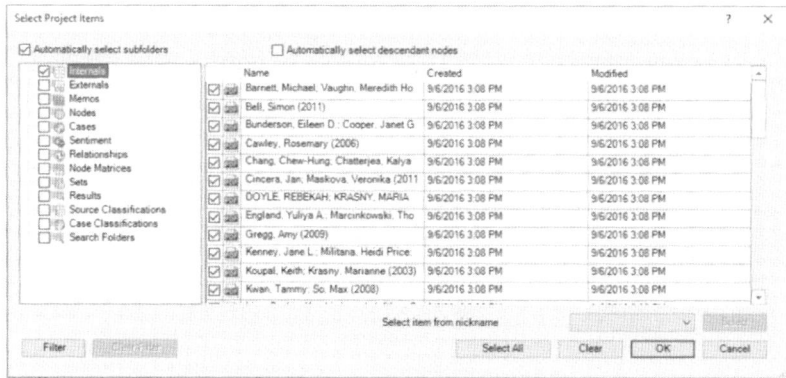

Internals 만 본다는 것을 알 수 있다.

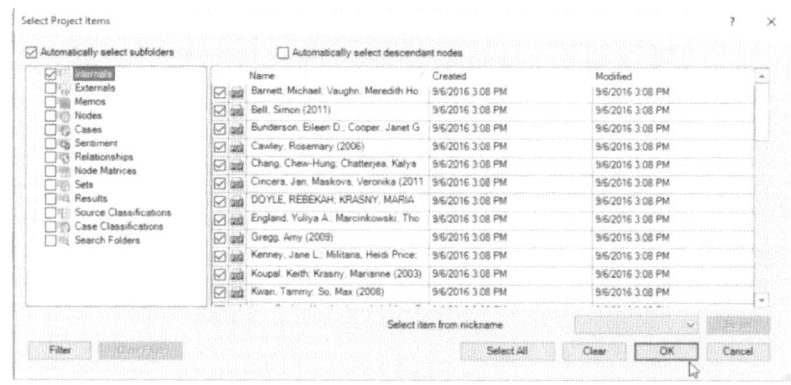

검색을 다시 수행 한다.

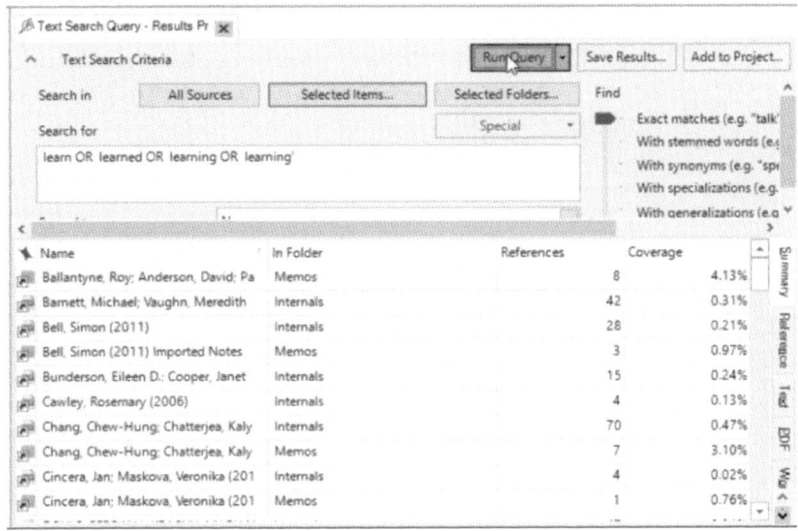

중복되는 문서가 없기 때문에 문서 검색을 통해서 문맥과 의미를 파악하고 아이디어나 개념이 자료에 널리 퍼져 있는지의 여부를 살펴 볼 수가 있다. Summary view를 열어 보면 참고 문헌에서 단어 중 하나가 learn 이거나 learn과 관련된 파생어가 등장하는 논문 목록에 대해 살펴 볼 수가 있다.

Reference 를 열어보면 단어 learning 이나 파생어를 약간의 주어진 맥락과 함께 아래와 같이 살펴 볼 수 있다.

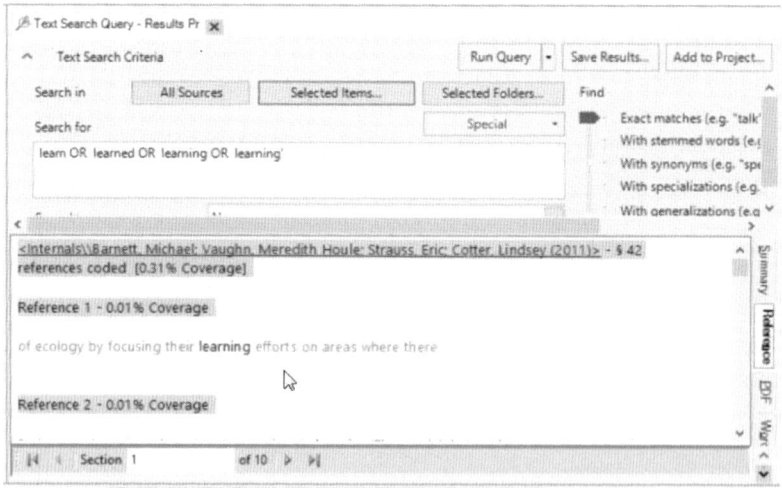

워드 트리에서 할 수 있는 것은 단어 learning과 주변의 말을 선택하고 그룹을 만들어 줌으로서 자료에 등장하는 경향과 내제하는 주제를 쉽게 찾는 것이다. learning 그룹 내에서 사람들이 빈번하게 말하는 내용이 무엇인지를 볼 수도 있다. 그들이 가장 빈번하게 말하고 있는 것은 두 가지 종류의 학습으로 우연 학습과 학습 경험에 대한 것이다. 단어 learning의 오른쪽에 텍스트와 관련 문헌이 있고 텍스트의 좌측에는 단어 learning전에 나타나는 것으로 학습 환경을 볼 수가 있다. 자유 선택 학습에 대한 선택을 논의하고 있고 관련 문헌을 모두 읽지 않고 도 사람들이 진술하는 것이 무엇인지에 대해 감을 잡을 수 있을 것이다.

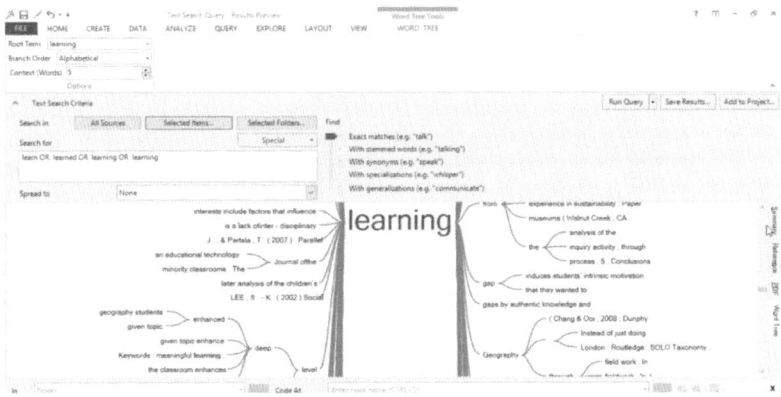

아래는 문제 기반 학습의 전체 가지를 보여 주고 있다.

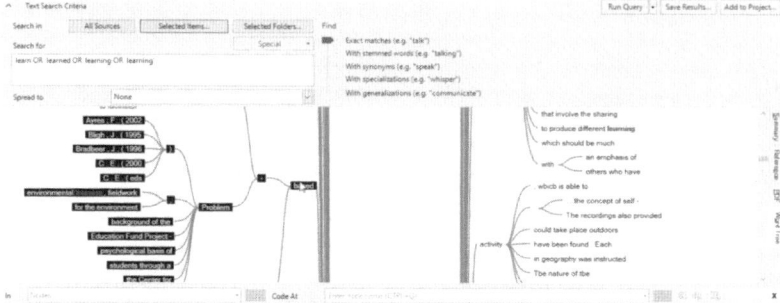

연구자가 사람들이 문제 기반 학습에 대해 무엇을 말하는지에 대해 관심이 있다고 가정을 해 보자. Text Search Query를 실행한다.

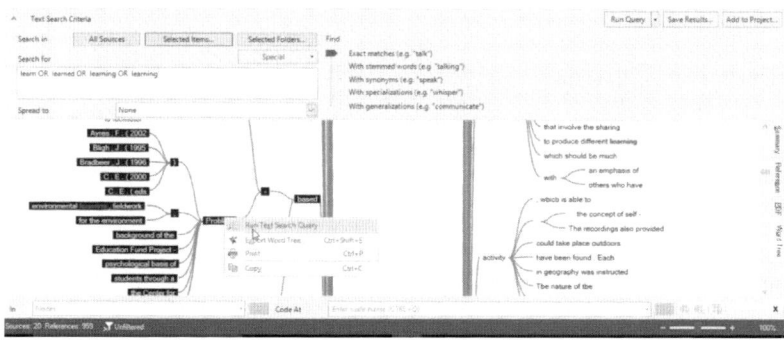

문제 기반 학습이라고 하는 특정한 구를 변경하는 것도 가능하다. 문제 기반 학습을 볼 수도 있고 동의어가 어디에 등장하는지를 알 수도 있을 것이다.

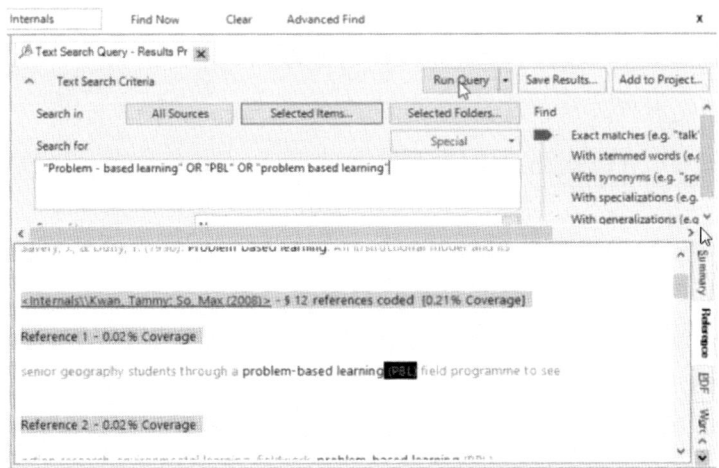

이러한 동의어를 포함시키고 Query를 실행한다.

아래와 같이 문제 기반 학습과 관련된 모든 예가 있는 논문 목록
을 신속하게 볼 수가 있다.

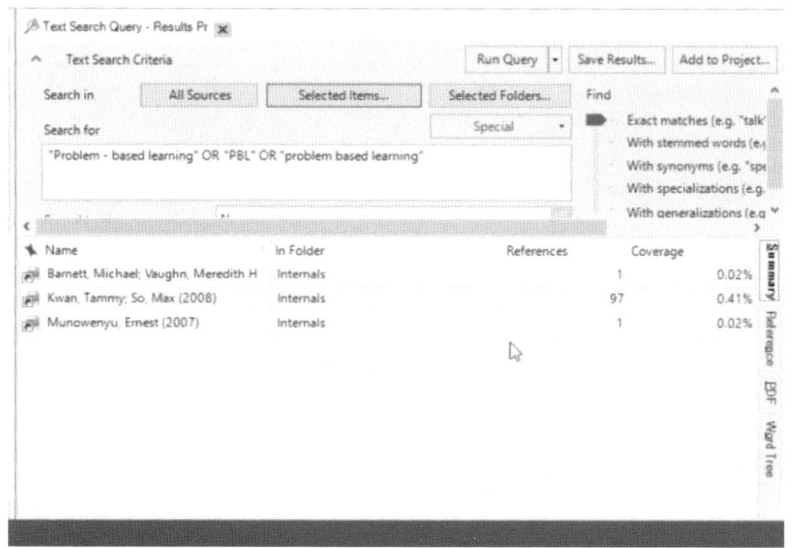

관련된 참고 문헌수가 너무 많은 것을 Summary를 통해 알 수 있
다. 여기서 관심의 초점이 문제 기반 학습인데 아래의 두 논문이
(Kwon et al. 2008; Munowenyu, 2007) 이 내용을 주로 다루고 있고
따라서 이 두 논문을 선택해서 관련된 내용을 볼 수가 있다.

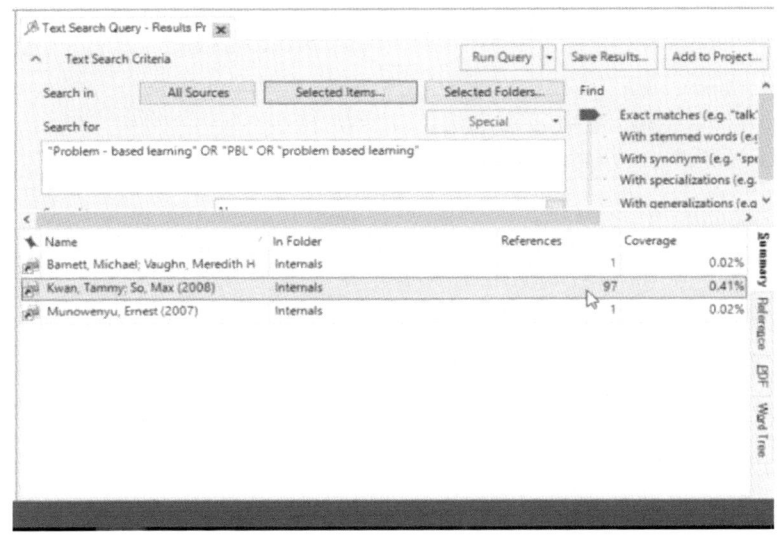

Reference 에서 약간의 맥락과 함께 주로 이 주제로 두 개의 논문이 담론을 전개 해 나간다는 것을 확인 할 수 있다.

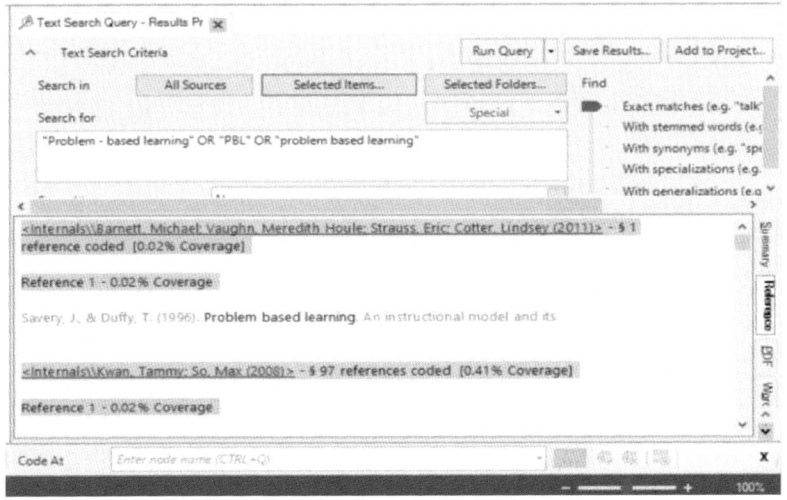

이에 대한 새로운 워드 트리를 생성해 준다. 문제 기반 학습이 언급된 모든 논문을 모으고 질적 자료를 모아두는 양동이인 노드를 만들 수가 있다.

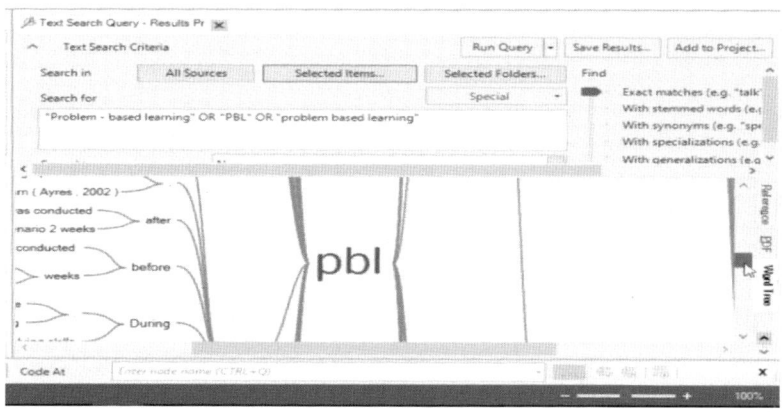

5) 문헌 노드

노드는 모든 관련 자료를 한 곳에 저장을 하는 공간을 말한다. 연구자는 떠오르는 패턴이나 아이디어를 여기서 찾아볼 수 있다. 코딩을 수동으로 하는 방법이나 텍스트 검색이나 자동 코딩과 같은 검색 방법에 대해서는 잠시 후에 살펴 보기로 하자.

우선 좀 더 많은 맥락을 살펴 보도록 하자. 나는 단지 얼마나 많은 사람들이 문제 기반 학습을 언급하는가에 대해서만 알고 싶은 것이 아니고 사람들이 말하는 문제 기반 학습이 무엇인지 관련 논문을 통해 알아 보고자 한다. 따라서 연구자는 검색에서 좀더 넓은 맥락을 포착하고자 한다. Narrow context는 한 단어를 중심으로 앞과 뒤

다섯 단어를 보여준다. 아래의 순으로 실행을 해 보도록 하자.

Text Search Query Results > Narrow Context 선택

Text Search Query Results > Save Results 선택

Store Query Results > OK를 클릭

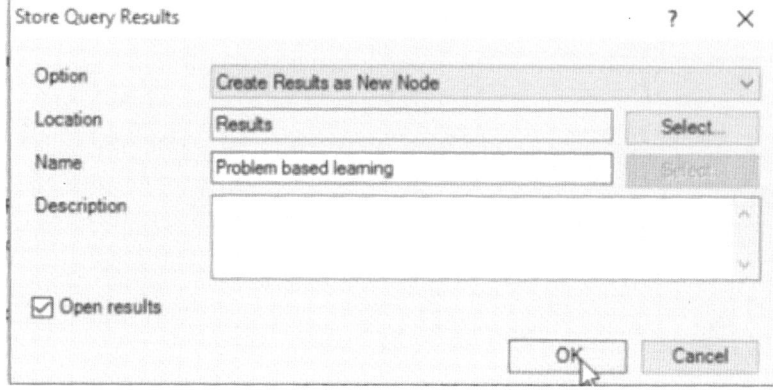

Text Search Query Results > Save Results 선택

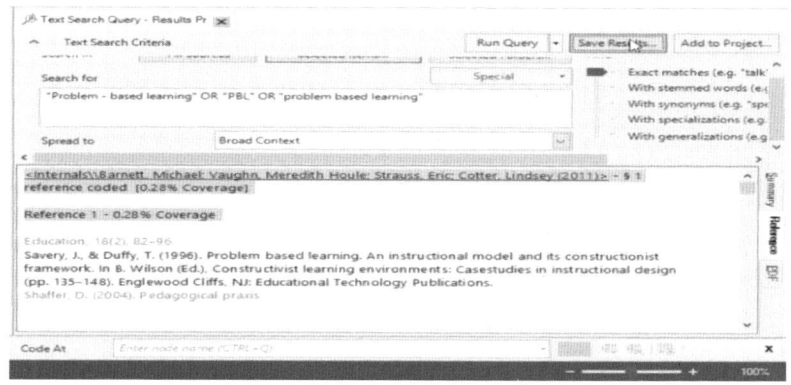

Store Query Results > OK를 클릭

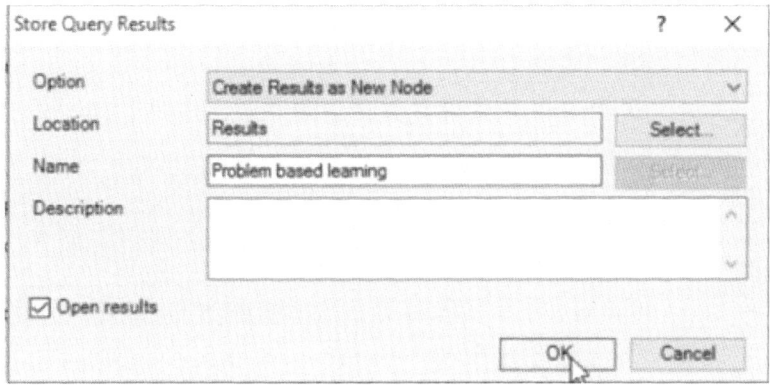

Queries를 클릭

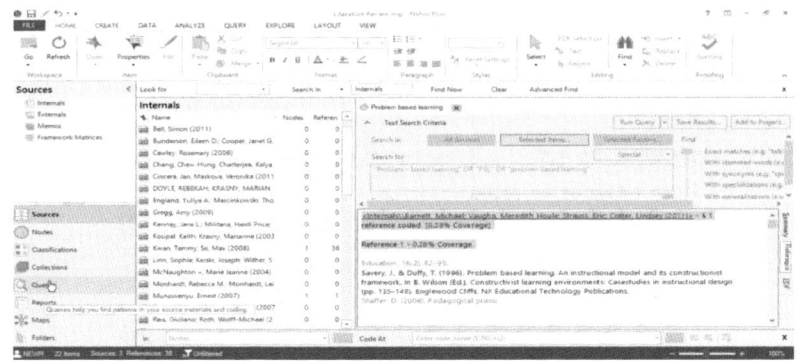

Queries > Results를 클릭

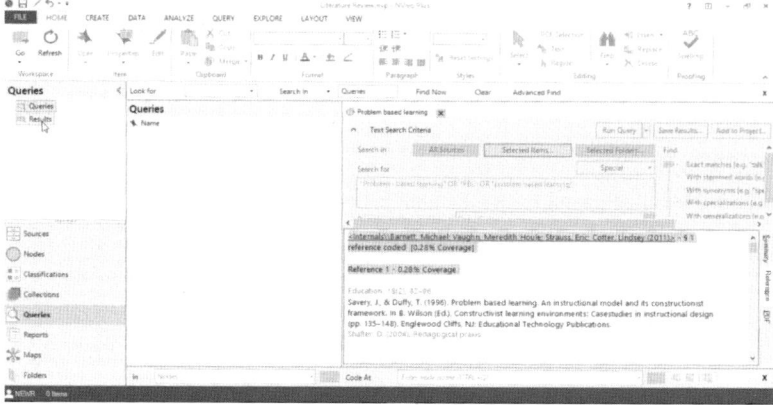

Results > problem based learning 클릭

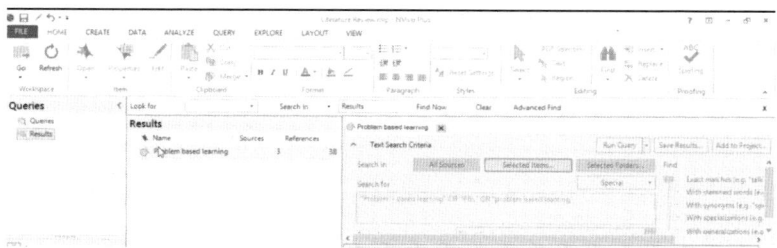

Results > Copy를 선택

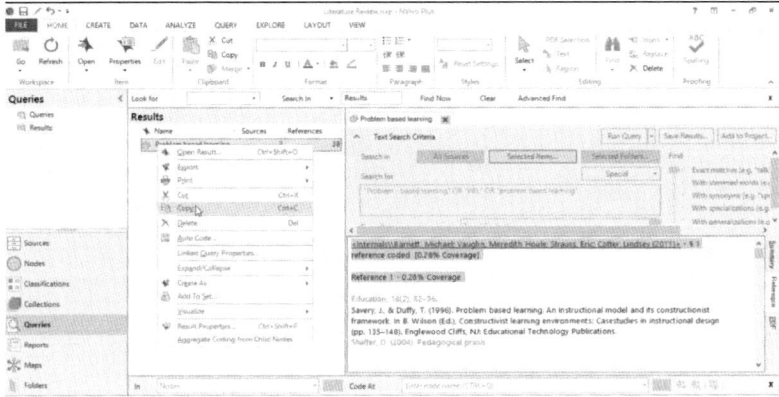

Nodes > Paste를 선택

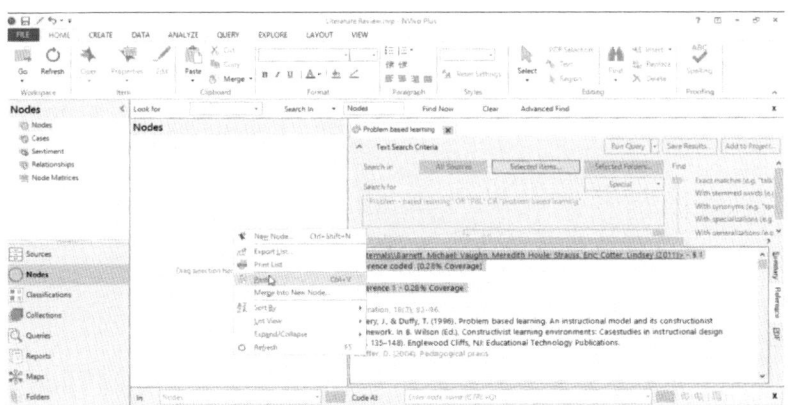

아래와 같이 관련된 내용을 볼 수가 있다.

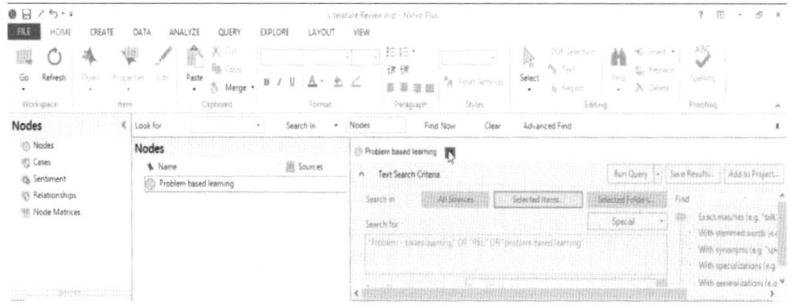

Problem based learning과 관련된 소스나 레퍼런스의 수를 아래와
같이 확인을 해 볼 수 있다.

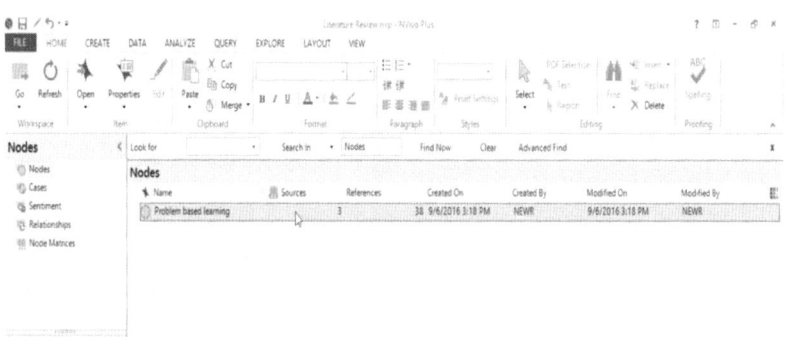

Problem based learning과 관련된 내용을 아래와 같이 확인을 해 볼 수 있다.

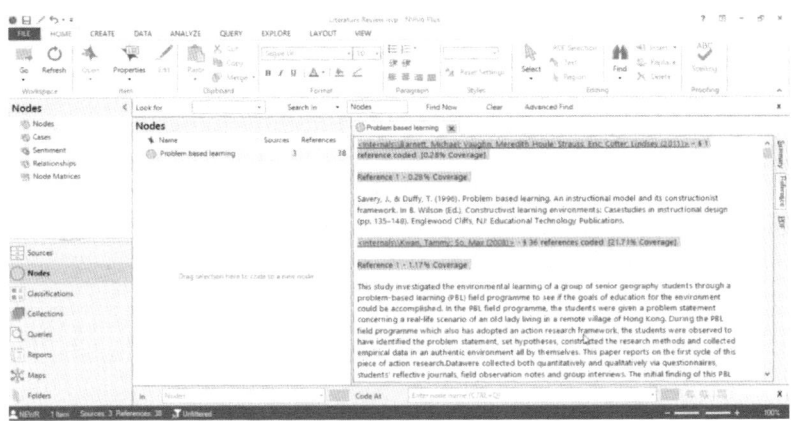

전체 단락이 되는 넓은 맥락을 원하고 검색 결과를 새로운 노드로 저장하고 검색의 결과로 이 노드에 이 검색을 만들려고 하기 때문에 문제를 토대로 한 학습이라는 새로운 이름의 노드를 명명해 보도록 하자. 결과 폴더에 저장이 되고 추가 작업을 위해 주 노드가 있는 상 단으로 결과 폴더를 이동을 한다. 여기에는 문제 중심 학습 검색 노 드가 있는데 이것을 주 노드 폴더에 복사하고 붙이기를 한다. 여기 에 내 노드가 있다. 열기를 하면, 연구자는 문제 중심 학습에 대해 언급한 문헌과 주위 맥락을 함께 볼 수가 있다. 참고 문헌의 숫자가 줄어 든 것을 알 수 있는데 이것은 문제 중심 학습의 숫자만을 계산 한 것이 아니라 코딩 레퍼런스의 수나 텍스트의 차단 수를 산출하였 기 때문이다. 이것은 아마도 learning 이라는 단어가 하나의 단락에 여러 차례 언급이 되었기 때문일 것이다.

Summary view에서 문제 중심 학습을 언급하는 모든 논문을 볼 수 있다.

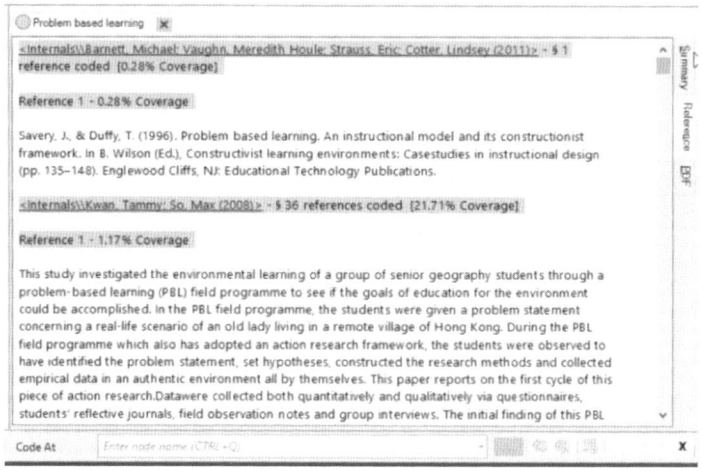

Reference view에서 텍스트를 볼 수 있다.

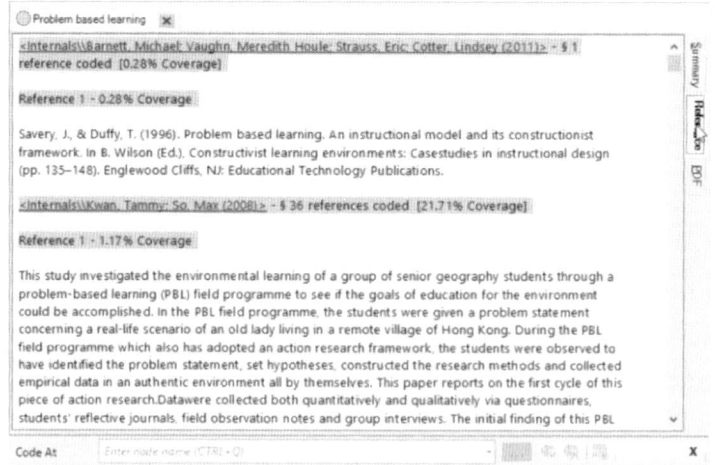

텍스트 검색은 핵심적인 개념에 대해서 코딩을 재개할 수 있는 좋은 방법 이라고 할 수 있다. 논문을 읽어 가면서 수동으로 코딩을 할 수도 있다. 새로운 노드를 만들어 보자.

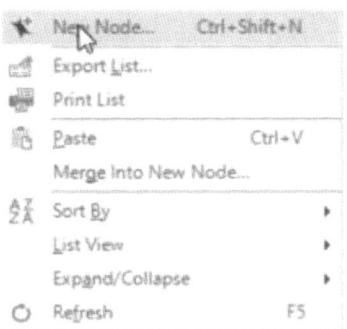

Gaps the literature를 입력 한다.

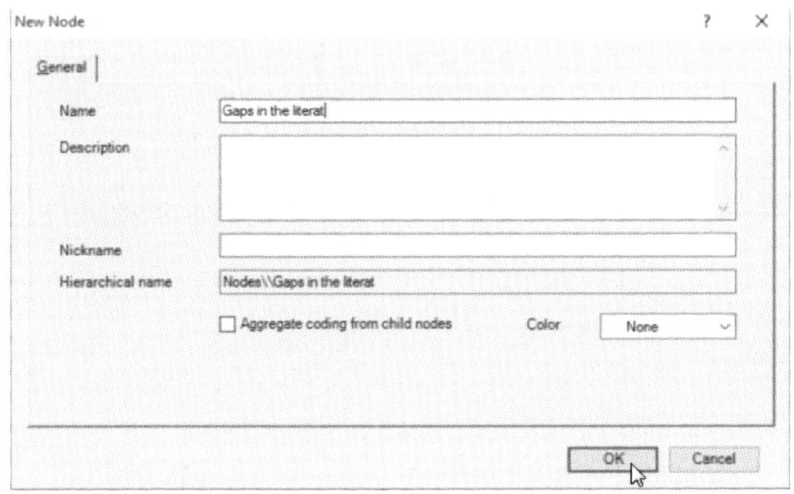

논문에서 시간의 겝에 대한 언급이 있다는 것이 확인이 되었다.

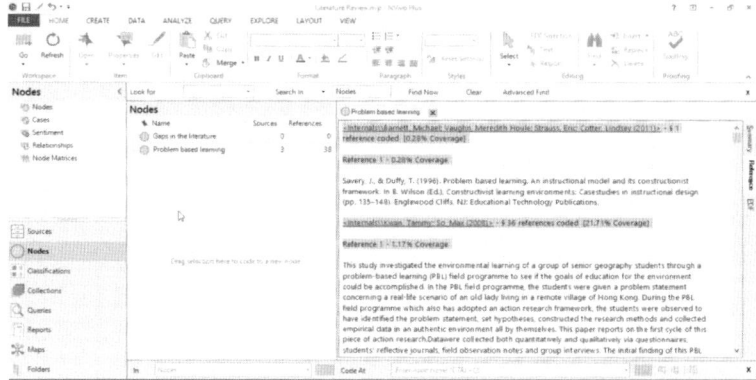

New Node를 클릭 한다.

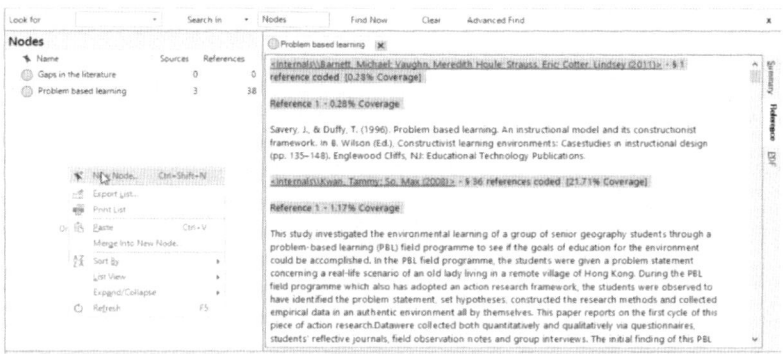

New Node > Findings를 입력 > OK를 클릭 한다.

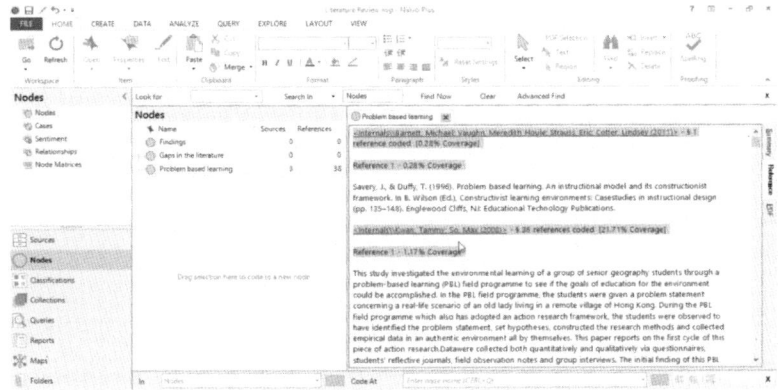

아래와 같은 결과를 확인해 볼 수가 있다. 서로 다른 연구 결과에 대해 추적을 해보는 것에 관심이 있다고 가정을 해 보자. 노드를 생성하고, 자료를 노드에 코딩을 한다.

문제 중심 학습에 관한 내용을 살펴 보도록 하자.

첫 번째 reference는 논문 reference를 실제로 인용한 것이다.

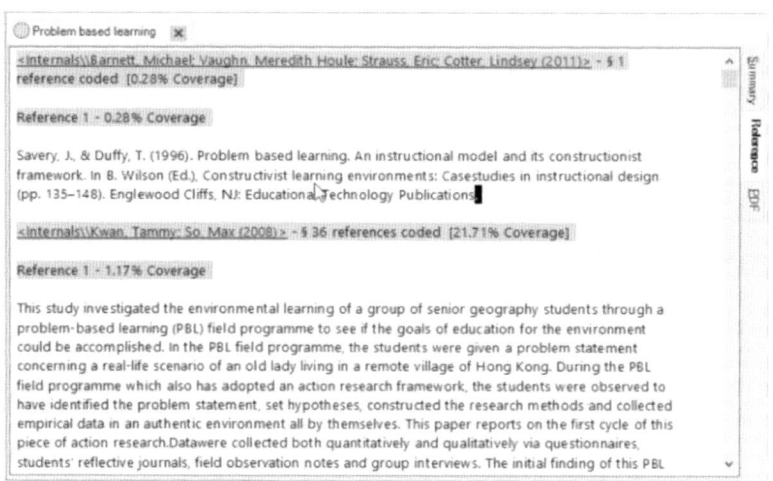

두 번째 논문은 문제 중심 학습에 관한 것으로 연구자가 추가로
더 탐구하기를 희망하는 주제이다. 이 논문을 더 탐구해서 연구자의
논문 검색 영역을 확장시키거나 연구자가 찾아야 할 논문은 다 찾았
다는 것을 확인하고자 한다.

두 번째 논문이 문제 중심의 학습을 주로 다루고 있기 때문에 줌
아웃을 해서 논문을 살펴 보자.

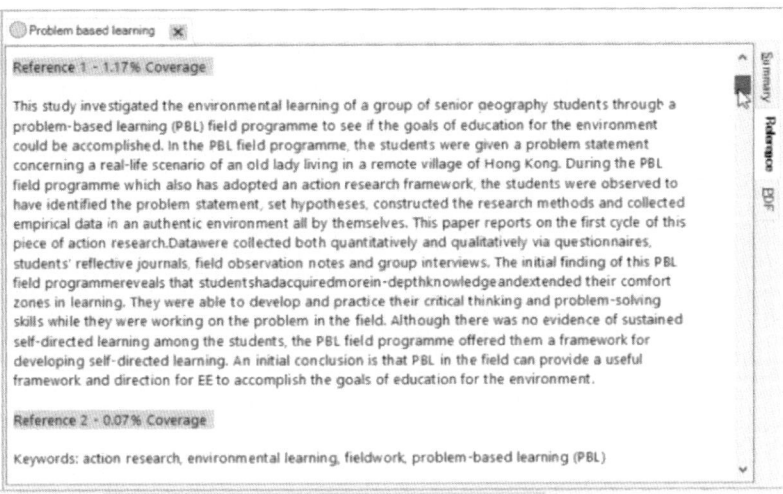

Reference 1 - 1.17% Coverage

This study investigated the environmental learning of a group of senior geography students through a problem-based learning (PBL) field programme to see if the goals of education for the environment could be accomplished. In the PBL field programme, the students were given a problem statement concerning a real-life scenario of an old lady living in a remote village of Hong Kong. During the PBL field programme which also has adopted an action research framework, the students were observed to have identified the problem statement, set hypotheses, constructed the research methods and collected empirical data in an authentic environment all by themselves. This paper reports on the first cycle of this piece of action research.Datawere collected both quantitatively and qualitatively via questionnaires, students' reflective journals, field observation notes and group interviews. The initial finding of this PBL field programmereveals that studentshadacquiredmorein-depthknowledgeandextended their comfort zones in learning. They were able to develop and practice their critical thinking and problem-solving skills while they were working on the problem in the field. Although there was no evidence of sustained self-directed learning among the students, the PBL field programme offered them a framework for developing self-directed learning. An initial conclusion is that PBL in the field can provide a useful framework and direction for EE to accomplish the goals of education for the environment.

Reference 2 - 0.07% Coverage

Keywords: action research, environmental learning, fieldwork, problem-based learning (PBL)

상단으로 돌아가 보도록 하자.

Endnote내에서 논문을 보았기 때문에 해당하는 노드에 코딩이 된 모든 텍스트에 하이라이트 표시가 되어있다.

다음은 코딩 줄무늬에 대해서 살펴 보자. View > Coding Stripes > Nodes Recently Coding을 선택 한다.

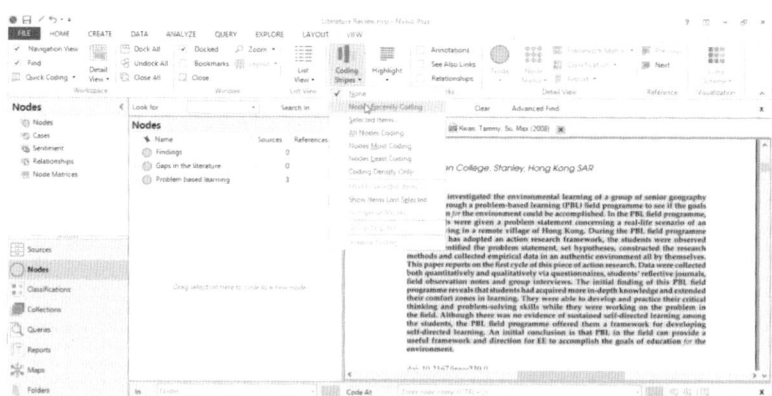

하이라이트 된 내용은 Endnote에서 초록을 불러온 것으로 문제 학습에 관하여 하이라이트가 되어 있고 코딩 줄무늬를 좌측에서 물론 볼 수가 있다.

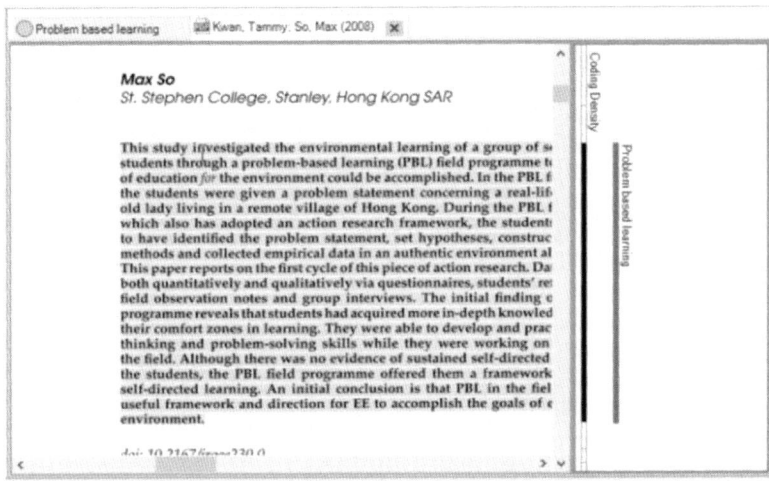

코딩이 된 문서의 일부를 삭제하려는 경우, 예를 들면 논문의 초록이 필요가 없다고 생각하면, 해당하는 자료를 선택하고 문제 학습 노드에서 삭제를 할 수가 있다. Nodes > Code in Vivo 를 선택

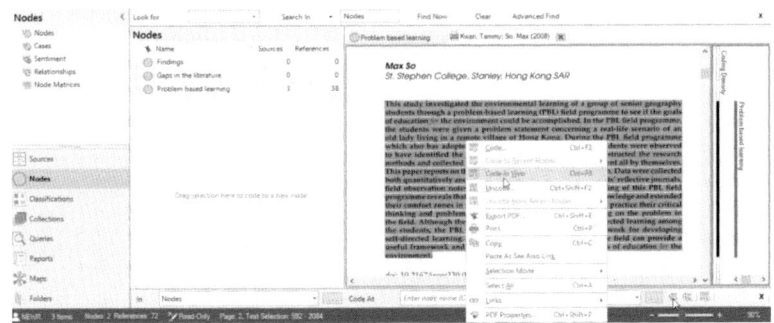

Nodes > Search Folders > OK를 클릭

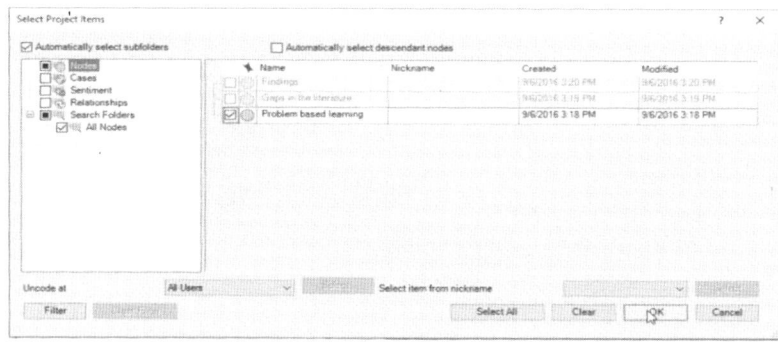

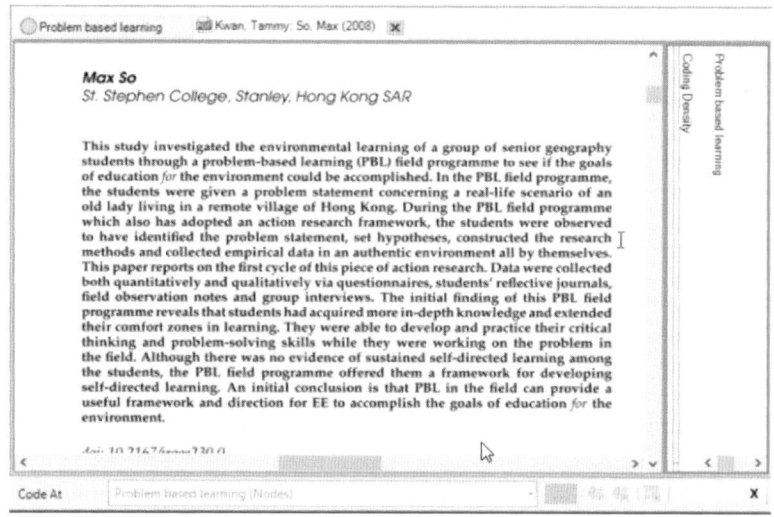

하이라이트 한 부분은 사라졌고 코딩 줄무늬도 사라졌다는 것을
확인 할 수 가있다. 노드로 돌아가면, 초록에 대해 코딩도 사라진 것

을 확인해 볼 수가 있다.

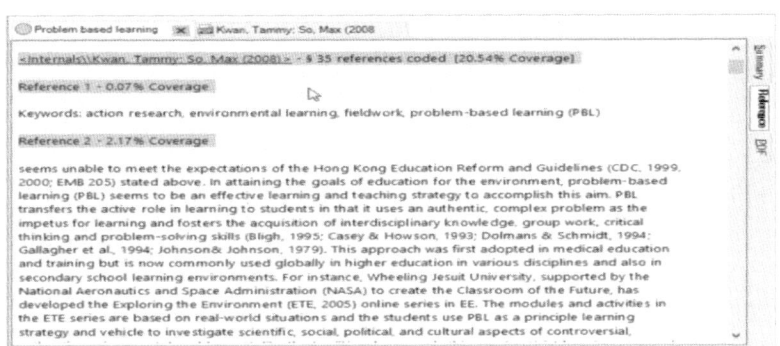

논문에서 다른 형태의 학습이나 장단점 등의 추가 주제를 코딩을 할 수 있다.

아래의 논문을 읽으면서 이 논문이 문제 중심 수업의 장점에 관해 접근하고 있다는 사실을 알게 되었다고 가정을 해 보자. Benefits라는 이름으로 새로운 노드를 만들어 보자.

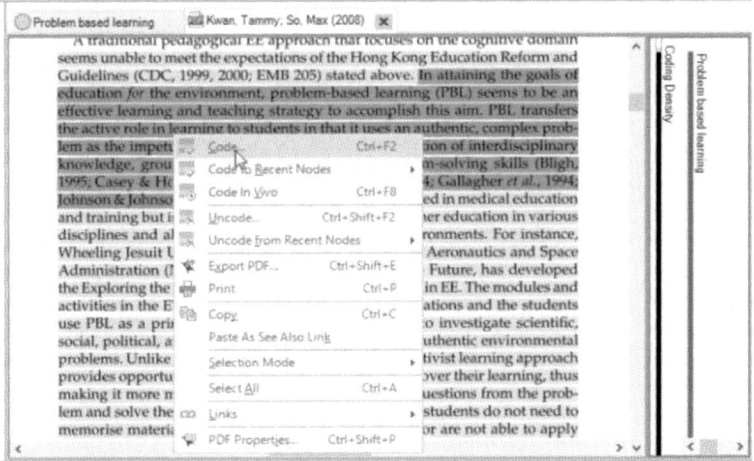

Select Code Items > Benefits > OK를 클릭

이것은 문제 중심의 학습에도 코딩이 된다.

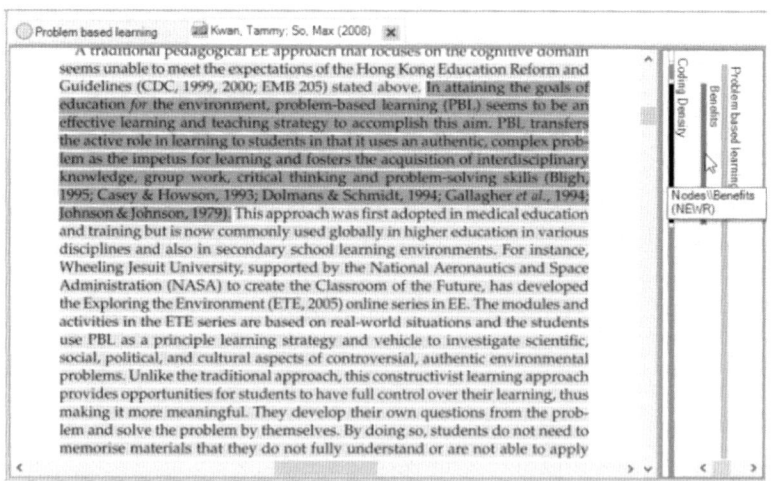

Benefits라는 이름의 추가 코딩 줄무늬가 있고 이것은 문제 중심 학습과 중복 되는 것을 알 수 있다.

문제 중심 학습이나 서로 다른 학습 이론의 장점에 대해 사람들이 언급하는 것 을 모두 언급하려면, NVivo 11로 장점과 문제 중심 학습이 있는 모든 문서를 볼 수 있고, 일치하는 문서를 연구자에게 가져다 준다.

Nodes > Query > Coding 을 클릭

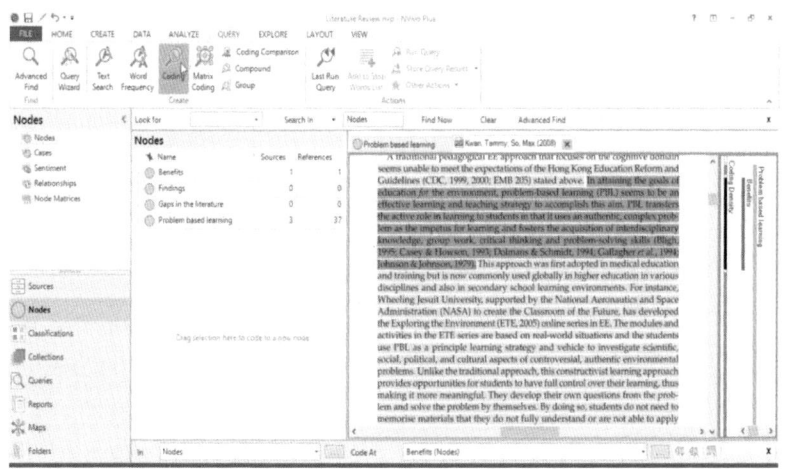

Nodes > Search Folders > Benefits, Problem based learning을 체크
마크

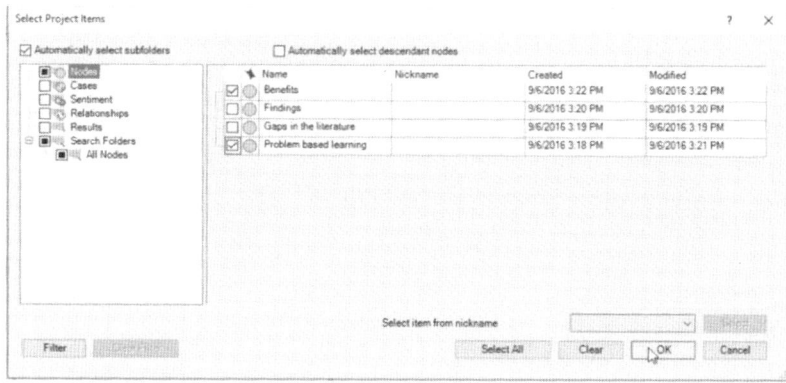

Run Query를 클릭

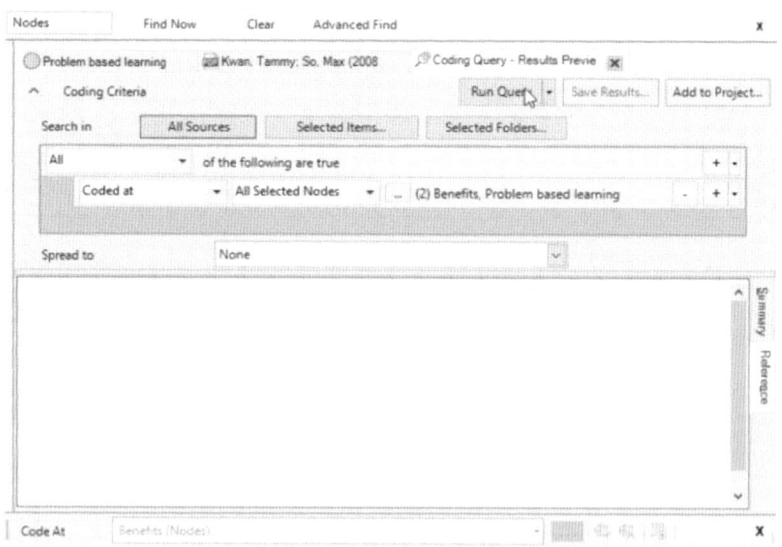

아래와 같은 결과를 볼 수가 있다.

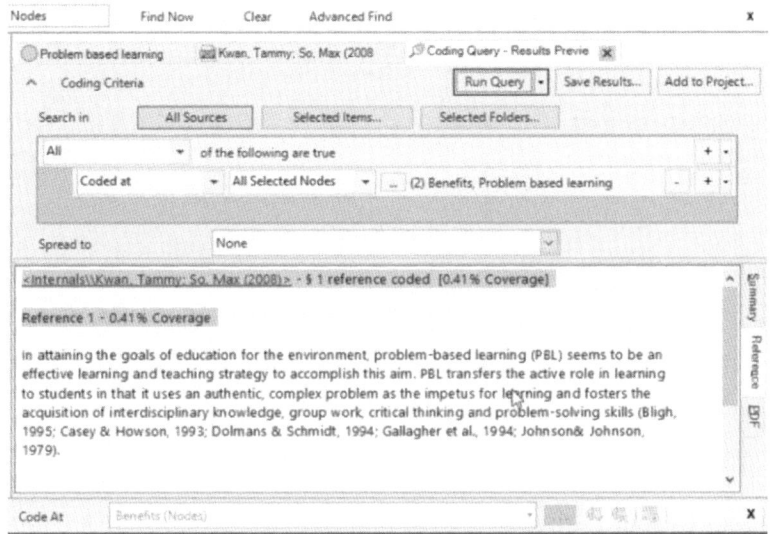

NVivo 11 plus에서 유용하면서도 유일한 기능은 주제별 자동 코
딩이다.

주제별 자동 코딩은 빈번하게 발생하는 명사구를 분석하여 문헌
에서 경향과 패턴은 무엇인지를 파악하는데 도움이 되는 기능이다.
NVivo 11는 연구자가 수집한 문헌을 읽고 사람들이 주로 언급하는
것이 무엇이며 이것을 주제별로 묶어 준다. 논문에서 흔하게 사용된
명사구를 식별하고 두개의 노드로 코딩을 하고 이 노드를 계층구조
로 구조화 한다. 특히 논문의 최근 동향을 파악하는 출발점으로는
유용하다고 볼 수 있다. 이러한 노드를 식별하고 자료를 추가하고
노드를 삭제할 수도 있으나 NVivo 11 plus를 사용하면 텍스트를 토
대로 한 자료가 많은 논문 작업을 할 때 매우 유용한 자질이다. 연구

자의 자료에서 가장 빈번하게 등장하는 자료는 학습과 관련이 되며, 학습과 관련된 모든 명사구, 예를 들면, 학습 결과, 의미 있는 학습, 학습 활동 등을 캡쳐를 하였다. 이러한 주제는 언급 횟수로 구조화 하였다. 또 다른 고 빈도 명사구는 프로그램과 관련이 있었다. 따라서 이것과 단어 빈도 검색의 차이는 코딩을 해 준다는 점이다. 좁게 또는 넓게 코딩 하는 방법을 선택을 하고 Auto coded themes 폴더에 코딩 된 내용을 저장을 해 준다. 노드의 아래에 있는 것은 새 폴더로 주제별 산출로 부르고 자료를 구조화 하고 노드 중에 하나 예를 들면, ecological, 연구자 자료 전체에서 환경의 개념에 대해 언급한 내용 전부를 볼 수 있다. 논문을 구조화 하려는 시작 단계에서 매우 유용하게 사용 할 수 있는 방법이다.

File > Sources를 선택

아래와 같이 Internal에 있는 자료를 볼 수가 있다.

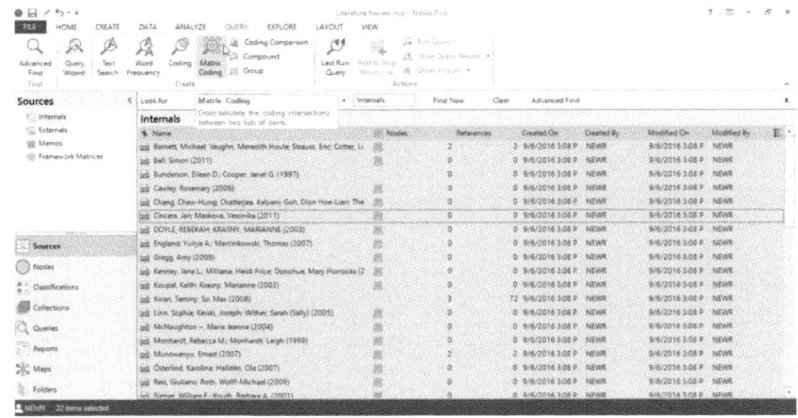

Auto Code Wizard > Identify theme을 선택

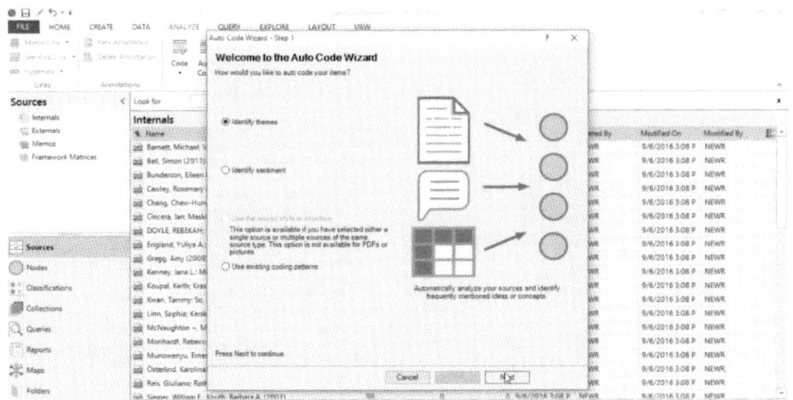

아래의 과정을 거친다.

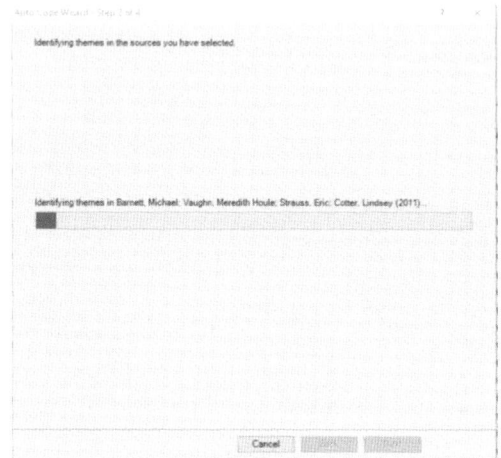

해당하는 주제를 체크 마크한다.

주제 앞에 플러스 표시가 있을 경우 플러스를 클릭하면 하부 노드를 볼수가 있고 하부 노드를 체크 마크한다.

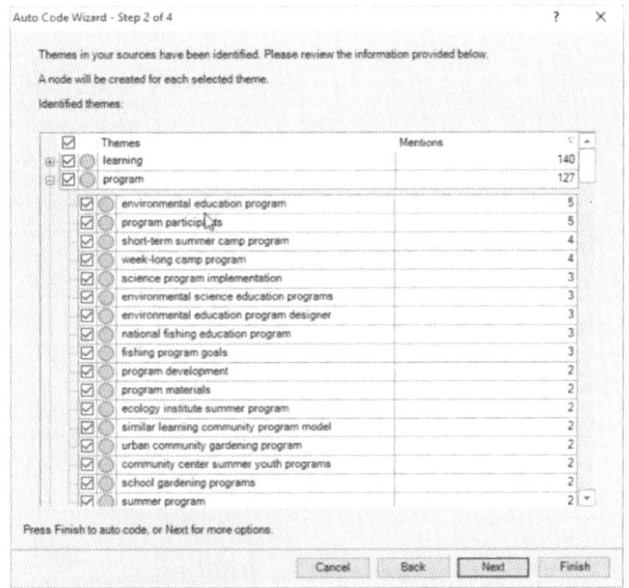

체크 마크가 끝나면 마이너스를 클릭하면 아래와 같이 상부 노드인 플러스 표시를 볼 수 있는 곳으로 돌아 온다.

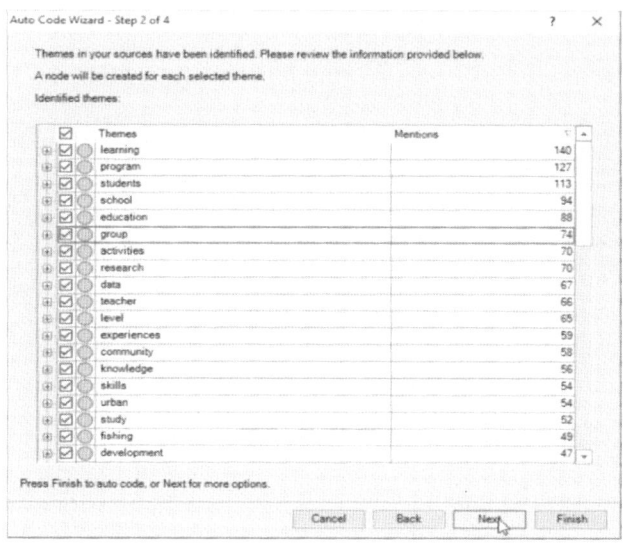

Auto Code Wizard > Code paragraphs 를 선택하고 > Next 를 선택 한다.

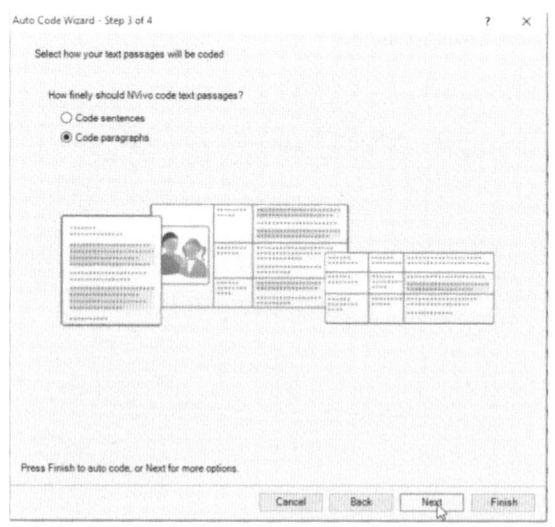

Auto Code Wizard > Finish를 클릭

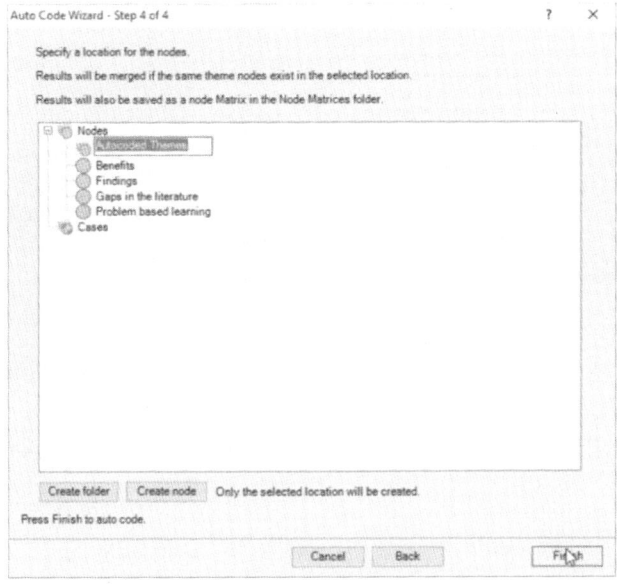

Sources를 클릭

아래와 같이 자동 부호화로 발견한 주제에 대한 소스나 reference
의 수를 확인해 볼 수 있다.

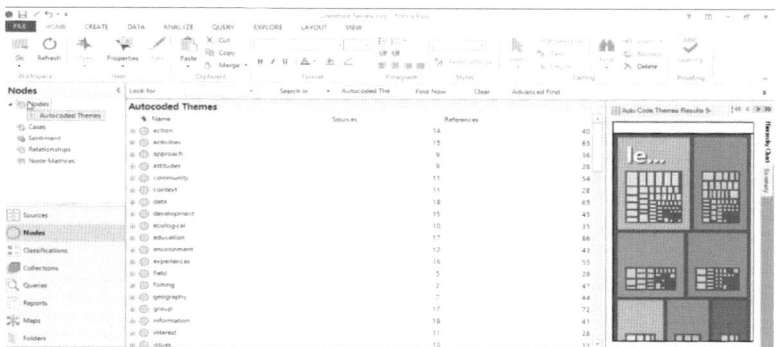

Nodes > Auto coded Themes > ecological 앞에 있는 플러스 표시
를 클릭 한다.

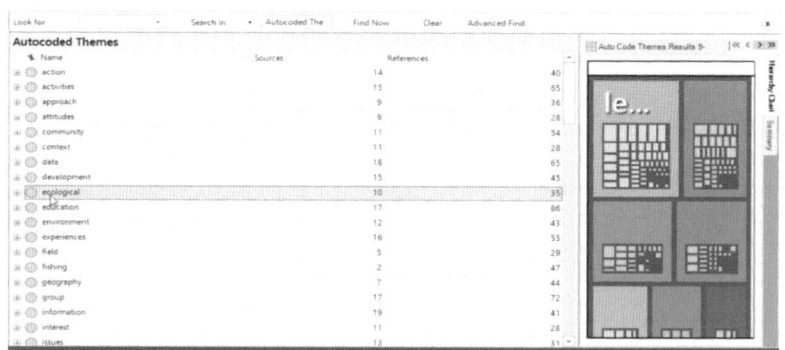

아래와 같이 ecological의 하부 노드를 볼 수가 있다.

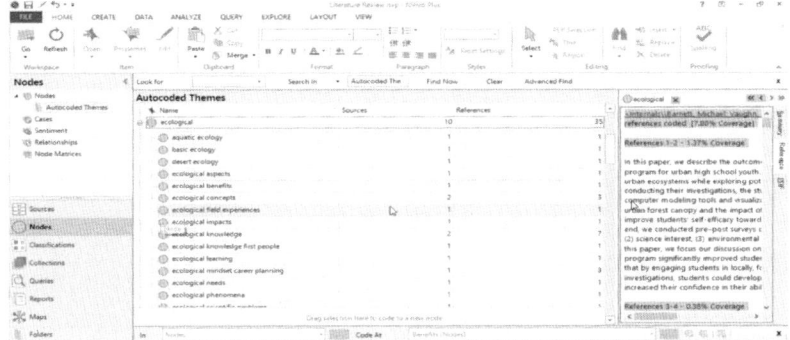

오른쪽 패널을 키워서 보면 자세한 내용을 읽어 볼 수 있다.

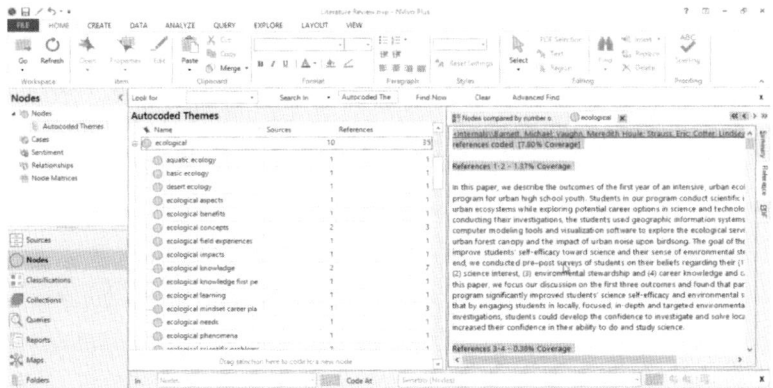

Ecological 하부 노드의 마이너스 표시를 클릭 하면 상부 노드를
보여주는 플러스가 있는 전체 노드로 되돌아 간다.

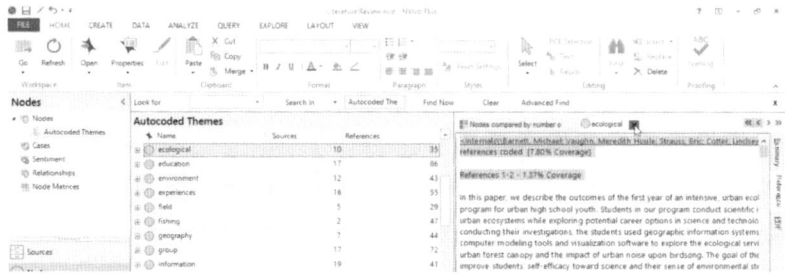

Auto coded themes의 검색 결과는 아래와 같다.

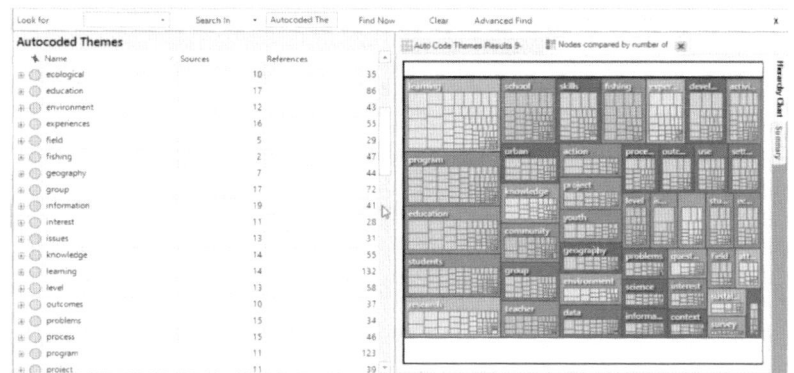

Nodes > Autocoded Themes > ecological 선택

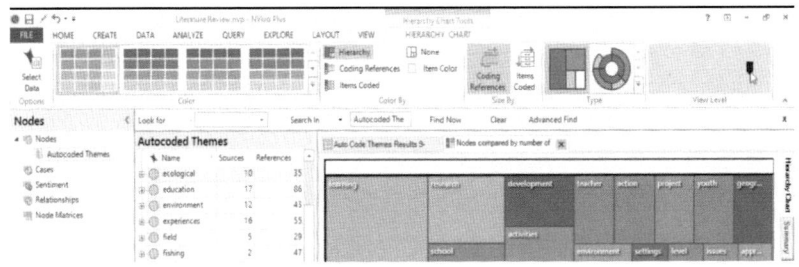

아래의 우측에서 구체적인 내용을 볼 수가 있다.

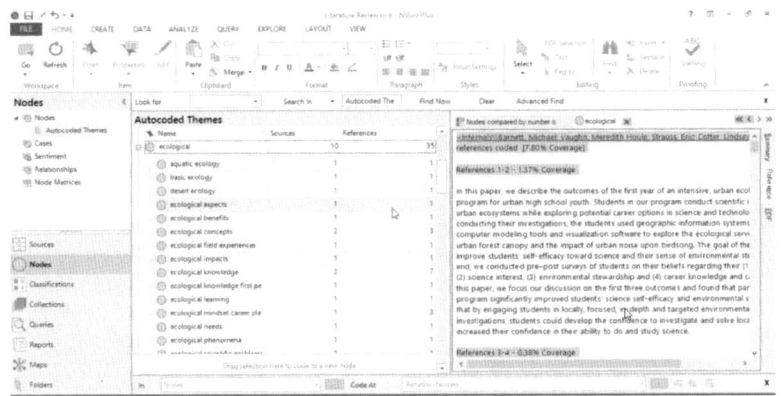

주제별로 자동 코딩을 하면, NVivo 11은 계층구조 도표를 생성한다.

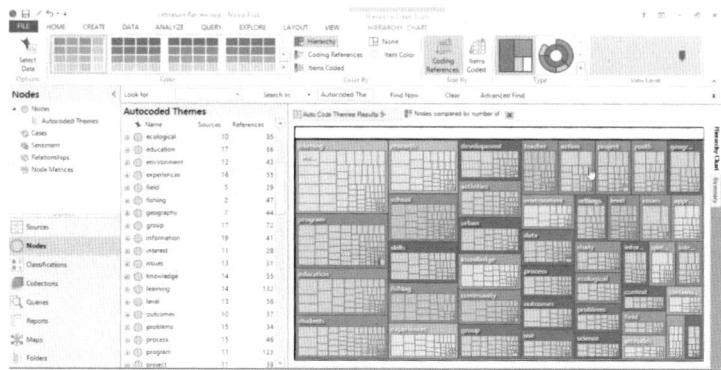

계층구조차트를 통해서 코딩에 대하여 높은 수준의 개관을 해 볼
수 있다.

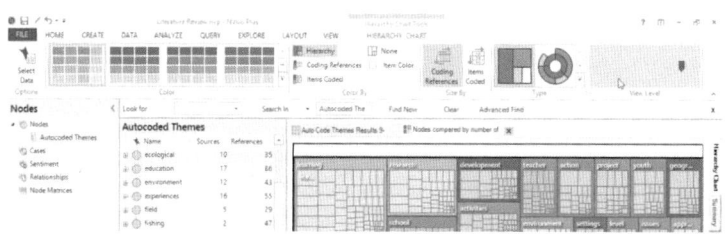

View Level을 좌측으로 옮긴다.

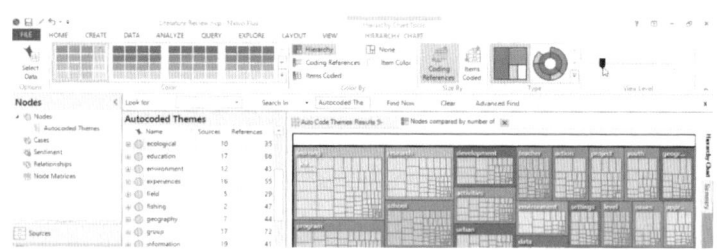

계층구조 차트는 NVivo 11 pro 와 plus에서 생성을 할 수 있다. NVivo 11 plus에서 주제를 열어주는 차트를 생성한다. 계층구조 차트는 코딩 패턴이나 속성 값을 시각화 하는데 도움이 된다. 이것은 저자의 문헌 조사 전체에 걸친 자동 코딩 또는 코딩이다. 박스가 클수록 주제별 자동 코딩을 할 때 코딩 reference가 많고 그 만큼 많이 언급이 되었다는 것을 의미한다. 저자가 처음 이것을 열었을 때, 큰 박스 안에 작은 박스가 많이 있었는데, 이것은 하부 노드로 상부 노드를 사용하여 보기 수준을 바꾸면 상부 노드가 나온다. 줌인도 할 수 있다.

하부 노드 전부를 보려면, 여러 개의 상자 중에 하나를 클릭 할 수 있고 줌인을 할 수도 있다.

아래의 차트를 볼 수 있다.

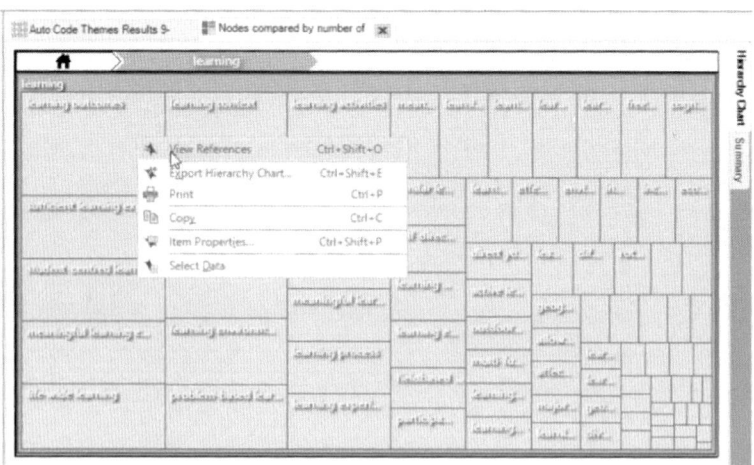

자료와 곧바로 연결되어 있는 실제 텍스트를 볼 수가 있고

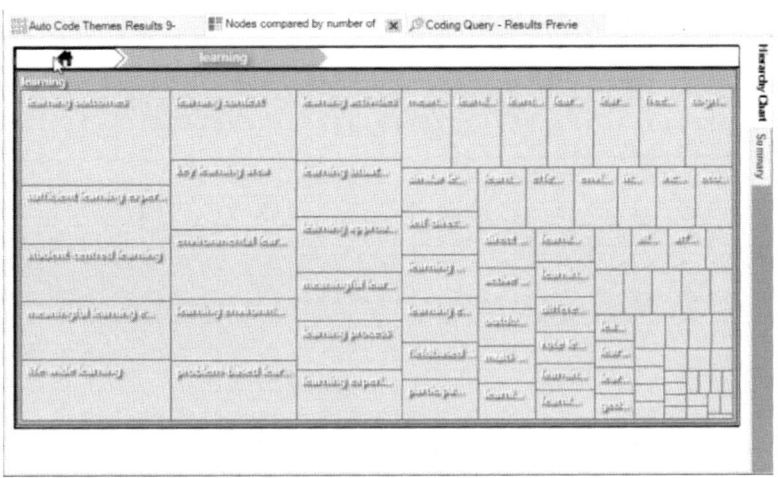

아티글 한편을 볼 수 있을 뿐만 아니라,

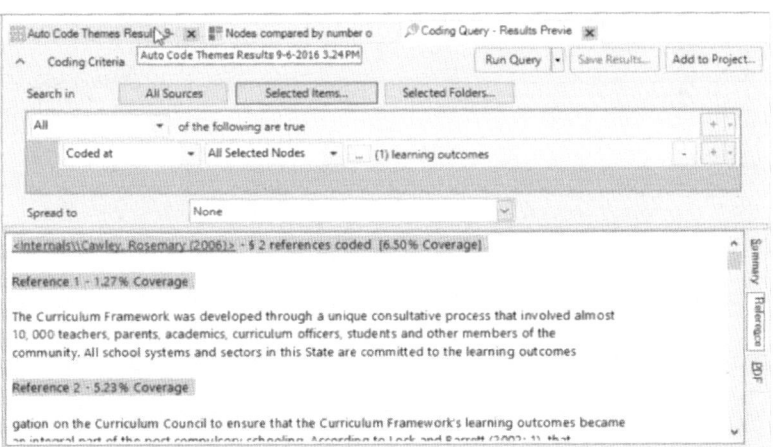

노드 전체로 다시 돌아올 수도 있다.

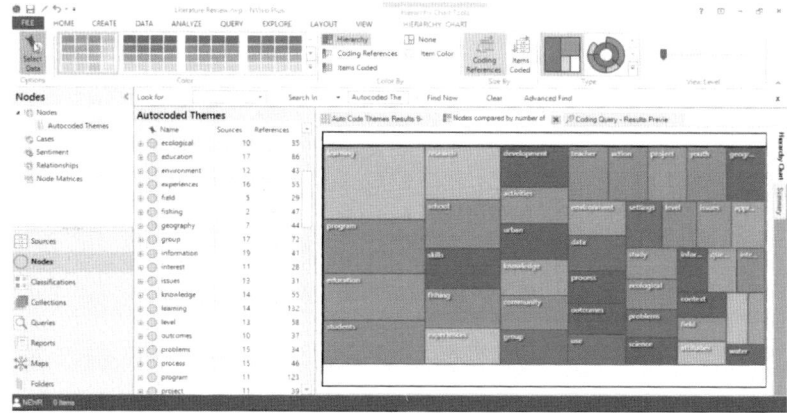

논문 한편을 보기 위해 차트를 선택을 할 수도 있다.

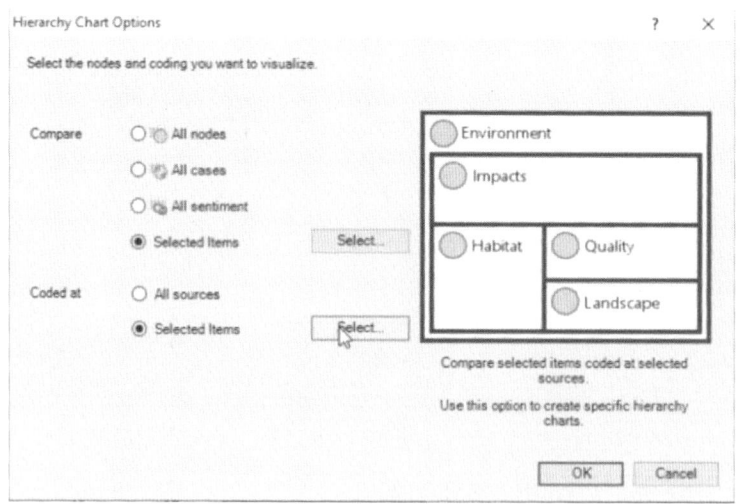

서로 다른 논문이 다양한 개념을 이야기하고 있는 것을 알 수 있
다. 이와 같은 방식으로 여러 개의 논문의 코딩을 비교 할 수 있다.

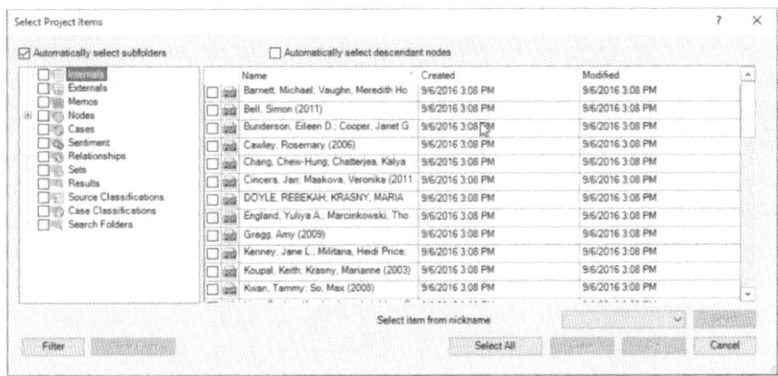

아래에서 클릭을 한 논문에서 논하는 것이 무엇 인지에만 관심이
있다고 가정을 해 보자.

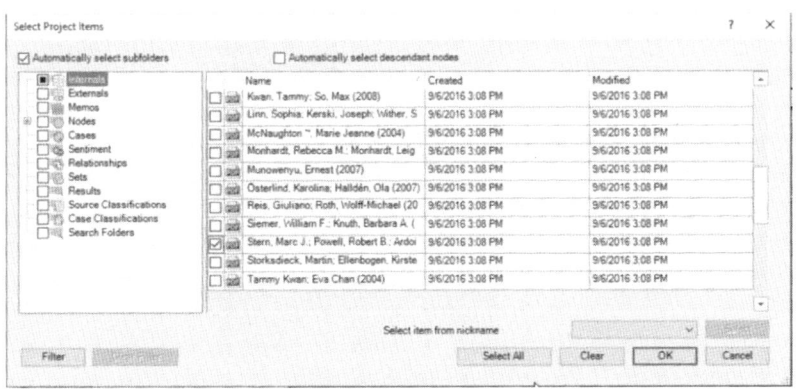

Hierarchy Chart Options > OK클릭

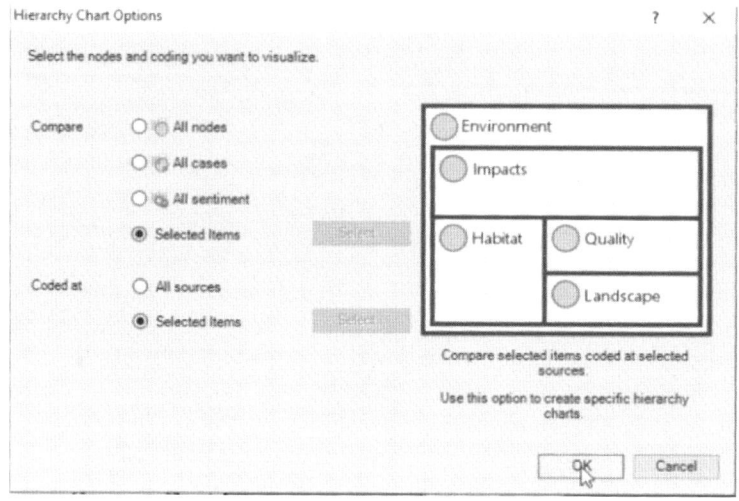

Select Project Items에서 OK를 클릭

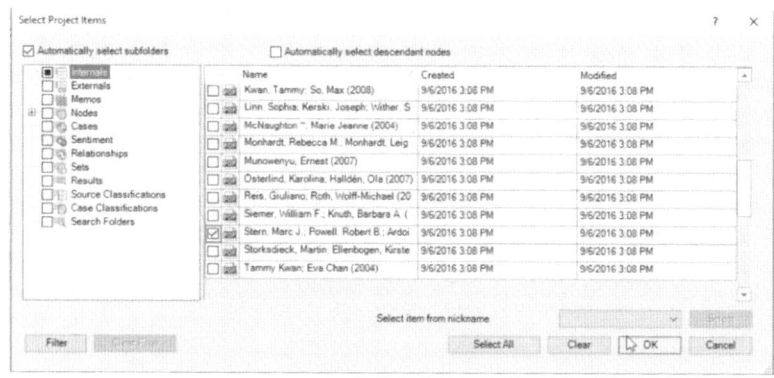

각각의 논문이 서로 다른 주제에 대해서 언급하고 있는 것을 알
수 있다. 그런데, urban이나 school의 박스가 이전에 분석을 할 때

보다 더 크진 것을 확인 할 수가 있다.

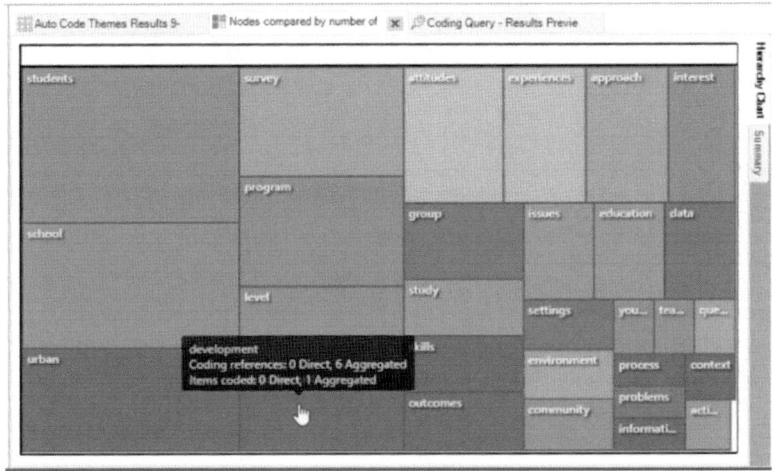

정적 이미지뿐만 아니라 계층구조 도표를 내보내기를 할 수 있다.

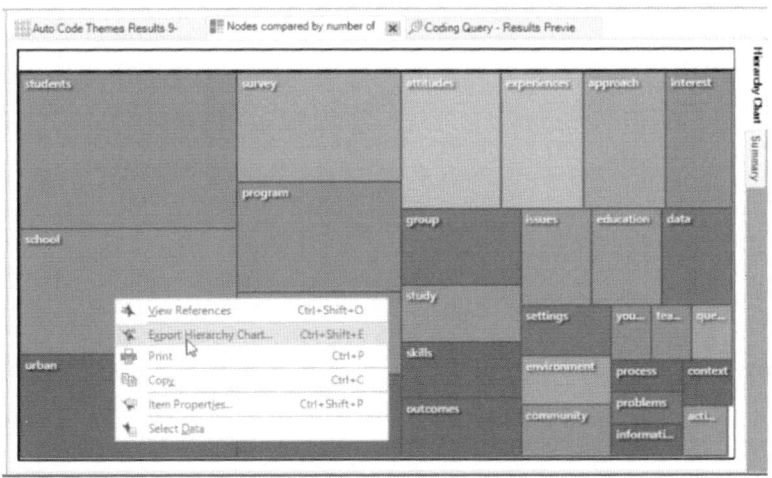

Save As > File name을 입력 > Save를 클릭

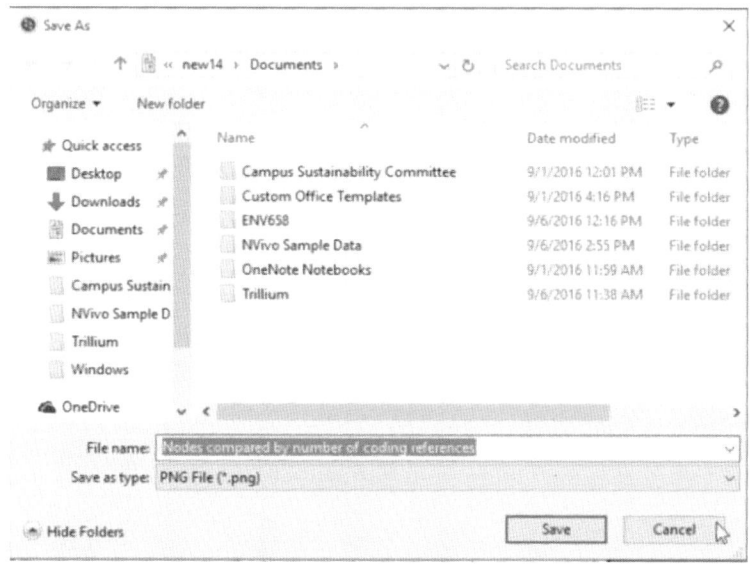

속성 값이나 논문 관련 정보의 시각화를 선택 할 수도 있다.

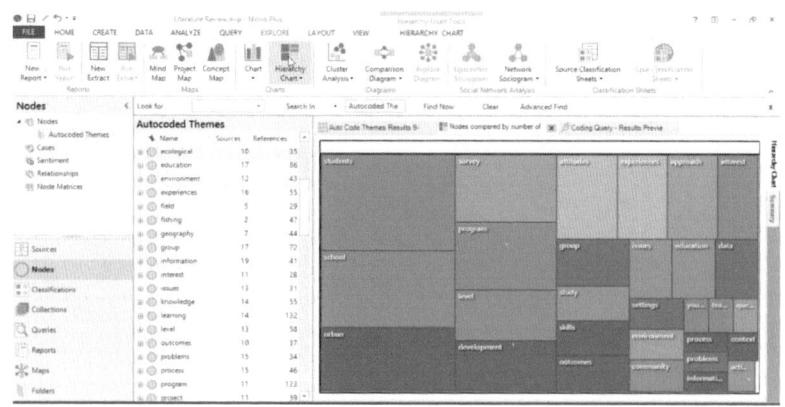

예를 들면, 어떤 논문이 몇 년도에 발간되었는지를 신속하게 볼 수가 있다.

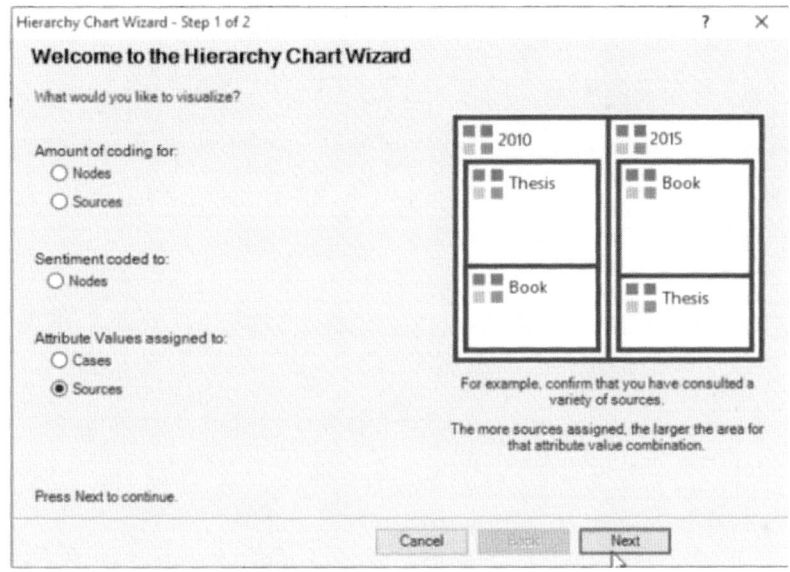

저자가 Zotero 에서 불러온 논문 관련 정보를 살펴 보도록 하자. 논문 발간 연도와 발행인으로 나누어서 보길 원한다는 가정을 해 보자.

Hierarchy Chart Wizard > Select 를 클릭

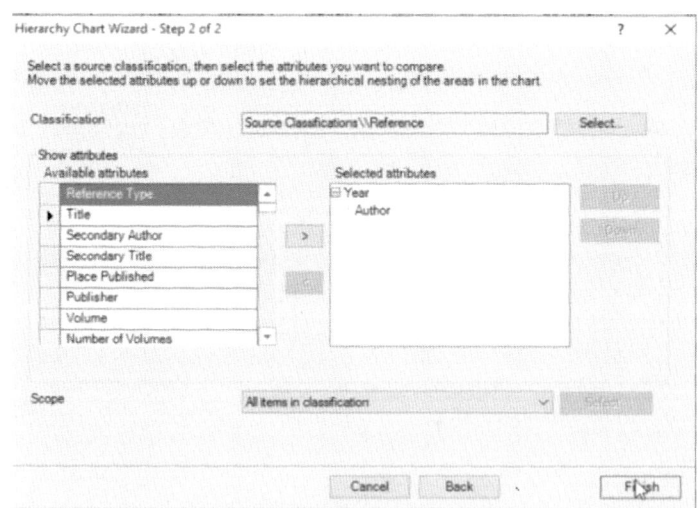

논문 발간 연도와 저자 선택

Finish를 클릭하면, 또 다른 계층구조 차트를 생성하고 tree map 을 연다.

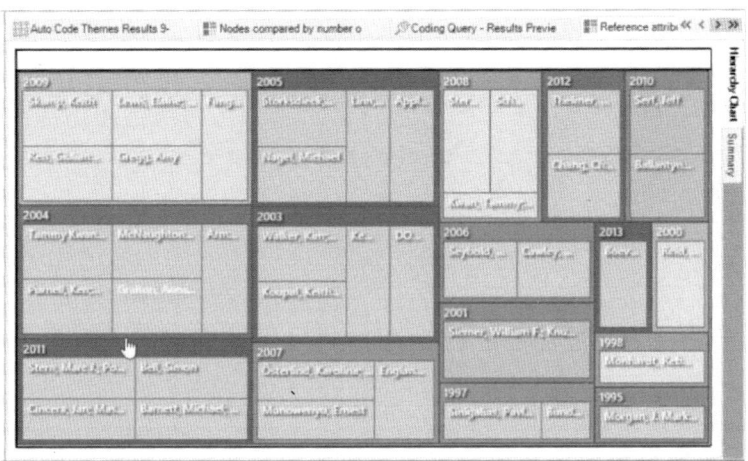

아래와 같은 햇살 시각화 자료는 역동적인 tree map을 제공한다.

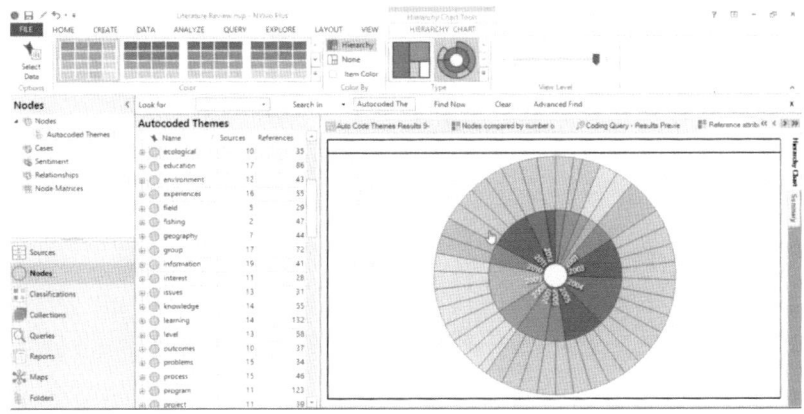

원의 내부는 논문의 출판 년도를 말하고

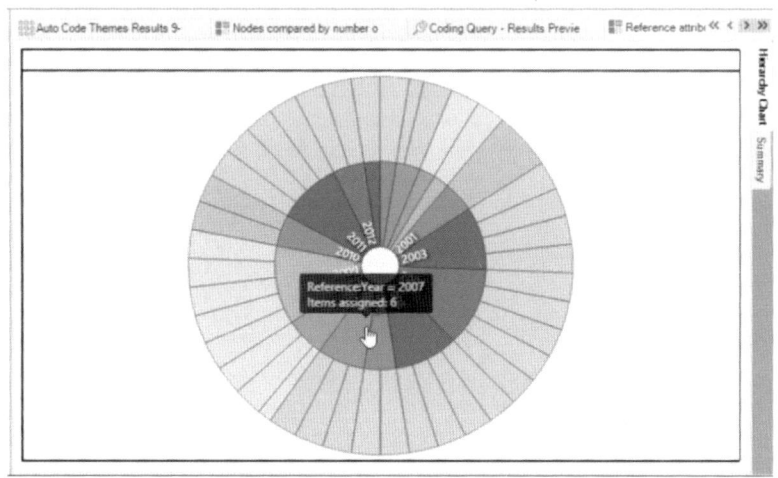

바깥쪽 원은 논문 저자나 수를 나타낸다.

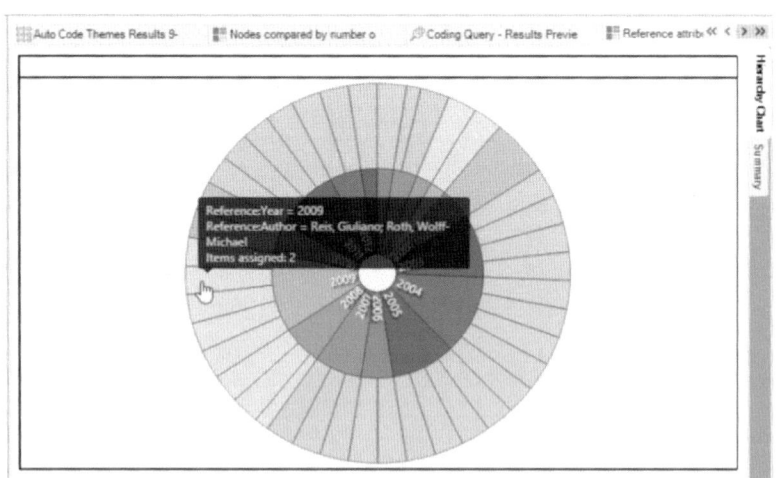

2005년도에 논문을 발표한 학자를 보려면 줌인을 할 수 있다.

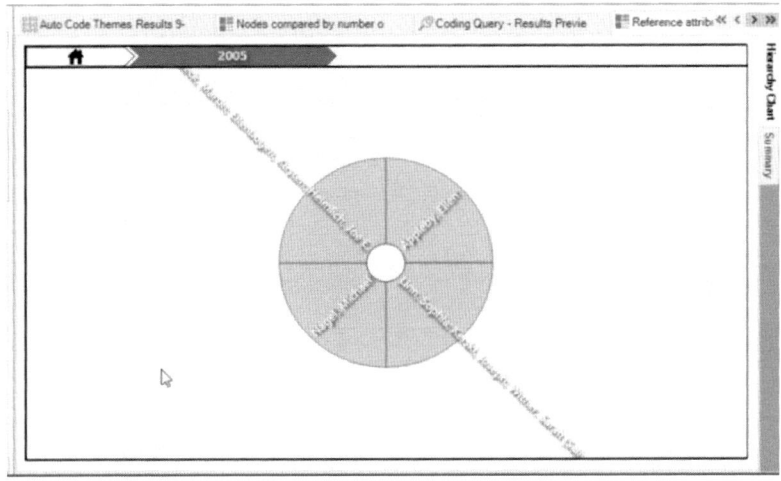

내 보내기도 가능하다.

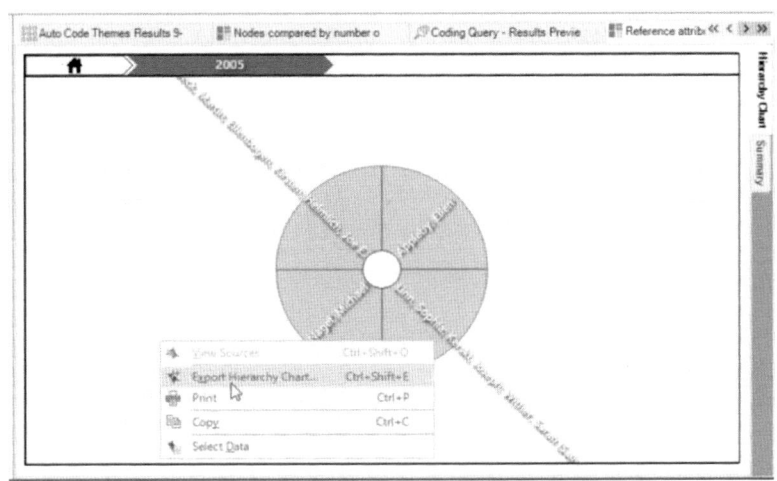

Save As > File name 입력 > Save 클릭

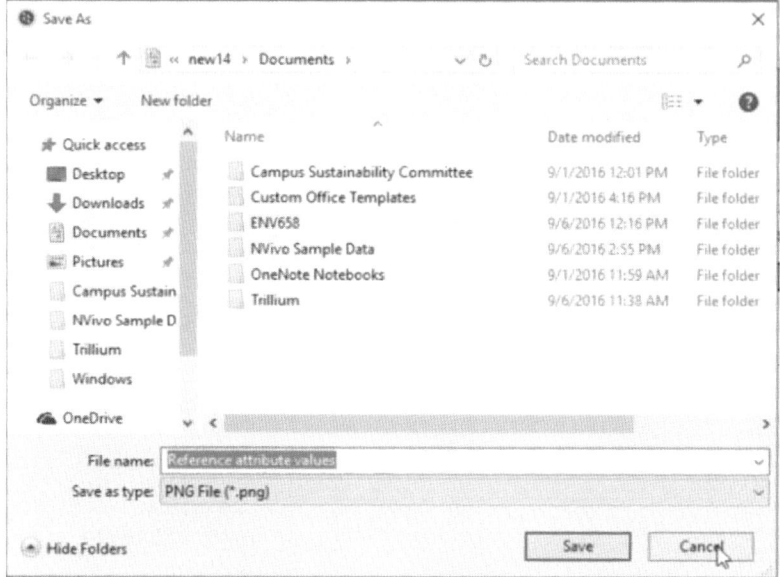

6) Framework matrix

논문과 주제를 보는 또 다른 방법으로 Framework matrix가 있다. Matrix coding Query와 유사하나 교차 사례연구 분석을 하기 위해 고안이 되었고, 코딩 reference의 수가 아니라 텍스트 요약을 해 준다. 첫 번째 단계는 논문에 대한 사례를 생성하는 일이다. 이전의 논문로 돌아가 보자.

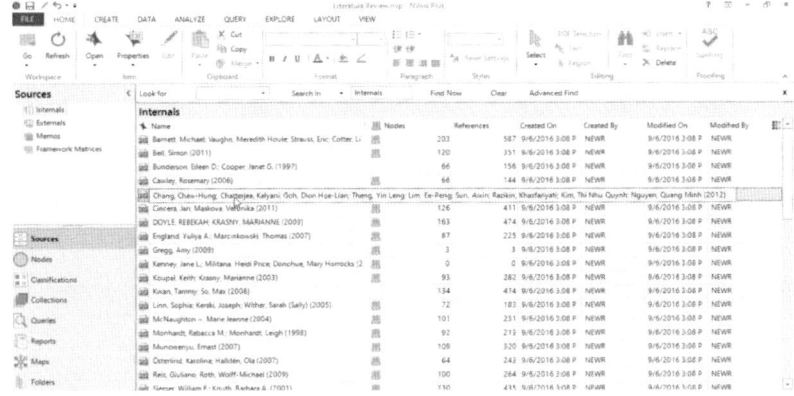

Nodes를 클릭

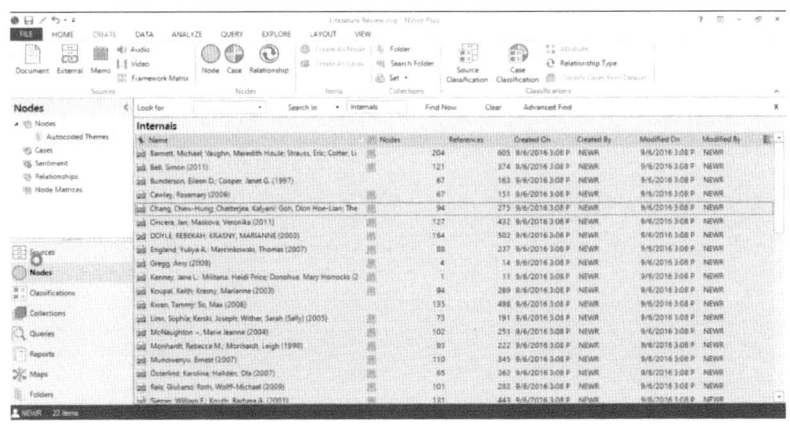

Nodes > Cases 를 클릭

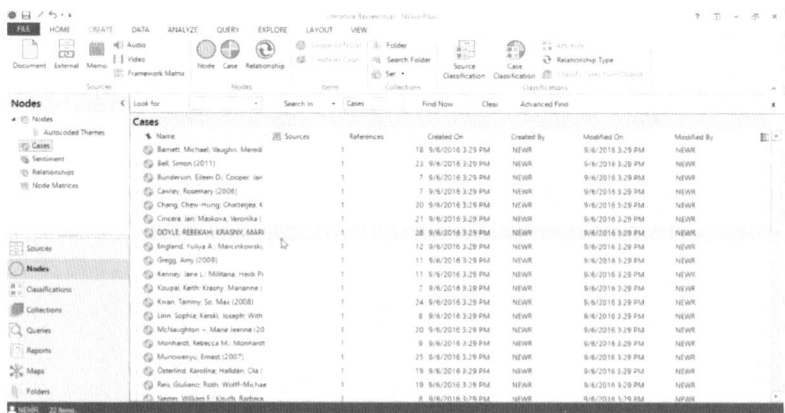

아래와 같이 각각의 논문에 사례 노드가 있다는 것을 알 수 있다. 이 작업을 하는 유일한 이유는 framework matrix의 경우 사례를 만들어야만 작업이 가능하기 때문이다.

이제 저자 만의 **framework matrix**를 만들어 보도록 하자.

Sources > Framework Matrices 클릭

Sources > Framework Matrices > New Framework Matrix 클릭

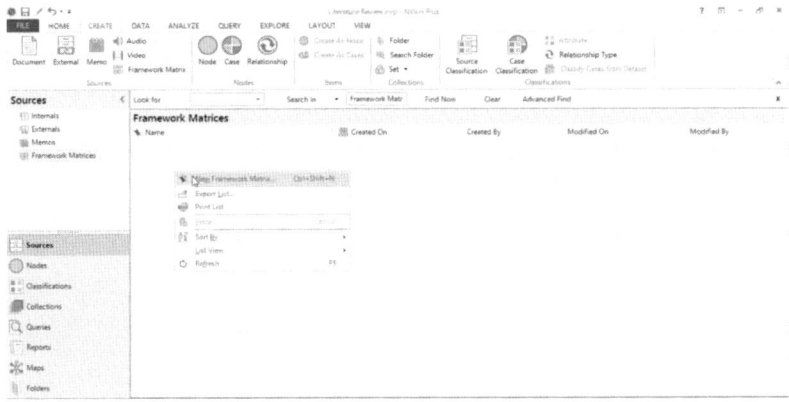

Sources > Framework Matrices > New Framework Matrix> General >
Name에 Sample을 입력

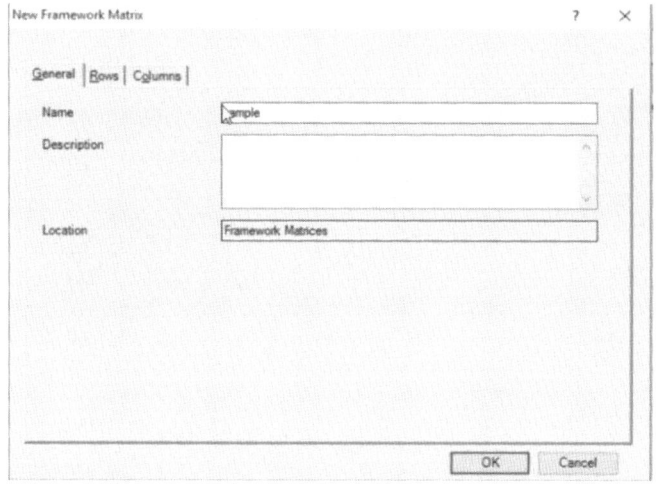

Sources > Framework Matrices > Rows를 클릭

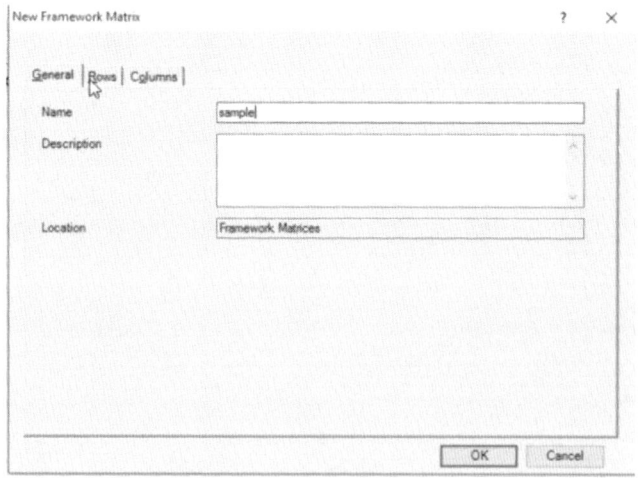

Rows > Select를 클릭하여 사례를 선택

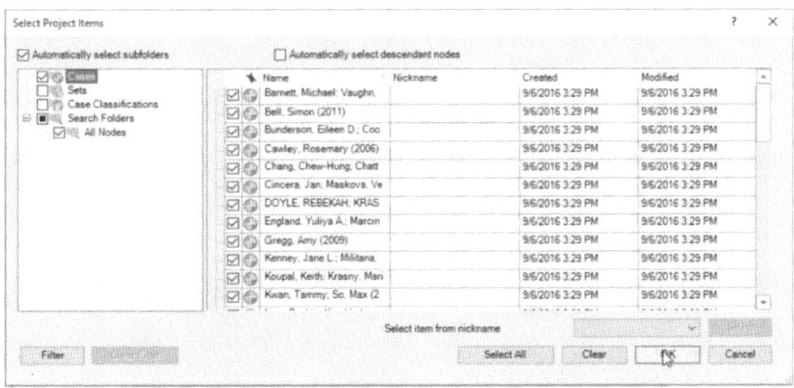

저자가 생각하기에 흥미로운 주제를 선택을 할 수가 있다.

Sources > Framework Matrices > Columns를 클릭

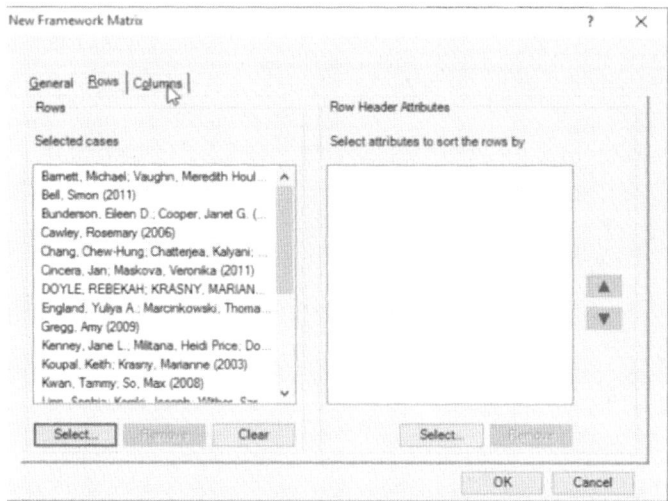

Sources > Framework Matrices > Columns > Select를 클릭

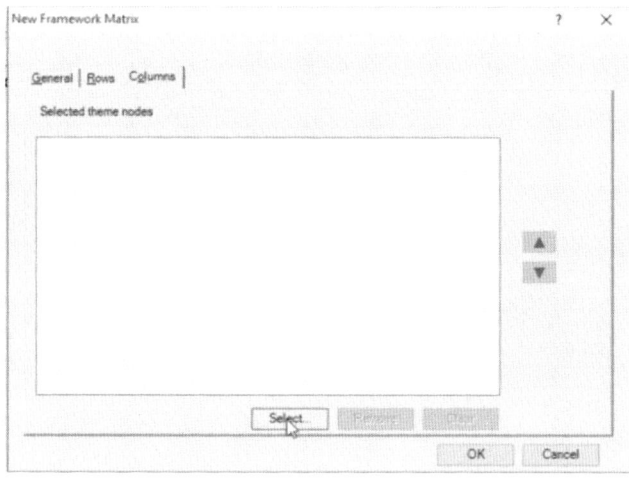

Select Project Items > Nodes를 클릭

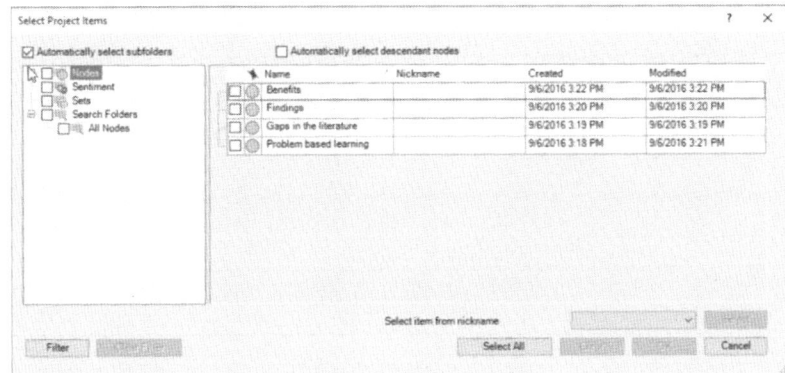

Select Project Items > Nodes > Auto coded Themes 클릭

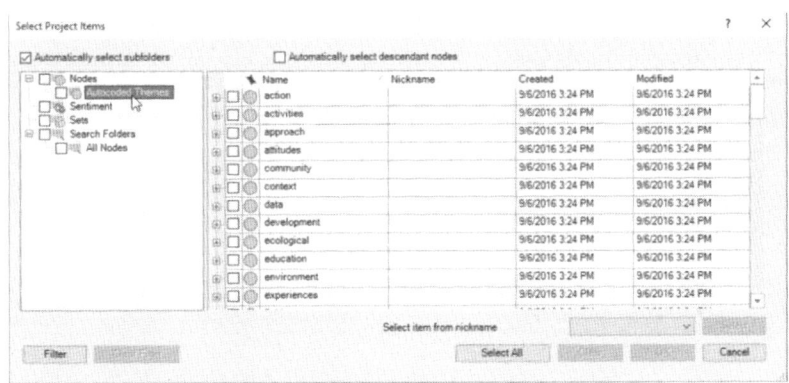

저자가 보기에 이 도구가 코딩을 어느 정도 했을 때 더 유용할 것 같다.

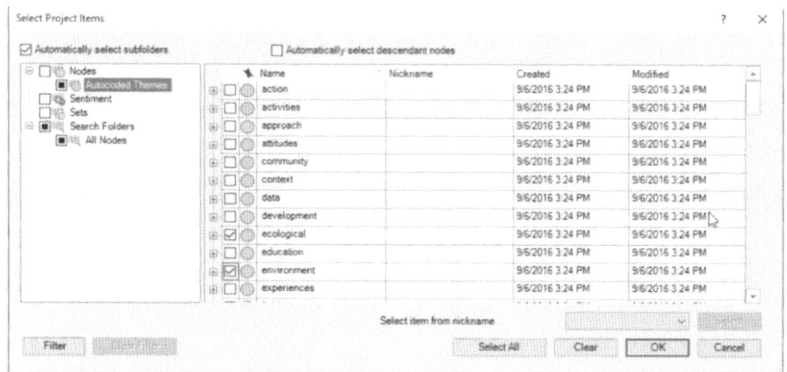

주제와 노드로 반 자동으로 코딩이 된 것을 선택하고 클릭 한다.

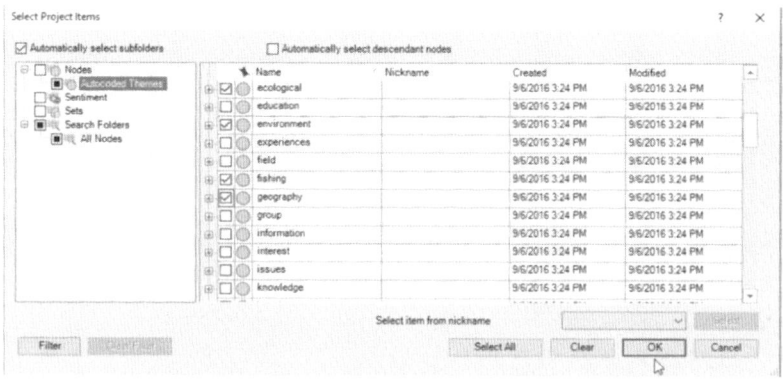

New Framework Matrix > OK를 클릭

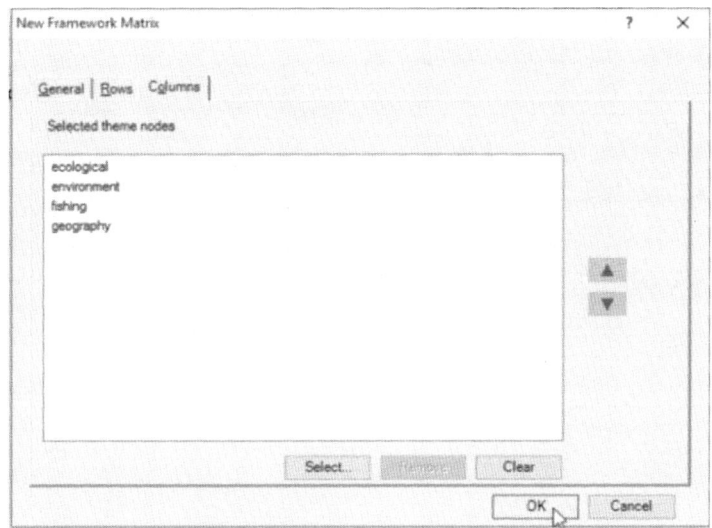

NVivo 11에서 framework matrix를 처음 불러오면 실제로는 텅 비어있는 것을 것 수 있다.

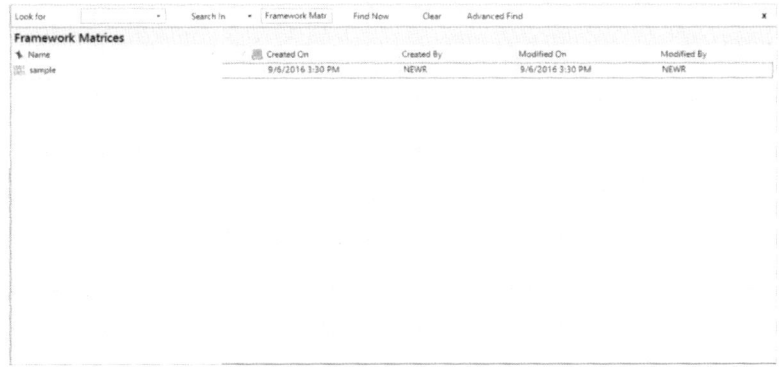

일단 NVivo 11에서 framework matrix가 생성되면 Sample >
Undock을 클릭

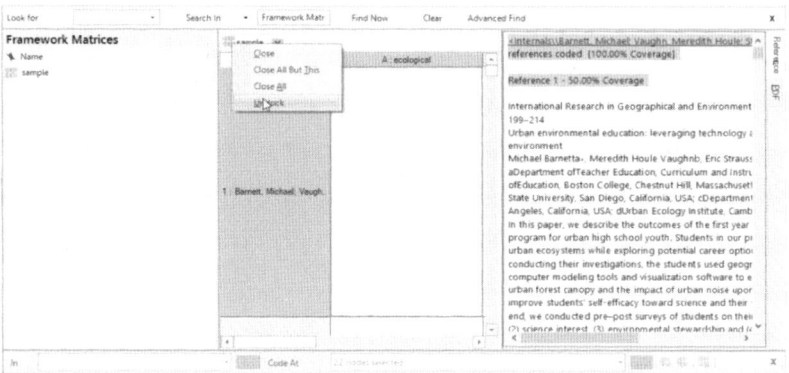

NVivo 11는 텍스트를 자동 요약을 해 준다.

OK를 클릭

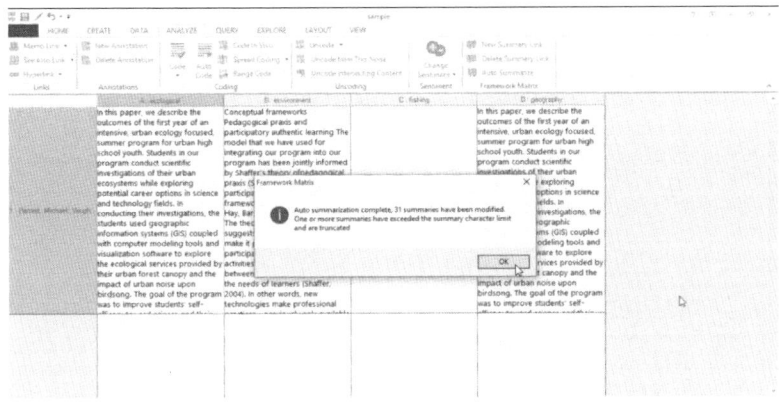

따라서 논문에서 노드로 코딩이 된 텍스트가 공란을 채워준다. 아래의 예를 살펴 보면, Barnett의 논문에서 생태 개념에 대해 전개되는 논의를 모두 볼 수 있다.

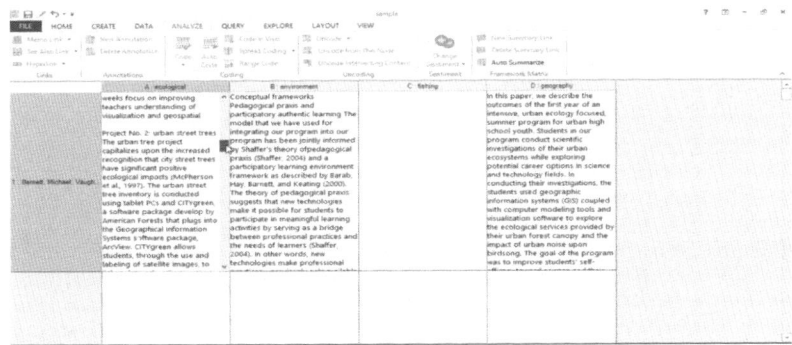

이어서 환경에 대해 Barnett이 제시하는 개념을 볼 수도 있지만,

Barnett의 논문에서 어업에 관하여는 전혀 언급이 되지 않았다는
것을 확일 할 수가 있다.

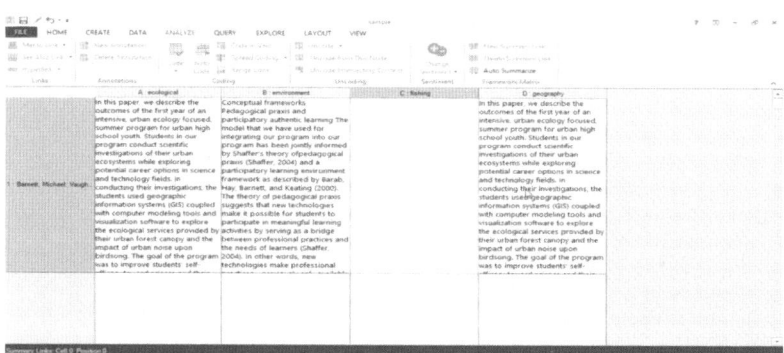

반면에 어업의 옆을 보면 지리학에 대해서는 많은 논의를 하고 있음을 알 수 있다.

연구자는 사실을 근거로 자신만의 노드를 만들 수 있다.

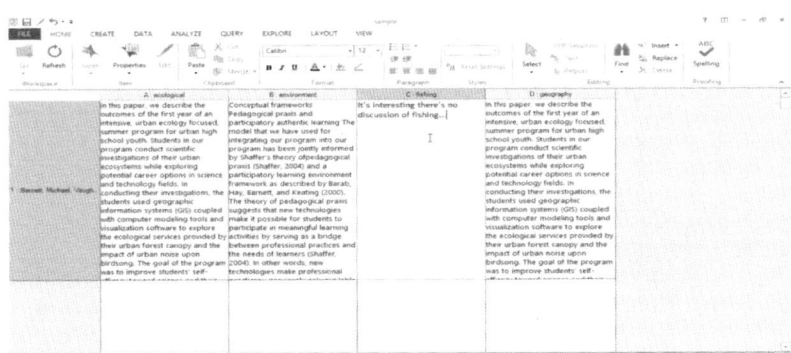

Barnett은 어업에 대해 전혀 언급하고 있지 않다는 점이 흥미롭고 자동 요약된 텍스트가 아니라 저자가 직접 코딩을 한 것이라는 것을 표시하려면 노드 색깔을 바꿀 수도 있다.

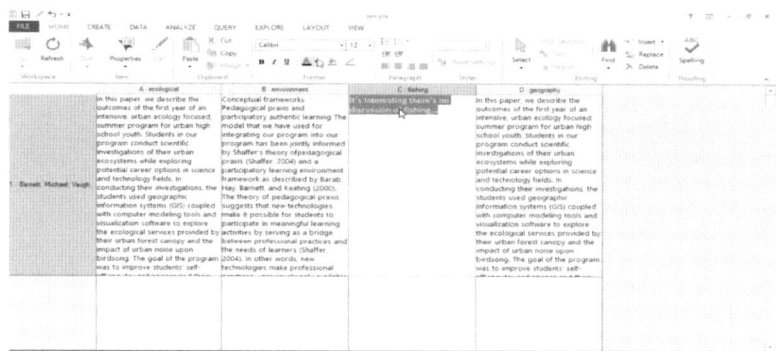

NVivo 11 상단에서 색깔 표시가 된 부분 클릭 > 적색 선택

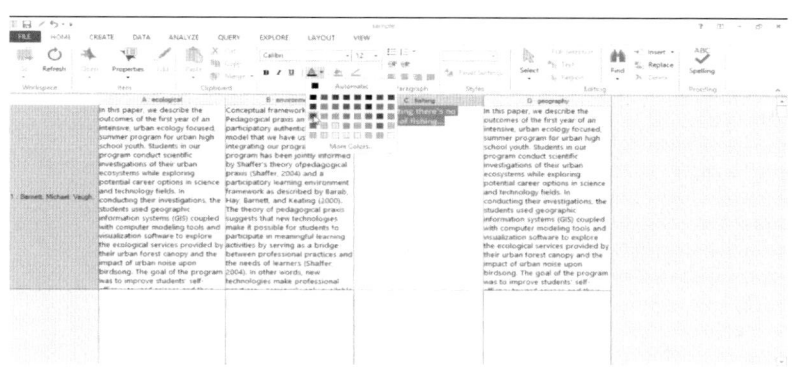

아래와 같이 적색으로 표시된 내용을 볼 수 있다.

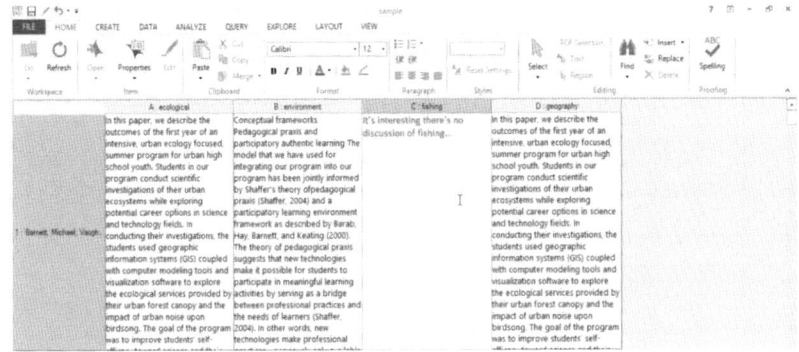

Framework matrix를 NVivo 11 밖으로 내보내고 엑셀 스프레드 시트에서 작업을 할 수도 있다.

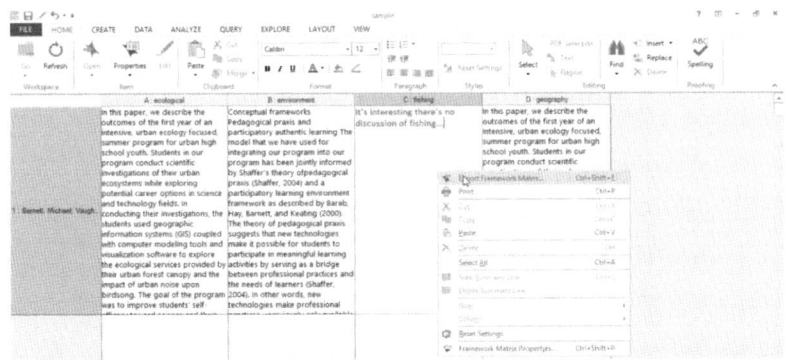

Save As > Save를 클릭

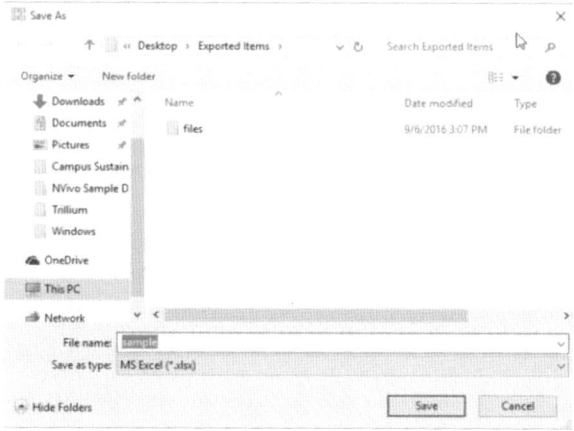

7) Explore diagram

마지막으로 Explorer diagram 을 살펴 보도록 하자. Explorer diagram 은 논문 간의 관계를 시각화 할 때 주로 사용한다. Explorer diagram 을 사용해서 주어진 논문에 코딩이 된 것을 볼 수가 있다. Stern 의 논문로 다시 돌아 가보자.

저자가 논문에 코딩이 된 주제를 보고자 하면 코딩이 된 모든 노드를 볼 수 있다.

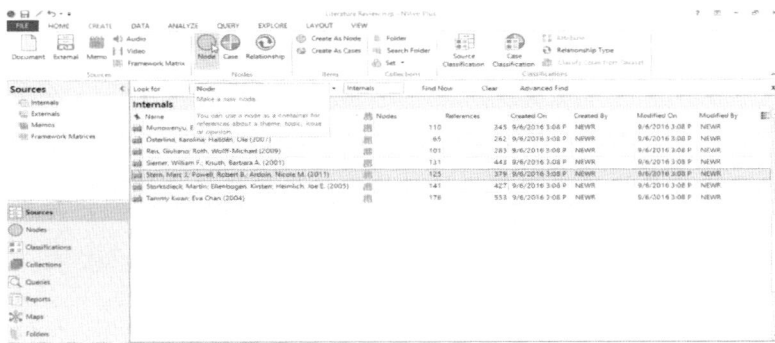

Explore Diagram 클릭

주제별로 자동으로 코딩을 해서 생성이 된 것인데,

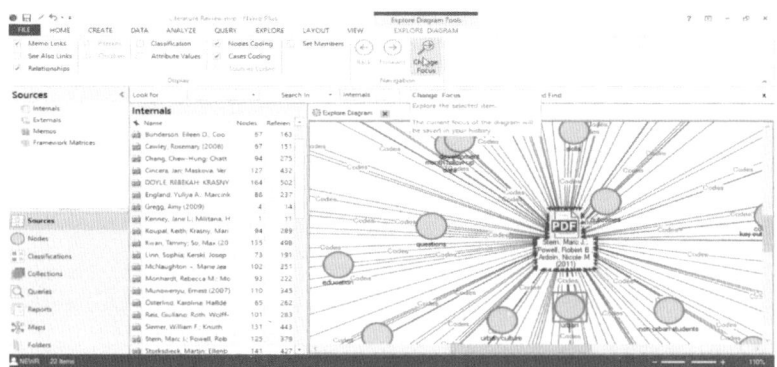

여기에는 많은 개념들이 있다. 이 논문은 내용이 매우 풍부하며
Explorer diagrams 를 만들 수도 있으며 수동으로 코딩을 할 수도 있
다. 다른 논문은 같은 주제를 다루고 있는지를 볼 수도 있고 노드에
코딩을 할 수도 있다.

다른 논문은 도시 주제로 어떤 것을 다루고 있는지 봄으로서 초점
을 변경할 수 있다.

변경된 내용은 다음과 같다.

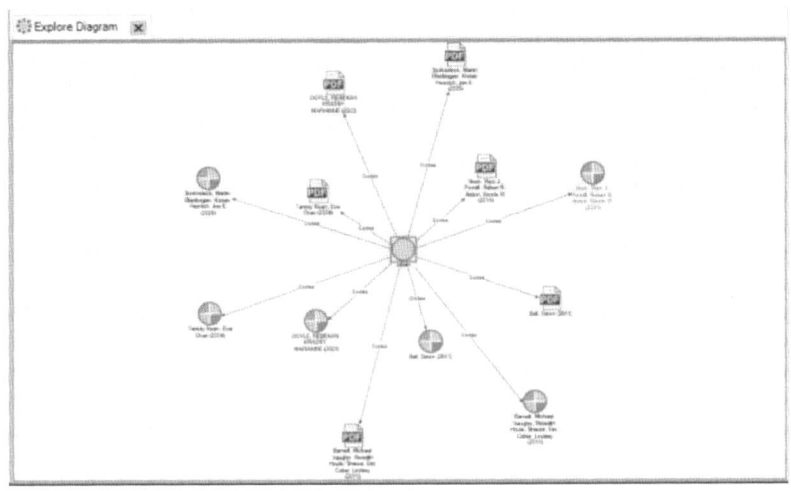

여기에 두 개의 사례와 PDF 파일이 있는데

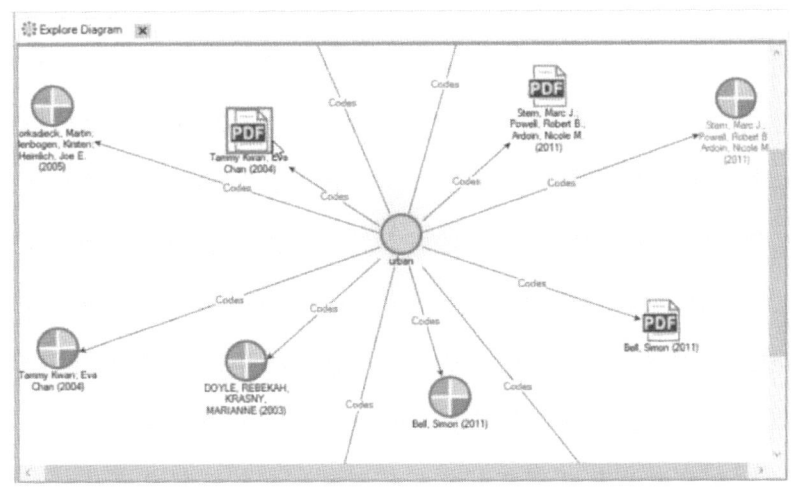

저자가 이 두 파일에 대한 사례를 지정하였기 때문에

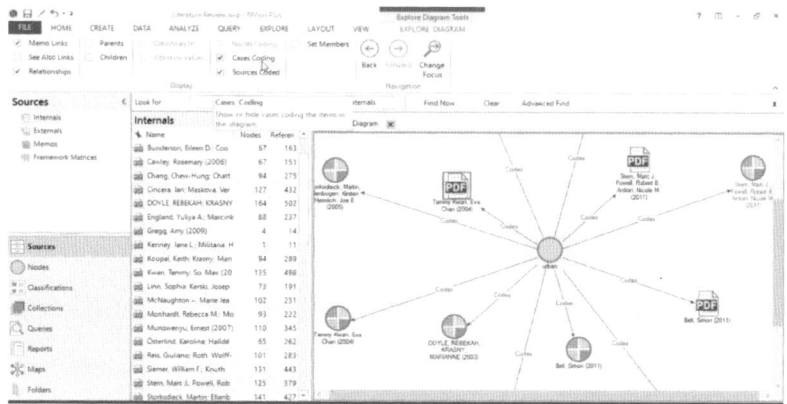

여기에 복사를 할 수가 있다. 아래의 논문이 환경 교육 프로그램
이 진행되는 도시의 맥락을 다루고 있다.

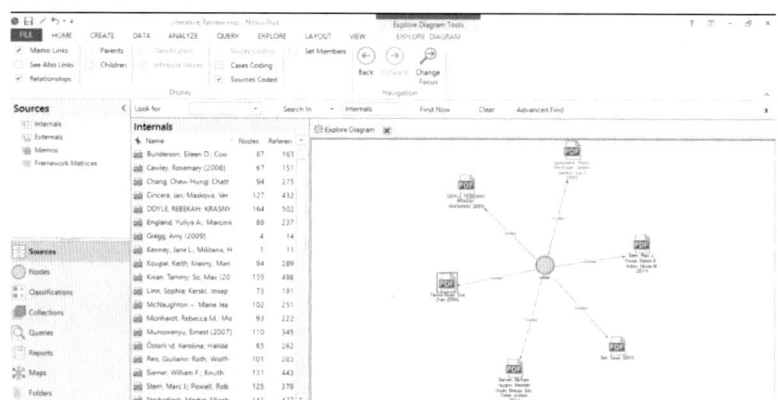

다른 시각화와 마찬가지로 정적 이미지로 내보내기를 할 수 있다. 자료의 전후를 왔다 갔다 함으로서 특정한 논문이나 주제를 변경하도록 고안이 되었다.

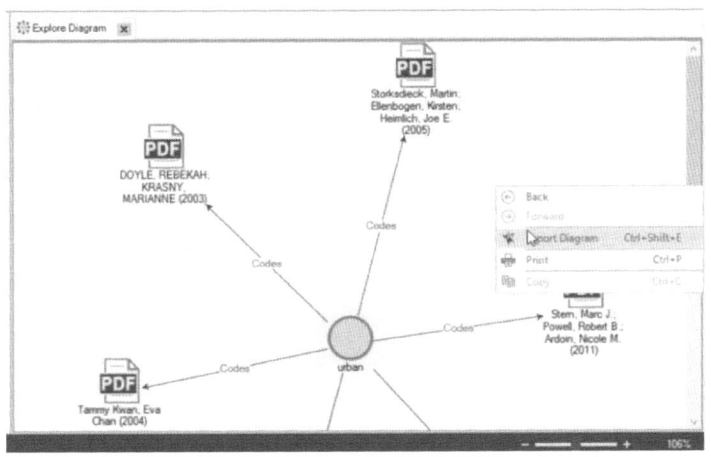

Save As > File name 을 입력 > Save 를 클릭

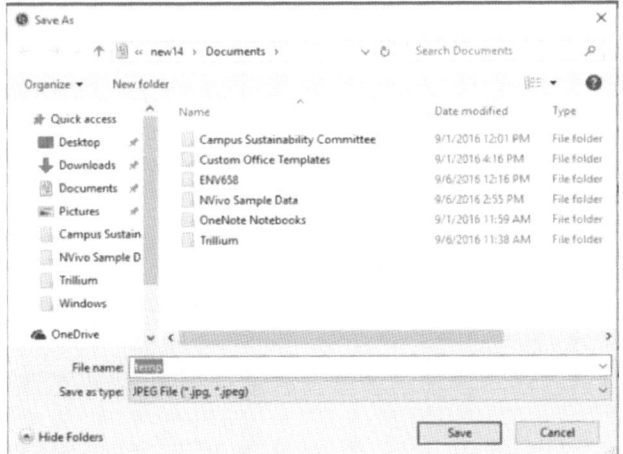

Explore Diagram > Back 선택

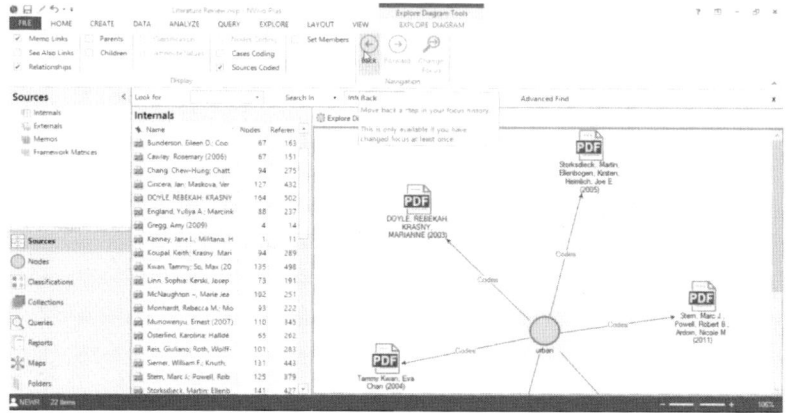

Back 으로 가면 아래의 그림을 볼 수 있다.

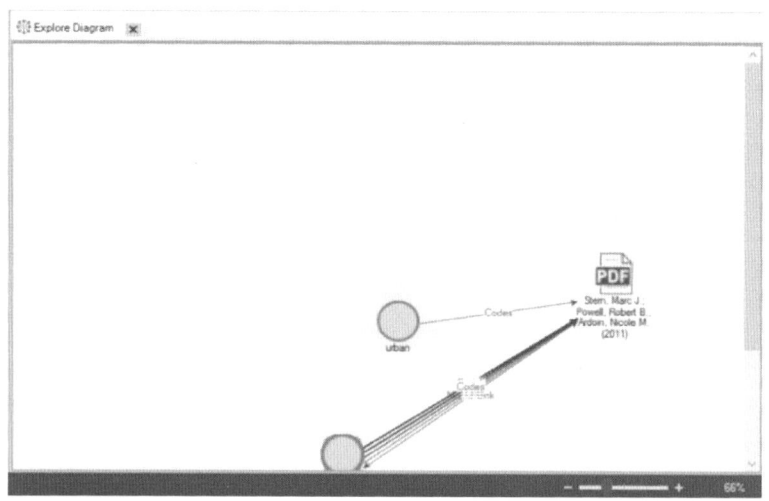

Forward 를 선택하면 아래의 그림을 볼 수 있다.

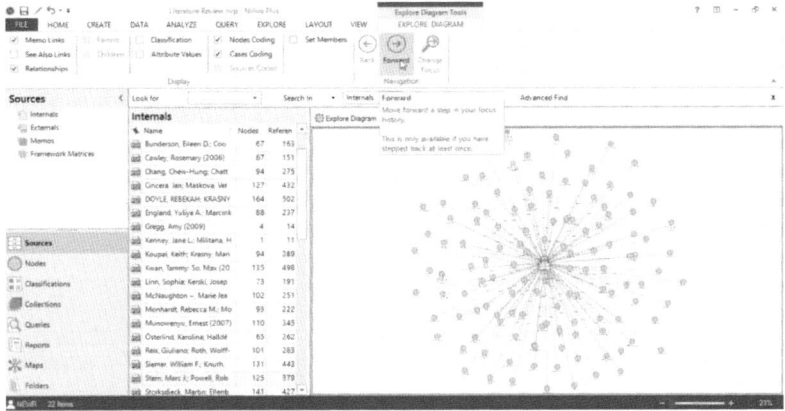

이렇게 해서 특정한 논문을 주목 할 수도 있고,

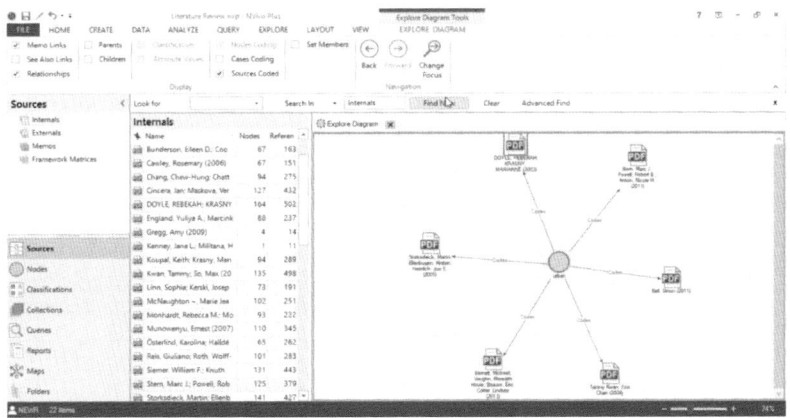

특정한 주제를 볼 수도 있다.

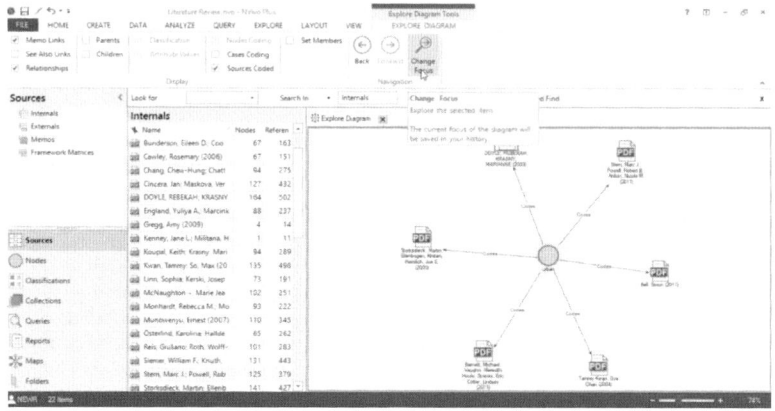

Explore Diagram > Urban 주제도 보고

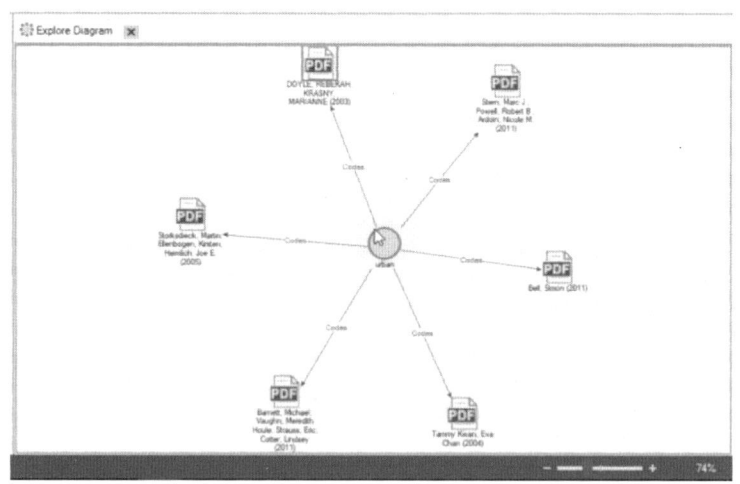

Explore Diagram > PDF 파일 > Urban 주제와 연결된 기타 자료로 보고,

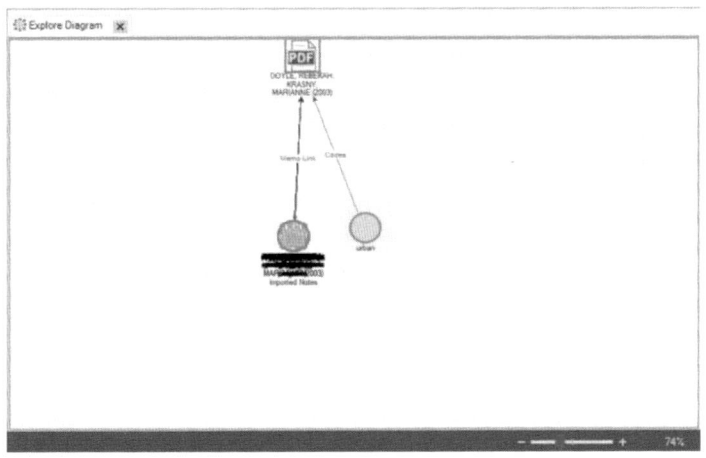

Explore Diagram > PDF 파일과 관련된 코딩을 볼 수도 있다.

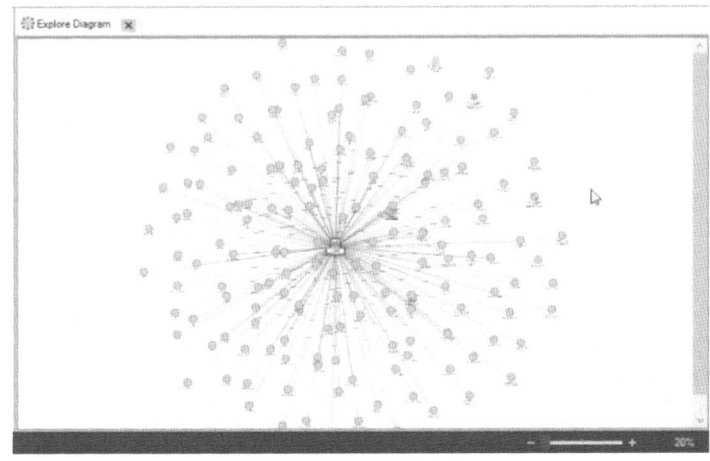

6. 나가기

컴퓨터를 활용한 연구 수행에 대해 양적 연구와는 다르게 질적 연구는 환영의 목소리 보다는 질타와 의구심의 목소리로 아직도 가득차 있다 (2017 년 2 월 22 일 현재). 양적 자료가 주로 숫자를 기반으로 하고 있고, 따라서 처음부터 구조가 잡혀 있는 자료로 시작하는 반면에 질적 자료는 소리, 동영상 외에도 가능한 모든 자료를 포함하다 보니 연구자로서는 연구 초기에 구조를 잡아 주어야 원하는 분석이 가능하다. 본서에서 주로 담론의 대상으로 삼은 논문 자료와 이들을 체계적으로 구조를 잡고 검색을 통해 반복되는 주제와 연구의 필요성을 도출해나가는 과정이야 말로 대표적인 질적 자료 접근의 한 예라고 할 수 있다. 이것은 특정한 방법론에 국한 된 것이 아니라, 우리의 삶 속에 뿌리 깊이 정형화 되어 일상을 구성하는 삶의 방식이기도 한 것이다. 다시 말하면, 세상에는 구조가 잡힌 고마운 자료도 있지만, 연구자가 필요에 따라 구조를 잡아나가야만 하는 자료가 구조가 잡힌 자료 보다 더 많다는 것이고, 논문의 초기 단계에 접하는 문헌연구가 그 대표적 예라고 하는 것에는 이견이 없을 것이다.

지금까지의 담론을 통하여 볼 때, NVivo 11 은 논문 자료 관리와 심지어 논문 작성이라는 측면에서 논문 작성에 소요되는 시간을 절약하고 효율성을 증대할 것이라는 점에 대해 이견이 없으리라 생각한다. NVivo 11 과 대표적인 논문 자료 정리 관련 소프트웨어를 연계하는데 있어, 모두를 다 다루지는 못했고, 본서에서는 주로 NVivo 는 10 과 11, 논문 자료 정리 소프트웨어는 EndNote 와 Zotero 는 포

함이 되었고 Refworks 나 Mendeley 는 배제되었다. 이 두 프로그램
이 EndNote 와 Zotero 보다 우수해서가 아니라 접근 용이성이 주된
이유라는 점에 대해 독자의 양해를 구한다.

　다른 소프트웨어와 마찬가지로 NVivo 11에도 분명 결점은 있다.
예를 들면, NVivo 11 개발자가 NVivo 11 인터페이스의 독자 친화
력에 대해 아무리 강조를 해도, 컴퓨터 문맹이나 초보 연구자들에게
는 소프트웨어를 배우는데 소요되는 시간이나 노력에 대해 불편함
을 느낄 수 있다. 그러나, 이러한 불편함은 컴퓨터를 활용한 모든 소
프트웨어에 마찬가지로 적용이 될 것이고, 이것은 NVivo 만의 문제
가 아닐 수 있다. 전술한 한계에도 불구하고, NVivo 11은 문헌 조사
에서 지금까지 많은 연구자들이 수행한 수작업의 한계를 분명 극복
할 수 있음을 보여주었다. 연구자가 혁신적인 방식의 문헌 조사 접
근법을 반드시 수용할 필요도 없고 디지털 시대에 아날로그 방식에
대한 추억을 부여잡고, 그러한 방식의 우수성을 역설한다고 문제가
되지는 않겠지만, 가장 최근에 출시된 NVivo 11은 연구자에게 도움
이 될 수 있는 현실적인 대안을 가지고 연구자의 주위를 항상 맴돌
고 있다는 것만은 기억할 필요가 있다.

박종원

뉴욕주립대학교 영어교육학 박사
현 부경대 영문과 교수

본 저서 관련 출판물
NVivo 11 Applications: Analyzing and Reporting Qualitative Data. 부경대 출판국 (2016).
NVivo 11 Applications: Handling Qualitative Data. 글로벌 콘텐츠 (2016).
NVivo 10 Fundamentals. 글로벌 콘텐츠 (2015).
NVivo 10 Foundations. 형설출판사 (2015).
NVivo 10 Basics. 부경대학교 출판부 (2015).
NVivo 10 Essentials. 부경대 출판부 (2014)
질적 연구 핸드북. SAGE 아카데미 프레스 (2014)
질적 자료 분석: NVivo 10 응용. 부경대 출판부 (2012)
질적 연구자를 위한 부호화 지침서. 박종원과 오영림 옮김. (2012)
질적 자료 분석: NVivo 9 응용. 형설 출판부 (2011)
질적 자료 분석: NVivo 9 기초. 부경대 출판국 (2011)
현장 연구자를 위한 질적 데이터의 과학적 관리와 분석-NVivo 8 프로그램의 활용. 형설 출판사 (2009)
소프트웨어 (CAQDAS) 질적 자료 분석 도구를 활용한 영어 수업의 질적 연구. 질적 연구: 우리나라의 걸작선 (2008). 박종원 외 16인 공저
질적자료 입력, 문헌조사 및 관리 클릭 한번으로 끝내기. 부경대 출판국 (2007)
Nvivo 2를 활용한 영작 자동 평가기 개발 및 현장 적용성 탐구. 한국문화사 (2006).
질적 자료 분석의 혁명. 형설출판사 (2005).
영어교육과 질적 연구. 한국문화사 (2003).

NVivo를 활용한
해양인문학 연구의
이 론 과   실 제

초판인쇄 2018년 3월 15일
초판발행 2018년 3월 15일

지은이 박종원
펴낸이 채종준
펴낸곳 한국학술정보㈜
주소 경기도 파주시 회동길 230(문발동)
전화 031) 908-3181(대표)
팩스 031) 908-3189
홈페이지 http://ebook.kstudy.com
전자우편 출판사업부 publish@kstudy.com
등록 제일산-115호(2000. 6. 19)

ISBN 978-89-268-8372-3 13330